U0928969

# 国学一本通

徐　潜◎主编

晋·陈　寿◎著　文　宇◎注译

吉林文史出版社

**图书在版编目（CIP）数据**

三国志／（晋）陈寿著；文宇注译．--长春：吉林文史出版社，2010.1（2022.1重印）
（国学一本通／徐潜主编）
ISBN 978-7-5472-0138-1
Ⅰ．①三… Ⅱ．①陈…②文… Ⅲ．①中国-古代史-三国时代-纪传体②三国志-注释③三国志-译文 Ⅳ．①K236.042

中国版本图书馆CIP数据核字（2009）第219870号

**出版人／徐 潜**

出版发行／甘肃文化出版社 吉林文史出版社（长春市人民大街4646号）
www.jlws.com.cn
主编／徐 潜
原著／陈 寿
注译／文 宇
项目负责／王尔立
责任编辑／王尔立 王文亮
责任校对／李洁华
装帧设计／李岩冰 刘纯青 董晓丽
印刷／北京一鑫印务有限责任公司
版次／2011年12月第1版 2022年1月第6次印刷
开本／720mm×1000mm 1/16
字数／280千字
印张／14
书号／ISBN 978-7-5472-0138-1
定价／55.00元

# 前言

众所周知，《三国演义》是我国小说史乃至整个文学史上的一座里程碑，三国里的许多故事早已家喻户晓，耳熟能详。这部作品的成功，除了罗贯中的天赋与才华外，还要归功于陈寿所撰写的《三国志》，因为《三国演义》是根据《三国志》所记载的史料加工而成的。

《三国志》是晋代陈寿编写的一部记载魏、蜀、吴三国鼎立的纪传体国别史，详细记载了从魏文帝黄初元年(公元220年)到晋武帝太康元年(公元280年)六十年间的历史。因为陈寿是晋代朝臣，晋承魏而得天下，所以《三国志》尊魏为正统。

与《三国演义》不同的是，《三国志》是带有明显的尊魏抑蜀的倾向。《三国志》一书中为曹操写了本纪，而《蜀书》和《吴书》则记刘备为《先主传》，记孙权称《吴主传》，只有传，没有纪。这是史家为政治服务的一个例子，也是《三国志》的一大特点。

《三国志》不仅是一部史学巨著，更是一部文学巨著。陈寿在尊重史实的基础上，以简练、优美的语言为我们勾勒出一个个活生生的人物形象。

《三国志》的记事较为简略，这可能是与史料的丰寡有关。此外，因为涉及人物众多，加之篇幅有限，很难做到事无巨细。这使得《三国志》的行文俊朗，文辞简约，但也暴露出其史料的不足。

因篇幅所限，编者很难将《三国志》的所有文字全部收录。事实上，读者只需咀嚼其精华，便足以“览古今于须臾，抚四海于一瞬”。

可以说没有陈寿的《三国志》作为蓝本，就没有让人耳熟能详的《三国演义》。在熟读三国的同时，我们不妨同陈寿一起，重温那段历史，在体味文学的同时，找到与历史的契合点，品味那段“假作真时真亦假”的历史风尘。

《三国志》本为文言，为方便阅读，我们将每一篇章的人物性格特点提炼出来，供读者品读，在此基础上又添加了译文和注释。设置了历代名家的点评这一栏目，这样可以使读者在阅读原文的同时，加深对人物的理解，从而还原一个真实的历史人物，这也正是编者编辑此书的初衷。

# 三国志 目录

## 魏书


武帝纪·曹操 〇〇六
文帝纪·曹丕 〇二五
董二袁刘传第六·董卓 〇三三
董二袁刘传第六·袁绍 〇三九
吕布（张邈）臧洪传第七·吕布 〇四七
诸夏侯曹传第九·夏侯惇 〇五三
荀彧荀攸贾诩传第十·荀攸 〇五七
张乐于张徐传第十七·张辽 〇六四
张乐于张徐传第十七·张郃 〇七〇
张乐于张徐传第十七·徐晃 〇七六
任城陈萧王传第十九·曹植 〇八一
满田牵郭传第二十六·郭淮 一〇〇
王毌丘诸葛邓钟传第二十八·邓艾 一〇五


## 蜀书


先主传第二·刘备 一一五
诸葛亮传第五·诸葛亮 一二八

关张马黄赵传第六·关羽 一四二
关张马黄赵传第六·张飞 一四八
关张马黄赵传第六·马超 一五二
关张马黄赵传第六·黄忠 一五六
关张马黄赵传第六·赵云 一五八
庞统法正传第七·庞统 一六一
董刘马陈董吕传第九·马谡 一六六
刘彭廖李刘魏杨传第十·魏延 一六九
蒋琬费祎姜维传第十四·姜维 一七三

## 吴书

吴主传第二·孙权 一七九
周瑜鲁肃吕蒙传第九·周瑜 一九七
周瑜鲁肃吕蒙传第九·鲁肃 二〇五
程黄韩蒋周陈董甘凌徐潘丁传第十·黄盖 二一三
陆逊传第十三·陆逊 二一六

# 魏书

## 武帝纪·曹操

曹操，东汉末年杰出的政治家、军事家、文学家、诗人。他的诗以慷慨悲壮见称。在政治军事方面，曹操消灭了众多割据势力，统一了中国北方大部分，并实行一系列政策恢复经济生产和社会秩序，奠定了曹魏立国的基础。文学方面，在曹操父子的推动下形成了以“三曹”（曹操、曹丕、曹植）为代表的建安文学，史称“建安风骨”，在文学史上留下了光辉的一笔。

太祖武皇帝[①]，沛国谯人也，姓曹，讳操，字孟德，汉相国参之后。桓帝世[②]，曹腾为中常侍大长秋，封费亭侯。养子嵩嗣，官至太尉，莫能审其生出本末。嵩生太祖。

太祖少机警，有权数，而任侠放荡，不治行业[③]，故世人未之奇也；惟梁国桥玄、南阳何颙异焉。玄谓太祖曰："天下将乱，非命世之才不能济也，能安之者，其在君乎！"年二十，举孝廉为郎，除洛阳北部尉，迁顿丘令，征拜议郎。

光和末[④]，黄巾起。拜骑都尉，讨颍川贼。迁为济南相，国有十余县，长吏多阿附贵戚，赃污狼藉，于是奏免其八；禁断淫祀，奸宄逃窜[⑤]，郡界肃然。久之，征还为东郡太守；不就，称疾归乡里。

注释 <<<

①太祖武皇帝：曹丕称帝后，追曹操为武皇帝。

②桓帝：汉桓帝刘志，东汉第十位皇帝。

③行业：品行学业。

④光和：汉灵帝年号。

⑤奸宄：违法乱纪的人。

## 译文

太祖武皇帝，沛国谯县人，姓曹，名操，字孟德，汉相国曹参的后代。东汉桓帝的时候，曹腾担任中常侍大长秋一职，被加封为费亭侯。曹腾的养子曹嵩继承了曹腾的爵位，官做到了太尉，没人能知道他的身世。曹嵩生下太祖曹操。

太祖年轻的时候机警聪慧，有谋略，而且行侠仗义，生性放纵，从不专注自己的学业和品行，所以当时没人觉得他有什么特别之处；惟有梁国的桥玄、南阳的何颙对他十分赏识。桥玄对太祖说："天下要大乱，没有治国安邦能力的人是不能力挽狂澜的，看来天下黎民只能靠你了！"二十岁时，太祖被推举为孝廉，任郎官，后来被任命为洛阳北部尉，又升任顿丘县令，朝廷后来又召他入朝，担任议郎一职。

光和末年，黄巾军起义。太祖被任命为骑都尉，负责讨伐颍川的贼寇。太祖任济南相，济南管辖的十几个县，当地的县官大多靠着皇亲国戚，尽干些贪赃枉法的事情，声名狼藉。太祖奏请朝廷，罢免了其中八个人的官；并禁止滥设的祭祀活动。违法作乱的人都逃走了，济南辖区从此安定下来。过了一段日子，太祖又被朝廷征召，任命为东郡太守，他没去赴任，告病回乡静养。

◎三国·魏·正始八年（公元247年），1956年河南省洛阳市涧西区曹魏墓出土。◎

顷之，冀州刺史王芬、南阳许攸、沛国周旌等连结豪杰，谋废灵帝，立合肥侯，以告太祖，太祖拒之。芬等遂败。

金城边章、韩遂杀刺史郡守以叛，众十余万，天下骚动。征太祖为典军校尉。会灵帝崩[①]，太子即位，太后临朝。大将军何进与袁绍谋诛宦官，太后不听。进乃召董卓，欲以胁太后，卓未至而进见杀。卓到，废帝为弘农王而立献帝，京都大乱。卓表太祖为骁骑校尉[②]，欲与计事。太祖乃变易姓名，间行东归。出关，过中牟，为亭长所疑，执诣县[③]，邑中或窃识之，为请得解。卓遂杀太后及弘农王。太祖至陈留，散家财，合义兵，将以诛卓。冬十二月，始起兵于己吾，是岁中平六年也[④]。

注释 <<<

①崩：皇帝去世称崩。

②表：举荐、上表。

③执：拘捕。

④中平：汉灵帝年号（公元184年—公元189年）。

## 译文

不久，冀州刺史王芬、南阳人许攸、沛国人周旌等串连、勾结当地豪强，图谋废黜灵帝，另立合肥侯为新帝，并把这件事情告诉了太祖，希望太祖能加入他们，遭到太祖的拒绝。王芬等人以失败告终。

金城人边章、韩遂杀死了刺史和太守，起兵叛乱，聚十多万人，天下动荡不安。朝廷紧急征召太祖为典军校尉。恰逢灵帝去世，太子继承王位，太后临朝听政。大将军何进与袁绍谋划诛杀宦官，太后不同意。何进召董卓进京，希望以此逼迫太后，董卓还没到，何进就被宦官杀了。到了京城之后，董卓废掉了年少的皇帝，将其封为弘农王，另立汉献帝，京城洛阳大乱。董卓上表举荐太祖担任骁骑校尉，想与他共谋国家大事。太祖改名换姓，沿小路往东走，想返回谯郡。不料，出了虎牢关，途经中牟县境内时，引起了当地亭长的怀疑，被抓起来送到了县城。县城里有人认出了他，为他求情才得以释放。就在这时，董卓杀死了太后和弘农王。太祖回到了故乡陈留，变卖家产，招兵买马，为讨伐董卓做准备。十二月，太祖起兵，这一年是汉灵帝中平六年。

◎曹操雕塑◎

初平元年春正月[1]，后将军袁术、冀州牧韩馥、豫州刺史孔伷、兖州刺史刘岱、河内太守王匡、勃海太守袁绍、陈留太守张邈、东郡太守桥瑁、山阳太守袁遗、济北相鲍信同时俱起兵[2]，众各数万，推袁绍为盟主。太祖行奋武将军[3]。

二月，卓闻兵起，乃徙天子都长安。卓留屯洛阳，遂焚宫室。是时绍屯河内，邈、岱、瑁、遗屯酸枣，术屯南阳，伷屯颍川，馥在邺。卓兵强，绍等莫敢先进。太祖曰："举义兵以诛暴乱，大众已合，诸君何疑？向使董卓闻山东兵起，倚王室之重，据二周之险，东向以临天下；虽以无道行之，犹足为患。今焚烧宫室，劫迁天子，海内震动，不知所归，此天亡之时也。一战而天下定矣，不可失也。"遂引兵西，将据成皋。邈遣将卫兹分兵随太祖。到荥阳汴水，遇卓将徐荣，与战不利，士卒死伤甚多。太祖为流矢所中，所乘马被创，从弟洪以马与太祖，得夜遁去。荣见太祖所将兵少，力战尽日，谓酸枣未易攻也，亦引兵还。

太祖到酸枣，诸军兵十余万，日置酒高会，不图进取。太祖责让之，因为谋曰："诸君听吾计，使勃海引河内之众临孟津，酸枣诸将守成皋，据敖仓，塞轘辕、太谷，全制其险；使袁将军率南阳之军军丹、析，入武关，以震三辅：皆高垒深壁，勿与战，益为疑兵，示天下形势，以顺诛逆，可立定也。今兵以义动，持疑而不进，失天下之望，窃为诸君耻之！"邈等不能用。

注释
① 初平：汉献帝年号（公元190年—公元193年）。
②后将军：官名。兖州：州名。治今山东金乡西北。
③奋武将军：官名。

## 译文

初平元年正月，后将军袁术、冀州牧韩馥、豫州刺史孔伷、兖州刺史刘岱、河内太守王匡、勃海太守袁绍、陈留太守张邈、东郡太守桥瑁、山阳太守袁遗、济北相鲍信纷纷起兵，他们各拥兵数万，推举袁绍为盟主。太祖代理奋武将军。

二月，董卓听说了各地纷纷起兵的事，就逼汉献帝迁都长安。自己留下来继续驻守洛阳，董卓竟放火烧掉了汉朝宫殿。此时，袁绍及部下已经驻扎在河内，张邈、刘岱、桥瑁、袁遗及其部下屯兵在酸枣，袁术屯兵南阳，孔伷屯兵颍川，韩馥屯兵在邺。当时，董卓兵多将广，袁绍等人没有一个敢主动发起进攻。太祖说："起义兵讨伐暴乱，大军都已经汇聚了起来，诸位还迟疑什么？假如董卓听说山东以东义兵起事，倚仗朝廷威望，据守原西周、东周所在的险关要道，向东出兵讨伐义军，控制天下，即使他出师无名，仍然是一个很大的忧患。可是他选择了焚烧皇宫，挟持天子。这使举国上下感到无比震惊，人们不知道该归附谁，依靠谁。这是上天要灭他啊。一战便就可定天下，我们可不能坐失良机啊！"于是，义军西进，攻占成皋。张邈派遣将领卫兹带领一队人马跟随太祖。当他们到达荥阳附近的汴水的时候，遭遇前来迎战的董卓部下徐荣，与之交战失利，士兵死伤很多。太祖被流箭击中，其坐骑也受了伤，其堂弟曹洪把自己的战马让给太祖，太祖才得以在夜幕的掩护下逃脱。徐荣虽然看见太祖带领的军队不多，但还是奋战了一整天，认为酸枣不易攻下，便带领兵返回了。

太祖回到酸枣，各路义军已经有十多万人，将领们不考虑进军，每天摆酒设宴。太祖责备他们，对他们说："请诸位听从我的计划，让勃海太守袁绍带领驻扎在河内的军队进攻孟津，驻守酸枣的各将领防守成皋，占据敖仓，封锁轘辕、太谷两关口，完全控制这里的险要地势；让袁术将军率领南阳的军队进驻丹、析两地，挺进武关，震慑关中。各路义军都高筑营垒，深挖壕沟，暂不与董卓交战，多虚设兵阵来迷惑对方，表明天下群起而讨伐董卓，正义之师来讨伐叛逆，天下很快就可以平定。现在我们已经高举义旗，行动起来，却迟疑不敢进攻，会令天下人失望，我为诸位感到羞耻！"张邈等人并没有采纳太祖的计策。

青州黄巾众百万入兖州[1]，杀任城相郑遂，转入东平。刘岱欲击之，鲍信谏曰："今贼众百万，百姓皆震恐，士卒无斗志，不可敌也。观贼众群辈相随，军无辎重，唯以钞略为资，今不若畜士众之力，先为固守。彼欲战不得，攻又不能，其势必离散，后选精锐，据其要害，击之可破也。"岱不从，遂与战，果为所杀。信乃与州吏万潜等至东郡迎太祖领兖州牧[2]。遂进兵击黄巾于寿张东。信力战斗死，仅而破之。购求信丧不得[3]，众乃刻木如信形状，祭而哭焉。追黄巾至济北。乞降。冬，受降卒三十余万，男女百余万口，收其精锐者，号为青州兵。

注释 <<<

①青州：治今山东淄博东北。

②领：兼任。

③购求：悬赏寻求。

## 译文 

青州黄巾军开进兖州，杀死了任城相郑遂，后又转入东平。兖州刺史刘岱想攻打他们，济北相鲍信劝说："现在贼军人多势众，百姓惊恐万分，我们的士兵又没有斗志，根本无力抵挡。贼军的家室大都随军行进，军队中没有足够的粮草、物资，只有靠掠夺来补充，我们现在不如积蓄力量，先守住城池。他们求战不成，又攻城不下，势必会人心涣散。我们挑选精兵，占据有利地势，就可以将他们击败。"刘岱没有听，与黄巾军交战，果然兵败被杀。鲍信和州吏万潜等人到东郡去求援，并邀请太祖兼任兖州牧。太祖派兵攻打寿张东面的黄巾军。鲍信率众奋力作战，最终才勉强打败黄巾军，鲍信战死沙场。太祖悬重赏寻鲍信的尸体，却没有找到，大家就用木头雕出鲍信的样子，拜祭他。太祖率军追击黄巾军到济北。黄巾军投降。这一年的冬天，向太祖投降的黄巾军达三十多万，百姓不计其数。太祖收编其精锐，号称"青州兵"。

◎青铜双耳簋为直口，深腹，卷沿，圈足，双兽首下垂小珥。口沿下饰几何形勾联纹，中间并附饰蝶形浮雕牺首，腹部饕餮纹，圈足几何形勾联纹。◎

建安元年春正月[①]，太祖军临武平，袁术所置陈相袁嗣降。

太祖将迎天子，诸将或疑，荀彧、程昱劝之[②]，乃遣曹洪将兵西迎。卫将军董承与袁术将苌奴拒险，洪不得进。

天子之东也，奉自梁欲要之，不及。冬十月，公征奉，奉南奔袁术，遂攻其梁屯，拔之。于是以袁绍为太尉，绍耻班在公下，不肯受。公乃固辞，以大将军让绍。天子拜公司空，行车骑将军。是岁用枣祗、韩浩等议，始兴屯田。

吕布袭刘备，取下邳。备来奔。程昱说公曰："观刘备有雄才而甚得众心，终不为人下，不如早图之。"公曰："方今收英雄时也，杀一人而失天下之心，不可。"

注释 <<<

①建安：汉献帝年号（公元196年—公元220年）。

②荀彧、程昱：都是曹操的重要谋士。

## 译文

建安元年正月，太祖率军队到达武平，袁术任命的陈国相袁嗣投降。

太祖准备迎接逃难的汉献帝，有的将领怀疑此事，荀彧、程昱却表示赞成，太祖派遣曹洪率军西进迎接天子，卫将军董承与袁术将领苌奴凭借险要地势，曹洪不能继续前进。

天子东迁的时候，杨奉打算从梁县出兵半路截杀，但没有及时赶上。十月，太祖出兵讨伐杨奉，杨奉南逃投奔袁术。于是太祖就去攻打他在梁县的军营，一举攻克。这时天子任命袁绍为太尉，袁绍因自己位列太祖之后而感到羞耻，不肯接受。太祖坚决将自己大将军的位置让给袁绍。天子任命太祖为司空，兼行车骑将军。这一年，太祖采纳了枣祗、韩浩等人的意见，实行屯田制。

◎邯郸曹操古邺城◎

吕布袭击刘备，夺下下邳。刘备前来投奔太祖。程昱劝太祖："刘备胸怀大志，且得人心，终究不会屈尊于别人之下，不如趁早除掉他，以绝后患。"太祖："现在正是招揽雄才的时候，杀掉一个人而失去天下民心的事，不能做。"

五年春正月，董承等谋泄，皆伏诛。公将自东征备，诸将皆曰："与公争天下者，袁绍也。今绍方来而弃之东[1]，绍乘人后，若何？"公曰："夫刘备，人杰也，今不击，必为后患。袁绍虽有大志，而见事迟，必不动也。"郭嘉亦劝公，遂东击备，破之，生禽其将夏侯博[2]。备走奔绍，获其妻子。备将关羽屯下邳，复进攻之，羽降。昌豨叛为备，又攻破之。公还官渡，绍卒不出。

注释 <<<

①方：将要。

②禽：同"擒"。

## 译文 

建安五年正月，董承等人的阴谋败露，都被处死。太祖打算亲自东征刘备，众将都说："能与您争夺天下的人是袁绍。现在袁绍正率兵前来，而您却要东去，要是被袁绍乘机抄了我们的后路可如何是好？"太祖说："刘备是人中豪杰，现在不消灭他，一定会有后患。袁绍虽有大志，但遇事往往犹豫不决，一定不会果断采取行动。"郭嘉非常支持太祖的看法，于是，发兵东征刘备，并将其击败，还活捉了其手下大将夏侯博。刘备投奔袁绍，太祖俘获了他的妻儿老小。刘备手下关羽驻守下邳，太祖派兵攻打下邳，关羽投降。昌豨叛投刘备，太祖又出兵打败了他。直到太祖返回官渡，袁绍始终没有出兵。

◎刘备像◎

二月，绍遣郭图、淳于琼、颜良攻东郡太守刘延于白马[①]，绍引兵至黎阳，将渡河。夏四月，公北救延。荀攸说公曰："今兵少不敌，分其势乃可。公到延津[②]，若将渡兵向其后者，绍必西应之，然后轻兵袭白马，掩其不备[③]，颜良可禽也。"公从之。绍闻兵渡，即分兵西应之。公乃引军兼行趣白马[④]，未至十余里，良大惊，来逆战。使张辽、关羽前登，击破，斩良。遂解白马围，徙其民，循河而西。

绍于是渡河追公军，至延津南。公勒兵驻营南坂下，使登垒望之，曰："可五六百骑。"有顷，复白："骑稍多，步兵不可胜数。"公曰："勿复白。"乃令骑解鞍放马。是时，白马辎重就道。诸将以为敌骑多，不如还保营。荀攸曰："此所以饵敌，如何去之！"绍骑将文丑与刘备将五六千骑前后至。诸将复白："可上马。"公曰："未也。"有顷，骑至稍多，或分趣辎重。公曰："可矣。"乃皆上马。时骑不满六百，遂纵兵击，大破之，斩丑。良、丑皆绍名将也，再战，悉禽，绍军大震。公还军官渡。绍进保阳武。关羽亡归刘备。

**注释** <<<

①白马：县名。治今河南滑县东。
②延津：黄河渡口。位于今河南汲县东。
③掩：偷袭。
④趣：奔赴，趋向。

## 译文

二月，袁绍派大将郭图、淳于琼、颜良等攻打驻扎在白马的东郡太守刘延，袁绍率军到达黎阳，准备渡黄河。四月，太祖北上驰援刘延。荀攸劝阻太祖道："当前我们兵力不足，无力抵抗袁绍的大军，只有分散兵力才能取胜。您到延津，做出将要攻打其后方的样子，袁绍必会西去应战，然后我们突袭白马，趁其不备，就可以活捉颜良。"太祖接受其建议。袁绍听说太祖要渡河，立即派军队西去应战。太祖率军直奔白马，离白马不足十几里的时候，颜良大惊，前去应战。张辽、关羽攻入敌阵，击败敌军，斩杀颜良。解除了白马之围后，太祖迁移了百姓，沿黄河西去。

此时，袁绍渡黄河追赶太祖，到达延津南面。太祖部署军队在南面的山坡扎营，派人登上营垒观察敌情，瞭望的人报告："大约有五六百骑兵。"过了一会儿，又报告："骑兵逐渐增多，步兵多得数不清。"太祖："不用再报了。"命令骑兵解下马鞍放开战马。这时，从白马缴获的军用物资已经上路。众将领认为敌人多骑兵，不如把物资撤回充实军营。荀攸说："这样是诱敌上钩，怎么能撤呢？"袁绍的将领文丑和刘备率领五六千骑兵先后到达。众将："可以上马。"太祖："还不行。"又过了一会儿，袁军骑兵多了起来，有一部分奔向路上的物资。太祖："可以了。"于是全部上马。当时曹军骑兵不足六百，就出兵发起攻击，大破袁军，杀了文丑。颜良、文丑是袁绍的名将，两次交战，全被擒杀，袁军感到十分震惊。太祖撤回官渡，袁绍守卫阳武。关羽逃回到刘备那里。

◎粉彩三国人物◎

八月，绍连营稍前，依沙堆为屯，东西数十里。公亦分营与相当，合战不利。时公兵不满万，伤者十二三。绍复进临官渡，起土山地道。公亦于内作之，以相应。绍射营中，矢如雨下，行者皆蒙楯，众大惧。时公粮少，与荀彧书，议欲还许。彧以为："绍悉众聚官渡，欲与公决胜败。公以至弱当至强，若不能制，必为所乘，是天下之大机也①。且绍，布衣之雄耳，能聚人而不能用。夫以公之神武明哲而辅以大顺②，何向而不济！"公从之。

注释 <<<

①机：事情的关键。

②神武：神明威武。

## 译文 

八月，袁绍大军前后连营步步推进，靠着沙堆扎营，东西相连长达几十里。太祖设下营垒应击袁军，交战失利。当时太祖的总兵力不足万人，受伤的人又占了十之二三。袁绍大军逼近官渡，堆土成山，挖出地道。太祖也在营垒内筑土山挖地道应战。袁绍的像箭雨点落在曹营，营内行走都得用盾牌掩蔽，大家都很恐惧。曹军军粮匮乏，太祖给荀彧写信，打算撤回许都。荀彧认为："袁绍的全部兵力都聚集在官渡，想和您决战。您用极弱的兵力对抗强敌，如果不能战胜，这可是关系争夺天下成败的重要时机啊！况且袁绍只是凡人之中的豪杰，能招揽贤才却不会使用。凭借您的英武再加上以天子的名义讨伐叛逆，一定会所向披靡、战无不胜！"太祖听从了他的建议。

◎三国 青瓷印席纹盘口壶◎

袁绍运谷车数千乘至①，公用荀攸计，遣徐晃、史涣邀击，大破之，尽烧其车。公与绍相拒连月，虽比战斩将，然众少粮尽，士卒疲乏。公谓运者曰："却十五日为汝破绍②，不复劳汝矣。"

冬十月，绍遣车运谷，使淳于琼等五人将兵万余人送之，宿绍营北四十里。绍谋臣许攸贪财，绍不能足，来奔，因说公击琼等。左右疑之，荀攸、贾诩劝公。公乃留曹洪守，自将步骑五千人夜往，会明至。琼等望见公兵少，出陈门外。公急击之，琼退保营，遂攻之。绍遣骑救琼。左右或言"贼骑稍近，请分兵拒之。"公怒曰："贼在背后，乃白！"士卒皆殊死战，大破琼等，皆斩之。绍初闻公之击琼，谓长子谭曰："就彼攻琼等，吾攻拔其营，彼固无所归矣③！"乃使张郃、高览攻曹洪。郃等闻琼破，遂来降。绍众大溃，绍及谭弃军走，渡河。追之不及，尽收其辎重及图书珍宝，虏其众。公收绍书中，得许下及军中人书，皆焚之。冀州诸郡多举城邑降者。

注释 <<<

①乘：古代一车四马为一乘。

②却：退。

③固：本来，当然。

## 译文

◎曹操官渡胜袁绍◎

袁绍的几千辆运粮车即将到达，太祖采纳了荀攸的计谋，派大将徐晃、史涣半路截击，大破袁军，将其粮草全部烧光。太祖和袁绍对峙了几个月，虽然屡次交战斩杀袁军大将，但曹营内兵少粮尽，官兵疲乏，太祖对运粮的人说："再过十五天打败袁绍，你们就不用再这样劳累了。"

十月，袁绍再派车辆去运粮，派淳于琼等五员大将率领一万多人护送，夜里在袁绍大营以北四十里的地方安营。袁绍的谋臣许攸贪财，袁绍又不能满足他，前来投奔太祖，劝说太祖袭击淳于琼等人。太祖的人大都感到怀疑，但荀攸、贾诩劝太祖采纳。太祖就命曹洪留守曹营，自己亲率步兵骑兵五千人连夜前往，正好天亮时赶到。淳于琼等人望见太祖兵少，就在营门外摆开阵势。太祖迅猛出击，淳于琼后撤守卫营垒，太祖攻打营垒。袁绍派骑兵增援。太祖身边的人说："贼军骑兵渐近，请分兵抵挡。"太祖大怒："贼军到了背后，再来报告！"曹军官兵奋勇作战，大败淳于琼等人，把他们都杀了。袁绍刚听到太祖攻打淳于琼的消息时，对大儿子袁谭说："趁他忙着攻打淳于琼等人，我们去攻占他的营垒，他就没有退路了！"于是派遣张郃、高览攻打曹洪。张郃等人听说淳于琼被击败，就向太祖投降。袁军全面崩溃，袁绍和袁谭丢下军队，渡过黄河。曹军来不及追赶，但缴获了袁绍的全部军用物资、珍宝、信件等，俘虏了袁军大量人马。太祖从收缴的书信中，得到了不少许都和军中的人给袁绍的信件，他把这些信全烧了，不予以追究。冀州各郡大多向太祖献城投降。

初，绍与公共起兵，绍问公曰："若事不辑，则方面何所可据？"公曰："足下意以为何如[①]？"绍曰："吾南据河，北阻燕、代，兼戎狄之众，南向以争天下，庶可以济乎[②]？"公曰："吾任天下之智力，以道御之，无所不可。"

九月，令曰："河北罹袁氏之难，其令无出今年租赋！"重豪强兼并之法，百姓喜悦。天子以公领冀州牧，公让还兖州。

注释 <<<

①足下：敬词。

②庶：或许。

## 译文

当初，袁绍和太祖共同起兵的时候，袁绍问太祖："如果大事不能成功，什么地方可以守呢？"太祖说："您的意思呢？"袁绍说："我南面据守黄河，北面依靠燕、代，兼有戎狄，南下争夺天下，大概可以成功吧？"太祖说："我启用天下有勇有谋的人，用正道来治理，就没有什么办不到的事情。"

九月，太祖颁布命令："黄河以北地区遭受袁氏家族带来的灾难，今年不用缴租赋！"同时，还加重了惩治豪强兼并土地的刑法，当地老百姓满心喜悦。汉献帝任命太祖兼任冀州牧，太祖辞去了原兖州牧的官职。

◎三国 越窑瓷器◎

十三年春正月，公还邺[①]，作玄武池以肄[②]舟师。汉罢三公官，置丞相、御史大夫。夏六月，以公为丞相。

秋七月，公南征刘表。八月，表卒，其子琮代，屯襄阳，刘备屯樊[③]。九月，公到新野，琮遂降，备走夏口。公进军江陵，下令荆州吏民，与之更始[④]。乃论荆州服从之功，侯者十五人，以刘表大将文聘为江夏太守，使统本兵，引用荆州名士韩嵩、邓义等。益州牧刘璋始受征役，遣兵给军。十二月，孙权为备攻合肥。公自江陵征备，至巴丘，遣张憙救合肥。权闻憙至，乃走。公至赤壁，与备战，不利。于是大疫，吏士多死者，乃引军还。备遂有荆州江南诸郡。

注释 <<<

①邺：邺县。

②肄：习练。

③樊：樊城，与襄阳隔汉水相望。

④更始：重新开始。

## 译文 

建安十三年正月，太祖返回邺城，挖玄武池操练水兵。汉朝撤销三公，设丞相、御史大夫。六月，任命太祖为丞相。

秋七月，太祖南征刘表。八月，刘表病死，他的儿子刘琮接替了他的位置，驻扎襄阳，刘备驻扎樊城。九月曹军抵达新野，刘琮投降，刘备逃亡夏口。太祖进军江陵，让荆州的官员、百姓一同除旧迎新。评定荆州投降人员的功劳，封侯十五人，任命刘表手下文聘为江夏太守，命他统帅原有的军队，任用荆州名士韩嵩、邓义等人。益州牧刘璋接受朝廷征调，派兵充实曹军。十二月，为援救刘备，孙权攻打合肥。太祖率军从江陵出发讨伐刘备，到了巴丘，太祖派遣张憙驰援合肥。孙权听说张憙赶来，就退兵了。太祖到了赤壁，与刘备交战，以失败而告终。当时又瘟疫横行，曹军伤亡惨重，太祖就率军撤回。刘备占据荆州境内长江以南各郡。

十五年春，下令曰："自古受命及中兴之君，曷尝[①]不得贤人君子与之共治天下者乎！及其得贤也，曾[②]不出闾巷[③]，岂幸相遇哉？上之人不求之耳。今天下尚未定，此特求贤之急时也。'孟公绰为赵、魏老则优，不可以为滕、薛大夫'。若必廉士而后可用，则齐桓其何以霸世！今天下得无有被褐怀玉而钓于渭滨者乎？又得无盗嫂受金而未遇无知者乎？二三子其佐我明扬仄陋，唯才是举，吾得而用之。"冬，作铜雀台。

注释 <<<

①曷尝：何尝。

②曾：竟。

③闾巷：古代二十五家为一里，里门称闾。

译文 

建安十五年春，太祖下令："自古以来，受天命开国或中兴的君主，哪一个不是在贤能之人的帮助下共同治理天下呢？而君主得到的贤人，往往深居简出，难道是侥幸遇到的吗？是执政者寻求得到的。现在，天下没有平定，正是格外需要贤才的时候。孔子说'孟公绰做赵、魏两家的家臣是绰绰有余的，却不能胜任滕、薛这样小国的官员'。如果一定得是廉洁的人才可以用，那么齐桓公怎么能称霸！现在难道没有像吕尚那样身穿布衣，才华出众，却在渭水边垂钓的人吗？难道没有像陈平那样蒙受盗嫂受金的恶名，还没有遇到像魏无知那样能赏识其才能的人吗？诸位要帮我发现那些出身卑微的贤人，只要有才能就举荐，使我能任用他们。"这一年的冬天，修建了铜雀台。

五月丙申[1]，天子使御史大夫郗虑持节策命[2]公为魏公曰：朕以不德，少遭愍凶，越在西土，迁于唐、卫。当此之时，若缀旒然，宗庙乏祀，社稷无位；群凶觊觎，分裂诸夏，率土之民，朕无获焉，即我高祖之命将坠于地。朕用夙兴假寐，震悼于厥心，曰"惟祖惟父，股肱先正，其孰能恤朕躬"？乃诱天衷，诞育丞相，保乂我皇家，弘济于艰难，朕实赖之。今将授君典礼，其敬听朕命。

昔者董卓初兴国难，群后释位以谋王室，君则摄进，首启戎行，此君之忠于本朝也。后及黄巾反易天常，侵我三州，延及平民，君又翦之以宁东夏，此又君之功也。韩暹、杨奉专用威命，君则致讨，克黜其难，遂迁许都，造我京畿，设官兆祀，不失旧物，天地鬼神于是获乂，此又君之功也。袁术僭逆，肆于淮南，慑惮君灵，用丕显谋，蕲阳之役，桥蕤授首，棱威南迈，术以陨溃，此又君之功也。回戈东征，吕布就戮，乘辕将返，张杨殂毙，眭固伏罪，张绣稽服，此又君之功也。袁绍逆乱天常，谋危社稷，凭恃其众，称兵内侮，当此之时，王师寡弱，天下寒心，莫有固志，君执大节，精贯白日，奋其武怒，运其神策，致届官渡，大歼丑类，俾我国家拯于危坠，此又君之功也。济师洪河，拓定四州，袁谭、高幹，咸枭其首，海盗奔迸，黑山顺轨，此又君之功也。乌丸三种，崇乱二世，袁尚因之，逼据塞北，束马县车，一征而灭，此又君之功也。刘表背诞，不供贡职，王师首路，威风先逝，百城八郡，交臂屈膝，此又君之功也。马超、成宜，同恶相济，滨据河、潼，求逞所欲，殄之渭南，献馘万计，遂定边境，抚和戎狄，此又君之功也。鲜卑、丁零，重译而至，箄于、白屋，请吏率职，此又君之功也。君有定天下之功，重之以明德，班叙海内，宣美风俗，旁施勤教，恤慎刑狱，吏无苛政，民无怀慝；敦

注释

①丙申：古代干支计日，旧历初十日。

②策命：古代帝王给臣子封土授爵时的简册文书。

崇帝族，表继绝世，旧德前功，罔不咸秩；虽伊尹格于皇天，周公光于四海，方之蔑如也。

朕闻先王并建明德，胙之以土，分之以民，崇其宠章，备其礼物，所以藩卫王室，左右厥世也。其在周成，管、蔡不静，惩难念功，乃使邵康公赐齐太公履，东至于海，西至于河，南至于穆陵，北至于无棣，五侯九伯，实得征之，世祚太师，以表东海；爰及襄王，亦有楚人不供王职，又命晋文登为侯伯，锡以二辂、虎贲、鈇钺、秬鬯、弓矢，大启南阳，世作盟主。故周室之不坏，繄二国是赖。今君称丕显德，明保朕躬，奉答天命，导扬弘烈，缓爰九域，莫不率俾，功高于伊、周，而赏卑于齐、晋，朕甚恧焉。朕以眇眇之身，托于兆民之上，永思厥艰，若涉渊冰，非君攸济，朕无任焉。今以冀州之河东、河内、魏郡、赵国、中山、常山、钜鹿、安平、甘陵、平原凡十郡，封君为魏公。锡君玄土，苴以白茅；爰契尔龟，用建冢社。昔在周室，毕公、毛公入为卿佐，周、邵师保出为二伯，外内之任，君实宜之，其以丞相领冀州牧如故。又加君九锡，其敬听朕命。以君经纬礼律，为民轨仪，使安职业，无或迁志，是用锡君大辂、戎辂各一，玄牡二驷。君劝分务本，穑人昏作，粟帛滞积，大业惟兴，是用锡君衮冕之服，赤舄副焉。君敦尚谦让，俾民兴行，少长有礼，上下咸和，是用锡君轩县之乐，六佾之舞。君翼宣风化，爰发四方，远人革面，华夏充实，是用锡君朱户以居。君研其明哲，思帝所难，官才任贤，群善必举，是用锡君纳陛以登。君秉国之钧，正色处中，纤毫之恶，靡不抑退，是用锡君虎贲之士三百人。君纠虔天刑，章厥有罪，犯关干纪，莫不诛殛，是用锡君鈇钺各一。君龙骧虎视，旁眺八维，掩讨逆节，折冲四海，是用锡君彤弓一，彤矢百，玈弓十，玈矢千。君以温恭为基，孝友为德，明允笃诚，感于朕思，是用锡君秬鬯一卣，珪瓒副焉。魏国置丞相已下群卿百寮，皆如汉初诸侯王之制。往钦哉，敬服朕命！简恤尔众，时亮庶功，用终尔显德，对扬我高祖之休命！

## 译文 

五月丙申日，汉献帝派御史郗虑手持皇帝符节策封太祖为魏公，诏书说：我因为不修德行，从小经受了无数的灾难，先是被劫到了西安，后又辗转于唐、卫之间。我就像旗帜上的穗带一样飘摆不定。先祖庙没人祭祀，历代君王都拜祭的社稷无处安置；许多心怀叵测的人，企图分裂国家，我没有权力管理国人，连高祖开创的基业都要分崩离析。我日夜难安，心里很难受，常默念“历代祖先，辅佐朝廷精明强干的先贤，谁能可怜我啊？”于是感动了上天，降生了丞相，来保护我们汉代皇室，把我从危难中解救出来，我有了依靠。现在将最隆重的礼仪授予您，望您敬听我的命令。

过去，董卓作乱，各地诸侯都来保卫王室，您不但理政进言，还最先起兵讨伐，这是您对王室的忠诚。后来，黄巾军犯上，侵犯三州，祸害百姓，您铲除了他们，平定东部，这是您的一大功劳。韩暹、杨奉等人独断专行，您起兵讨伐，铲除祸患，迁都许昌，重建京城，设置百官，修筑庙坛，祭祀神祖，恢复典制，天地得以安宁，这又是您的一大功劳。袁术称帝谋反，在淮南一带横行，您的神威震住了他，您运用超凡的谋略，蕲阳一战，斩杀桥蕤，顺势南进，灭掉袁术，这也是您的一大功劳。您回师东征，吕布被杀，班师还朝，张杨丧命，眭固伏法，张绣归顺，这还是您的功劳。袁术违背天理，图谋不轨，祸害国家，依仗兵力，进犯朝廷，这时朝廷兵少，天下人失望之极、痛心疾首，失去了斗志，又是您持大节，贯通天地之精力，凭借您的英武，运用您的智慧，亲临官渡，除掉败类，将整个国家从危难中解救出来，这还是您的功劳。您率领大军，渡过黄河，平定四川，袁谭、高幹，都被斩杀，击溃海盗，收抚黑山，还是您的功劳。边贼三郡乌丸，两代作乱，袁尚投靠他们，占据塞北，您跋涉险途，一举歼灭了他们，这也是您的功劳。刘表反叛，不纳贡赋，您亲率王师踏上征途，声威远播。荆州城郡，屈膝投降，这也是您的功劳。马超、成宜等人，相互勾结，为非作乱，据守黄河、潼关，妄图称霸关中，您将其消灭在渭水南岸，杀敌无数，平定西北，安抚戎狄，这也是您的功劳。鲜卑、丁零碾转前来朝见，箄于、白屋请求称臣，这也是您的功劳。您有平定天下的功劳，又有高尚的德行；您整治天下，规理风俗，广施恩德，重视教化，谨慎使用刑罚，没有苛刻的政令，百姓没有奸诈之心；您尊敬皇族，使断绝了后代的王侯能够延续，过去的德高望重的人或建立功勋的人依次加官晋爵。虽伊尹的功德能感动上苍，周公的业绩光耀千秋，但与您比起来都暗淡了许多。

我听说先代帝王分封功德无量的人，赐给他们土地，分给他们人民，赐予他们华贵的礼服以示尊敬，配给他们宏大的典礼，是让他们捍卫尊严，辅佐当代君主。周

◎三国 青瓷砻◎

成王时，管叔、蔡叔犯上作乱。叛乱平定后，成王追念功臣，派邵康公赏给姜太公土地，东到大海，西至黄河，南到穆陵，北至无棣。姜太公贵为五侯九伯，如果有罪都可以征讨，他世世代代担任太师，其功绩显耀于东海。到了周襄王的时候，有楚国人不交纳贡赋，襄王任命晋文公为诸侯首领，赐给他二辂、勇士、斧钺、香酒和弓箭等，让他开拓南阳的疆土，世代为盟主。周朝之所以长盛不衰，全靠齐、晋二国。现在您德高功大，尽力保护王室的安全；您顺从天意，安定九州，使天下人都遵纪守法，您功过伊尹、周公等人，而得到的赏赐却不及姜太公、晋文公，我深感惭愧。我是一个没有多大德行的人，居于亿万臣民之上，常常思考执政的艰辛，真是如临深渊、如履薄冰，如果没有您的辅佐，我是不能胜任的。现在将冀州的河东、河内、魏郡、赵国、中山、常山、巨鹿、安平、甘陵、平原等共十个郡分封给您，并加封您为魏公。赏赐给您黑土，用白茅草包着，您去灼龟占卜，选择黄道吉日，建立魏国的宗庙社稷。周朝时，毕公、毛公内任公卿，周公、召公在朝廷做太师、太保，燕、鲁方伯在外任职。辅内、镇外的重任，您都适合。现在任命您以丞相的身份兼任冀州牧，加赐九锡，望您能听从我的命令。因为您编制的礼制刑律，成为百姓遵循的准则，这使他们能够安居乐业，不用再流离迁徙，因此赏赐给您金辂、戎辂各一辆，枣红色公马八匹。您劝导百姓互相帮助接济、致力农耕，使他们勤奋劳作，粮食、布帛有了大量积累储备，国家兴旺，因此赏赐给您衮冕礼服，再用红色鞋子相配。您推崇提倡谦虚礼让，老百姓纷纷来效仿，老幼之间以礼相待，上下和睦相处，因此赏赐给您可悬挂三面的乐器，舞蹈队六列。您倡导美好的风俗，并将其发扬，边远地区的人改头换面，中原地区更加富裕，因此赏赐给您红门府邸。您研究先王智慧，思考连尧、舜等都感到头痛的事，任用有贤德的人，有才能的人得到举荐，因此赏赐给您纳陛以便上殿。您掌握国家大权，处在公正的地位，哪怕有微小的恶行，也加以抑制斥退，因此赏赐给您三百护卫勇士。您谨慎地监督着国家的刑罚，揭露有罪的人，诛杀触犯国家法纪的人，因此赏赐给您斧、钺各一件。您像龙马猛虎一样昂首雄视四面，环顾八方，征讨叛逆，抵御叛敌，因此赏赐给您红色的宝弓一张，红色的箭百枝，黑弓十张，黑箭千枝。您以温良恭俭为本，以孝顺友爱为美，您的明智、守信、厚道、诚实，打动了我的心，因此赏赐给您香酒一樽，再配上玉酒杓。魏国可设置丞相以下的群臣百官，全部按照汉初封王的制度。希望您回封国之后，能够恭敬地执行我的命令，选拔、安抚您的部下。让他们好好辅佐您完成各种功业，成就您的德行，来报答颂扬我高祖的美好遗愿。

庚子[1]，王崩于洛阳[2]，年六十六。遗令曰：“天下尚未安定，未淂遵古也。葬毕，皆除服。其将兵屯戍者，皆不淂离屯部。有司各率乃职。敛以时服，无藏金玉珍宝。”谥曰武王。二月丁卯，葬高陵。

## 译文

建安二十五年正月二十三日，魏王在洛阳去世，时年六十六岁。遗令说：“天下未定，不能按照古代丧礼来安葬我。安葬完毕后，都除去丧服。那些驻守边疆的将领，不得离开驻地。官员要各尽其责。用四时适用的衣服入殓，不要埋葬金玉珍宝。”谥号武王。二月丁卯，在高陵安葬。

注释 <<<

①庚子：旧历二十三日。

②崩：陈寿在用词上也表现了以魏正统，曹操以及后来的魏帝，去世都用天子所专用的“崩”，吴、蜀两国君主则用的是“薨”或“殂”。

历代名家评点

我们讲到曹操，很容易就联想起《三国志演义》，更而想起戏台上那一位花面奸臣，但这不是观察曹操的真正方法……

——鲁迅《魏晋风度及文章与药及酒之关系》

◎曹操点将台◎

## 名作欣赏

### 观沧海

曹操

东临碣石，以观沧海。
水何澹澹，山岛竦峙。
树木丛生，百草丰茂。
秋风萧瑟，洪波涌起。
日月之行，若出其中；
星汉灿烂，若出其里。
幸甚至哉！歌以咏志。

>>> 注释 <<<

《观沧海》是曹操的名篇，这首诗基调苍凉，折射出曹操非凡的胸襟气度。公元207年，曹操亲率大军北上，追歼袁绍残部，五月誓师北伐，七月出卢龙寨，临碣石山。他跃马扬鞭，登山观海，面对洪波涌起的大海，触景生情，历来被视为“建安风骨”的代表作。

建安风骨

汉魏之际曹氏父子（曹操、曹丕、曹植）、建安七子（孔融、陈琳、王粲、徐幹、阮瑀、应玚、刘桢）等人诗文的俊爽刚健风格。

# 魏书

## 文帝纪·曹丕

曹丕，三国时期著名的政治家、文学家，由于文学方面的成就而与其父曹操、其弟曹植并称为“三曹”。

曹丕在继承权的争夺中胜出。曹操去世后，曹丕逼汉献帝禅位，结束了汉朝四百多年的统治。改国号大魏，成为了魏国的开国皇帝，也是三国中第一个称皇帝的君主。

文皇帝讳丕，字子桓，武帝太子也。中平四年冬，生于谯。建安十六年，为五官中郎将，副丞相。二十二年，立为魏太子。太祖崩，嗣位为丞相、魏王。尊王后曰王太后[①]。改建安二十五年为延康元年。

元年二月壬戌[②]，以大中大夫贾诩为太尉，御史大夫华歆为相国，大理王朗为御史大夫[③]。置散骑常侍、侍郎各四人，其宦人为官者不得过诸署令；为金策著令，藏之石室。

注释<<<

①王太后：曹丕的生母卞氏。

②壬戌：旧历十六日。

③大理：官名，为九卿之一。

## 译文

文帝曹丕，字子恒，武帝曹操的太子。中平四年冬，出生于谯县。汉献帝建安十六年，被任命为五官中郎将、副丞相处理国家事务。建安二十二年，被立为魏太子。曹操去世后，曹丕做了丞相、魏王，将其母魏王后卞氏奉为王太后，同时改建安二十五年为延康元年。

建康元年二月十六日，文帝任命大中大夫贾诩为太尉，御史大夫华歆为相国，大理王朗为御史大夫。他还设置散骑常侍、侍郎各四人，规定后宫宦官担任的官职不得超过各官署的署令；他还令人把这条诏令记录在金质的简策上，收藏在石室内。

◎三国 青瓷印席纹盘口壶◎

五月戊寅，天子命王追尊皇祖太尉曰太王[①]，夫人丁氏曰太王后[②]，封王子叡为武德侯。是月，冯翊山贼郑甘、王照率众降，皆封列侯。

甲午，军次于谯[③]，大飨六军及谯父老百姓于邑东[④]。八月，石邑县言凤皇集。

冬十月癸卯，令曰："诸将征伐，士卒死亡者或未收敛，吾甚哀之；其告郡国给槥椟殡敛，送致其家，官为设祭。"丙午，行至曲蠡。

注释<<<

①皇祖太尉：这里指曹丕的祖父曹嵩。

②丁氏：曹嵩的妻子。

③次：行军途中停留。

④大飨：天子用酒食慰劳臣子。

## 译文

五月戊寅，汉献帝下令给魏王曹丕追尊祖父太尉曹嵩为太王，曹嵩夫人丁氏为太王后，并封魏王的儿子曹叡为武德侯。同月，冯翊山的贼寇郑甘、王照率领部队投降，全都被封为列侯。

七月二十日，魏王军队驻扎在谯地，魏王在城外东郊以酒食犒劳六军和谯地百姓。八月，石邑县呈告说有凤凰栖集在一起。

冬十月癸卯，魏王下令："众将士南征北战，为国捐躯的士兵有的没有入葬，我十分痛心。现通告各郡提供棺材收尸入殓，送到死者的家中，官府为他们布置祭奠。"丙午，魏王曹丕率军到达曲蠡。

◎魏文帝◎

汉帝以众望在魏，乃召群公卿士，告祠高庙。使兼御史大夫张音持节奉玺绶禅位。庚午，王升坛即阼[①]，百官陪位。事讫，降坛，视燎成礼而反[②]。改延康为黄初，大赦。

黄初元年十一月癸酉，以河内之山阳邑万户奉汉帝为山阳公，行汉正朔，以天子之礼郊祭[③]，上书不称臣，京都有事于太庙，致胙，封公之四子为列侯。追尊皇祖太王曰太皇帝，考武王曰武皇帝[④]，尊王太后曰皇太后。赐男子爵人一级，为父后及孝悌力田人二级。以汉诸侯王为崇德侯，列侯为关中侯。以颍阴之繁阳亭为繁昌县。封爵增位各有差。改相国为司徒，御史大夫为司空，奉常为太常，郎中令为光禄勋，大理为廷尉，大农为大司农。郡国县邑，多所改易。更授匈奴南单于呼厨泉魏玺绶，赐青盖车、乘舆、宝剑、玉玦。十二月，初营洛阳宫，戊午，幸洛阳。

注释 <<<

①阼：帝位。

②视燎：观看柴燎礼。古代天子受禅时，要焚烧木柴祭天，称柴燎。

③郊祭：皇帝在京城郊外祭祀天地神祇的活动。

④考：指父亲，在这里指曹操。

## 译文

汉献帝因群臣依附魏王，就召集朝中文武百官，在高祖刘邦的祭庙祭祖。十月二十八日，魏王登高坛称帝，百官参加。仪式完毕后，文皇帝走下高坛，燃火祭祀天地后返回。后改延康的年号为黄初，大赦天下。

黄初元年十一月初一日，文帝封汉献帝刘协为山阳公，将河内郡山的一万户百姓的居地作为他的封地。在他的封地内依然使用汉朝的历法，山阳公可以依照汉朝天子原有的礼仪举行郊祭，给魏帝上书不用称臣。天子将祖父太王曹嵩追尊为太皇帝，父亲武王曹操为武皇帝，尊奉母亲王太后称皇太后。赐天下的男人每人晋升爵位一级，做父亲的继承人的、孝敬父母、尊敬兄长和努力耕田的，每人晋升爵位二级。文帝还将汉朝封的诸侯王改为崇德侯。将颍阴的繁阳亭改为繁昌县。朝中大臣分别收到增加爵位和提升官职的赏赐。文帝对官职名称进行了调整：改相国为司徒，御史大夫为司空，奉常为太常，郎中令为光禄勋，大理为廷尉，大农为大司农。另外，文帝对很多郡国县邑的名称也有所改动。重新授予匈奴南单于呼厨泉魏国的印玺、绶带，并赐给他青盖车、乘舆、宝剑和玉玦。同年十二月，文帝下令开始营建洛阳宫，戊午到达洛阳。

二年春正月，郊祀天地、明堂。甲戌，校猎至原陵[①]，遣使者以太牢祠汉世祖[②]。乙亥，朝日于东郊[③]。初令郡国口满十万者，岁察孝廉一人；其有秀异[④]，无拘户口。辛巳，分三公户邑，封子弟各一人为列侯。壬午，复颍川郡一年田租。改许县为许昌县。以魏郡东部为阳平郡，西部为广平郡。

三年春正月丙寅朔，日有蚀之。庚午，行幸许昌宫。诏曰："今之计、考，古之贡士也；十室之邑，必有忠信，若限年然后取士，是吕尚、周晋不显于前世也。其令郡国所选，勿拘老幼；儒通经术，吏达文法，到皆试用。有司纠故不以实者。"

注释<<<

①校猎：打猎。

②太牢：用牛羊猪作为祭品祭祀。

③朝日：古代帝王祭祀太阳的礼节。

④秀异：特别优秀的人。

◎三国 青瓷碓◎

## 译文 

黄初二年春正月，文帝在郊外祭祀。正月初三日，文帝到原陵打猎，派使者用太牢的规格祭祀汉光皇帝。初四日，文帝在东郊举行朝日仪式。随后他下令各郡国人口满十万的，郡官每年要考察推荐孝廉一人；如果有特别优秀的人才要大力推荐，不受名额限制。辛巳，文帝下令从三公的封地中各分出一块给其子弟，并各封其子弟中一人为列侯。壬午，文帝下令免除颍川郡一年的田租，改许县为许昌县。他还将魏郡东部改为阳平郡，西部改称广平郡。

黄初三月春正月丙寅日是初一，这天出现了日食。庚午，文帝出行到许昌宫。下诏说："如今的上计吏、孝廉，相当于古代的贡士；十户人家的聚落，肯定有忠信之人，假如限定年龄然后选拔有才能的人，那么像吕尚、周晋一样的人就没有用武之地了。现在下令各郡国选拔人才，不受年龄的限制；只要精通经学、通晓法规，到了便可试用。有关官员要检举举荐不实之人。"

夏五月，有鹈鹕鸟集灵芝池①，诏曰："此诗人所谓污泽也。曹诗'刺恭公远君子而近小人'，今岂有贤智之士处于下位乎？否则斯鸟何为而至？其博举天下俊德茂才、独行君子②，以答曹人之刺。"

六年春二月，遣使者循行许昌以东尽沛郡，问民所疾苦，贫者振贷之。三月，行幸召陵，通讨虏渠。乙

注释 <<<

①鹈鹕鸟：水鸟，会捕鱼。

②独行：指节操高尚、超凡脱俗的人。

巳，还许昌宫。并州刺史梁习讨鲜卑轲比能，大破之。辛未，帝为舟师东征。五月戊申，幸谯。壬戌，荧惑入太微。

六月，利成郡兵蔡方等以郡反，杀太守徐质。遣屯骑校尉任福、步兵校尉段昭与青州刺史讨平之；其见胁略及亡命者，皆赦其罪。

## 译文

五月，有鹈鹕鸟栖集在灵芝池，文帝下诏："这就是诗人所说的污泽鸟。《诗经·曹风》中曾记载过这样的征兆，这是上天在'讥讽曹恭公疏远君子而亲近小人'，难道如今也会有贤德才智的人处于卑下的地位吗？不然这鹈鹕鸟为什么要到这里来？现在朕命令广泛举荐天下有高尚德行的优秀人才、不流俗的君子，以驳斥曹国人的讥讽。"

六年春二月，文帝派使者巡视许昌以东直到沛郡，问百姓之疾苦，生活贫困的人都给予救济。三月文帝巡视召陵，下令修通讨虏渠。三月二十八日，文帝到达许昌宫。并州刺史梁习讨伐鲜卑首领轲比能，轲比能大败。闰三月二十日，文帝派遣水师东征。五月初二日，文帝到达谯，十四日，火星运行到天空中被称作"太微"的区域。

六月，利成郡士兵蔡方等人反叛，杀死太守徐质。文帝派屯骑校尉任福、步兵校尉段昭和青州刺史讨伐，叛乱被平定。文帝下令赦免了被逼反叛以及逃跑的人。

秋七月，立皇子鉴为东武阳王。八月，帝遂以舟师自谯循涡入淮，从陆道幸徐。九月，筑东巡台。冬十月，行幸广陵故城，临江观兵，戎卒十余万，旌旗数百里。是岁大寒，水道冰，舟不得入江，乃引还。十一月，东武阳王鉴薨。十二月，行自谯过梁，遣使以太牢祀故汉太尉桥玄。

七年春正月，将幸许昌，许昌城南门无故自崩，帝心恶之，遂不入。壬子，行还洛阳宫。三月，筑九华台[①]。夏五月丙辰，帝疾笃[②]，召中军大将军曹真、镇军大将军陈群、征东大将军曹休、抚军大将军司马宣王，并受遗诏辅嗣主。遣后宫淑媛、昭仪已下归其家。丁巳，帝崩于嘉福殿，时年四十。六月戊寅，葬首阳陵。自殡及葬，皆以终制从事[③]。

**注释**

①九华台：楼台的名字，在洛阳皇宫内。

②笃：忠诚。

③终制：遗嘱。

## 译文

七月，皇子曹鉴被封为东武阳王。八月，文帝命令水师从谯顺着涡水进入淮河，他自己从陆路到达徐州。九月，文帝下令修筑东巡台。十月，文帝到达广陵旧城，到长江边检阅部队。此时的魏军总数达十余万人，飘扬的战旗整齐排开，延绵达数百里。天非常冷，水道结了冰，船无法驶入长江，文帝下令撤军返回。十一月，东武阳王曹鉴去世。十二月，文帝去谯地途经梁国，派使者用太牢的规格祭祀原汉朝太尉桥玄。

黄初七年春正月，文帝要到许昌时，许昌城南门自然崩塌，文帝心里忌讳，没有进许昌。正月初十日，文帝回到洛阳宫。三月修筑九华台。夏五月十六日，文帝病重，召中军大将军曹真、镇军大将军陈群、征东大将军曹休、抚军大将军司马懿，一起接受遗诏辅佐继位的皇帝。命令将后宫内淑媛、昭仪以下的妃嫔发遣回家。十七日，文帝在嘉福殿去世，时年四十岁。六月初九日，文帝被安葬首阳陵。从殡殓到入葬等各项事情，都按照文帝的遗嘱办理。

初，帝好文学，以著述为务，自所勒成垂百篇[①]。又使诸儒撰集经传，随类相从，凡千余篇，号曰《皇览》。

评曰：文帝天资文藻，下笔成章，博闻强识，才艺兼该；若加之旷大之度，励以公平之诚，迈志存道[②]，克广德心，则古之贤主，何远之有哉！

注释 <<<

①勒：编纂。

②迈志：致力于某一志向。

## 译文

当初，文帝喜好文学，专心从事文章的著述，亲手编撰的作品将近一百篇。又让众儒生从经传中搜集资料，分类排列编撰成书，共一千多卷，书名叫《皇览》。

评论说：文帝天生具备文才，提笔就能写出文章，知识渊博，记忆超群，多才多艺；假如他能够再具备宽宏的度量，用公平的诚心勉励自己，专心致志于道义，能够宽广自己的仁德之心，那么与古代的贤明君主相比，又会有多远的距离呢！

## 燕歌行

曹丕

秋风萧瑟天气凉，草木摇落露为霜。群燕辞归雁南翔，念君客游思断肠。慊慊思归恋故乡，君何淹留寄他方？贱妾茕茕守空房，忧来思君不敢忘，不觉泪下沾衣裳。援琴鸣弦发清商，短歌微吟不能长。明月皎皎照我床，星汉西流夜未央。牵牛织女遥相望，尔独何辜限河梁？

### >>> 注释 <<<

这首诗句句用韵，节奏中见摇曳之态。王夫之称此诗"倾情，倾度，倾声，古今无两"，虽是溢美之辞，但此诗实为叠韵歌行之祖，对后世七言歌行的创作有很大影响。

# 魏书

## 董二袁刘传第六·董卓

董卓之乱是东汉末年的重要历史事件。东汉王朝表面上还是刘氏家族的天下，但却处于风雨飘摇的境地。董卓的倒行逆施，使得这种统治更加的黑暗，从而引起了更大的争斗……

董卓字仲颖，陇西临洮人也①。少好侠，尝游羌中②，尽与诸豪帅相结。后归耕于野，而豪帅有来从之者，卓与俱还，杀耕牛与相宴乐。诸豪帅感其意，归相敛，得杂畜千余头以赠卓。汉桓帝末，以六郡良家子为羽林郎。卓有才武，旅力少比，双带两鞬③，左右驰射。为军司马，从中郎将张奂征并州有功，拜郎中，赐缣九千匹，卓悉以分与吏士。迁广武令，蜀郡北部都尉，西域戊己校尉，免。征拜并州刺史、河东太守，迁中郎将，讨黄巾，军败抵罪。韩遂等起凉州，复为中郎将，西拒遂。于望垣硖北，为羌胡数万人所围，粮食乏绝。卓伪欲捕鱼，堰其还道当所渡水为池，使水渟满数十里，默从堰下过其军而决堰。比羌胡闻知追逐，水已深，不得渡。时六军上陇西，五军败绩，卓独全众而还，屯住扶风④。拜前将军，封斄乡侯，征为并州牧。

注释

①陇西：郡名，今甘肃临洮南。

②羌：古代游牧民族。

③鞬：马上盛弓箭的器具。

④扶风：即右扶风，汉三辅之一。

## 译文

董卓字仲颖，是陇西临洮人。年少时非常勇武、爱行侠仗义，当初他还曾交游于羌湖之地，且所结交的人也多为各族首领和豪杰。及日后董卓年龄大了以后返乡、在田间劳作的时候，有羌人部落中所结交的旧友来，董卓一定会将人带到家中，不惜宰耕牛款待。羌人首领对董卓的深情颇为感激，回到部落后以牛羊马匹共计几千头馈赠董卓。桓帝末年，作为天水、陇西、安定、北地、上郡、西河六郡的良家子弟，董卓被选入羽林军成为大内侍卫。董卓武功高强，才智过人，其身手矫健勇猛更是少有，他常常箭袋双背，在飞奔的骏马上左右驰骋射箭。董卓后来又得以辅佐中郎将张奂，而担任军司马，在征讨并州时立下军功，所以被授为郎中。董卓把赏赐的九千匹细绢，全部分发给所辖官兵。几年下来，董卓历次升任广武令、蜀郡北部都尉、西域戊己校尉，后来因军事不利被罢免。但不久他就又被朝廷重新拜为并州刺史、河东太守，后又升任中郎将，却在讨伐黄巾军时因战败而遭罢免。韩遂起兵时，董卓又复职，西向抗击韩遂军队。但当他率军行到望垣硖北部之时，却遭到数万羌、胡人等的包围而粮食所剩无几。于是董卓假装筑堤坝拦水捕鱼，实际上拦住河水悄悄撤退，等他的军队都渡过河后，便拆掉水坝，等到羌、胡军队察觉并派兵追来时，河已经无法渡过了，而董卓军队已远去。彼时六路兵马齐上陇西，却有五路溃败，只有董卓带领全部人马返回，并驻扎扶风。朝廷便给董卓加官进爵。拜任前将军、加封斄乡侯、后又征为并州牧。

灵帝崩，少帝即位。大将军何进与司隶校尉袁绍谋诛诸阉官[①]，太后不从。进乃召卓使将兵诣京师，并密令上书曰："中常侍张让等窃幸乘宠，浊乱海内。昔赵鞅兴晋阳之甲，以逐君侧之恶。臣辄鸣钟鼓如洛阳[②]，即讨让等。"欲以胁迫太后。卓未至，进败。中常侍段珪等劫帝走小平津[③]，卓遂将其众迎帝于北芒，还宫。时进弟车骑将军苗为进众所杀，进、苗部曲无所属，皆诣卓。卓又使吕布杀执金吾丁原，并其众，故京都兵权唯在卓。

注释 <<<

①阉官：宦官。

②鸣钟鼓：出兵。

③小平津：黄河渡口。

## 译文

汉灵帝死后，年仅十四岁的少帝即位。大将军何进与司隶校尉袁绍谋划诛杀宦官十常侍，太后不允，何进便招董卓带兵入京，并传密令使其上书曰："中常侍张让等人依仗皇族宠幸而扰乱国事，使得国家混乱不堪。想当年赵鞅为清除皇帝身边的邪恶之徒，曾兴兵晋阳。而今臣马上就要起兵发至洛阳，讨伐众宦官。"想借此威逼太后。哪知道在途中时便走漏了消息，董卓军队尚未到京都，何进便被宦官张让等人所杀。等董卓赶到，少帝已被中常侍段珪等人劫持到小平津。董卓带兵在北芒迎接少帝，一起返回宫中。当时何进的弟弟车骑将军何苗被何进的军队所杀，二人手下部署都无人掌管，于是全部都归到董卓旗下。进京后董卓又派吕布杀了执金吾丁原，并收编了丁原的军队，自此京城兵权都落入了董卓手中。

于是以久不雨，策免司空刘弘而卓代之，俄迁太尉[①]，假节钺虎贲。遂废帝为弘农王。寻又杀王及何太后[②]。立灵帝少子陈留王，是为献帝。卓既率精兵来，适值帝室大乱，得专废立，据有武库甲兵，国家珍宝，威震天下。卓性残忍不仁，遂以严刑胁众，睚眦之隙必报，人不自保。尝遣军到阳城。时适二月社，民各在其社下，悉就断其男子头，驾其车牛，载其妇女财物，以所断头系车辕轴，连轸而还洛[③]，云攻贼大获，称万岁。入开阳城门，焚烧其头，以妇女与甲兵为婢妾。至于奸乱宫人公主。其凶逆如此。

注释 <<<

①俄：不久。

②寻：随即。

③轸：车后的横木，这里指车辆。

## 译文

这时，天久旱无雨，董卓先是将司空刘弘的职位取而代之，很快又升为太尉，并被授予符节、斧铁和虎贲。于是董卓把汉少帝废掉为弘农王。继而又把弘农王和太后都杀了。董卓将灵帝的小儿子陈留王立为皇帝，便是汉献帝。至此，董卓旗下勇士皆为精锐部队，刚刚来到京城，又恰好碰到内庭大乱，才得以依着自己的性子废立皇帝，武器库同举国的珍宝都被他占据了，董卓一时间威震天下。董卓其人向来残忍，大权之下更是严酷，并以刑罚来威胁民众，可谓睚眦必报，使得人人胆颤心惊、莫不自保。董卓甚至曾在二月春社祭祀土地神时，派军队杀入阳城，当时全城百姓在各自社下，而董卓竟把全城男子的头砍下，用他们的牛车载着家眷和财物，并把人头拴到车辕轴上，浩浩荡荡驶往京城，说是战场杀贼大获全胜，一路上高呼万岁。到了开阳城门前，他们就开始焚烧人头，而根据董卓的命令掠来的家眷中的女子都被士兵霸占改为各自的婢妾。不仅如此，董卓甚至强暴奸淫宫女和公主，乱伦之事也时有发生。

河内太守王匡遣泰山兵屯河阳津，将以图卓。卓遣疑兵若将于平阴渡者，潜遣锐众从小平北渡，绕击其后，大破之津北，死者略尽。卓以山东豪杰并起，恐惧不宁。初平元年二月，乃徙天子都长安。焚烧洛阳宫室，悉发掘陵墓，取宝物。卓至西京，为太师，号曰尚父。乘青盖金华车，爪画两轓[①]，时人号曰竿摩车。卓弟旻为左将军，封鄠侯；兄子璜为侍中、中军校尉典兵；宗族内外并列朝廷。

注释 <<<

①爪：指车盖头呈爪形。轓：车厢。

②埒：相当。

③镬：大锅。

公卿见卓，谒拜车下，卓不为礼。召呼三台尚书以下自诣卓府启事。筑郿坞，高与长安城埒[②]，积谷为三十年储，云事成，雄据天下，不成，守此足以毕老。尝至郿行坞，公卿已下祖道于横门外。卓豫施帐幔饮，诱降北地反者数百人，于坐中先断其舌，或斩手足，或凿眼，或镬煮之[③]，未死，偃转杯案间，会者皆战栗亡失匕箸，而卓饮食自若。太史望气，言当有大臣戮死者。故太尉张温时为卫尉，素不善卓，卓心怨之，因天有变，欲以塞咎，使人言温与袁术交关，遂笞杀之。法令苛酷，爱憎淫刑，更相被诬，冤死者千数，百姓嗷嗷，道路以目。悉椎破铜人、钟虡及坏五铢钱。更铸为小钱，大五分，无文章，肉好无轮郭，不磨鑢。于是货轻而物贵，谷一斛至数十万。自是后钱货不行。

## 译文

河内太守王匡，把泰山兵调到河阳渡口，准备除掉董卓。董卓则调遣闲兵散将装作要从平阴渡河，私下里却派精兵从小平津向北渡河，绕到泰山兵的后方突袭而大破泰山军，使其全军覆没。后来有许多山东豪杰揭竿而起，董卓心中不安，十分恐惧。至初平元年二月，董卓令天子迁徙并改都长安，董卓自名太师，号为尚父，所乘皆是青盖金华车，两边的车盖弓头都用爪形，车厢两边，均绘有彩绘，人称竿摩车。董卓的弟弟董旻被任命为左将军，加封鄠侯；侍中、中军校尉、典兵则由董卓哥哥的儿子董璜担任；凡是与董卓沾亲带故的人一下子都成了官。

公卿将相行礼拜谒于董卓车下，他也不回礼。甚至命令尚书台、御史台、符节台三台尚书以下官员，如果有政事禀报则自行到董卓家中。他所修的郿坞，与长安城墙一样高，所囤积的粮食能吃三十年，说什么倘若成功，则称雄于天下；若不成，守着这些也可颐养天年。当初董卓巡视郿坞的时候，公卿以下官员都聚在横门外为其饯行。董卓则事先置办帐幕帷幔预备酒食供人豪饮，待人入座后就把数百名被诱降的北地反叛者带于帐下，并在座席之间命人把他们的舌头割下，接着砍断他们的手和脚，有的挖眼睛，有的丢进锅里煮，其中有的没有被折磨死的就翻滚挣扎于众人面前。在座的人无不心惊胆寒，连勺子和筷子都拿不住了，但董卓却镇定自若。太史公在观察天象时，说

有大臣将会遭杀身之祸。卫尉张温当初任太尉时就对董卓没好感，董卓早就对他心存芥蒂，这回便借天象之变，拿他来抵罪，就让人造谣说张温和袁术有勾结，于是鞭笞致死。董卓用残酷的法令，凭借个人好恶滥用刑罚，使得许多人遭受诬告，数以千计的人含冤而死。百姓敢怒不敢言，即使在路上遇见也只能用目光彼此示意。董卓为了另外铸成小钱，竟砸碎所有的铜人、钟虡，还毁掉五铢钱，熔化后铸成大五分，上面既没有文字也并无花纹，钱边缘和轮廓都不分明，不加磨治。这样钱币自然就贬值而物价昂贵。一斛粮食竟价值数十万钱。从此以后钱币概不通行。

三年四月，司徒王允、尚书仆射士孙瑞、卓将吕布共谋诛卓。是时，天子有疾新愈，大会未央殿。布使同郡骑都尉李肃等，将亲兵十余人，伪著卫士服守掖门①。布怀诏书。卓至，肃等格卓。卓惊呼："布所在？"布曰："有诏。"遂杀卓，夷三族②。主簿田景前趋卓尸，布又杀之；凡所杀三人，余莫敢动。长安士庶咸相庆贺，诸阿附卓者皆下狱死。

注释 <<<

①掖门：宫城正门旁边的侧门。

②夷：诛灭。

初平三年四月，司徒王允、尚书仆射士孙瑞、董卓的大将吕布联合起来谋划将董卓除掉。当时皇上病情初愈，在未央殿大宴群臣。吕布让同郡人骑都尉李素等人，率十几个亲信士兵，换上卫士服假装守卫掖门。吕布则怀揣皇帝诏书，待董卓一到，李素等人突袭董卓。董卓惊慌失措，大呼吕布。吕布说："皇帝有诏书在！"继而上前杀死董卓，并诛灭其三族。主簿田景上前趋近董卓尸体，吕布就又把他也杀了；杀三人之后，其余的人谁也不敢妄动。长安全城上下，无论是士兵还是百姓都相互庆贺，而那些曾奉承依附董卓的人全都入狱死去。

历代名家评点

苏轼曾写道："衣中甲厚行何惧，坞里金多退足凭。毕竟英雄谁得似，脐脂自照不须灯。"

# 魏书

## 董二袁刘传第六·袁绍

袁绍出身于著名世族家庭，是东汉时期的风云人物，他在汉室衰微、董卓作乱之时，首先举起反对大旗，成为诸侯中众望所归的领袖。

此篇是对东汉末年群雄割据、四处征伐的生动写照。

袁绍字本初，汝南汝阳人也[①]。高祖父安，为汉司徒。自安以下四世居三公位，由是势倾天下。绍有姿貌威容，能折节下士，士多附之，太祖少与交焉。以大将军掾为侍御史[②]，稍迁中军校尉，至司隶。

注释<<<

①汝南：郡名。

②侍御史：掌管纠察百官，弹劾违法行为。

袁绍，字本初，汝南汝阳人。他的高祖父袁安，曾担任过汉朝司徒。自其高祖父之后袁家四代都位列三公，大有权倾天下之势。袁绍本人雄姿英发，能够谦恭待人，礼贤下士，因此有才能的士子多来投奔。太祖年少时就与他有交情。后袁绍凭借其大将军的身份成为侍御史，继而又升为中军校尉，后官至司隶校尉一职。

灵帝崩，太后兄大将军何进与绍谋诛诸阉官，太后不从。乃召董卓，欲以胁太后。常侍、黄门闻之，皆诣进谢，唯所错置[①]。时绍劝进便可于此决之，至于再三，而进不许。令绍使洛阳方略武吏[②]，检司诸宦者。又令绍弟虎贲中郎将术选温厚虎贲二百人，当入禁中，代持兵黄门陛守门户。中常侍段珪等矫太后命[③]，召进入议，遂杀之，宫中乱。术将虎贲烧南宫嘉德殿青琐门，欲以迫出珪等。珪等不出，劫帝及帝弟陈留王走小平津。绍既斩宦者所署司隶校尉许相，遂勒兵捕诸阉人，无少长皆杀之。或有无须而误死者，至自发露形体而后得免。宦者或有行善自守而犹见及。其滥如此。死者二千余人。急追珪等，珪等悉赴河死。帝得还宫。

董卓呼绍，议欲废帝，立陈留王。是时绍叔父隗为太傅，绍伪许之，曰："此大事，出当与太傅议。"卓曰："刘氏种不足复遗。"绍不应，横刀长揖而去。绍既出，遂亡奔冀州。

注释<<<

①错置：处置。

②方略：计谋策略。

③矫：假托。

## 译文

汉灵帝驾崩后，太后的兄长大将军何进同袁绍谋划杀掉那些宦官，何太后没同意。于是何进命令董卓进京，想以此逼迫太后。常侍、黄门等宦官闻风，一起到何进那里谢罪，表示任凭处置。袁绍建议何进可借此把这些宦官杀掉，甚至就此事一再劝说何进。何进却始终没有答应，他让袁绍差使洛阳本地有谋略的武官，把那些宦官关起来。又让担任虎贲中郎将的袁绍弟弟袁术选择二百个勇士去守卫宫门，取代那些手持兵器的黄门在宫中当差。中常侍段珪等人，妄称何太后有诏，让何进入宫议事，等何进入宫便杀了他，乃至宫中大乱。袁术率勇士把南宫嘉德殿青锁门烧了，想逼出段珪等人。谁知段珪等人不但没出来还把少帝及其陈留王劫至小平津。袁绍在将由宦官委任的司隶校尉许相斩首后，便勒令官兵捕杀所有宦官，年幼或年老统统杀掉。有时竟出现没长胡须的人也被误杀，于是有人主动脱衣以证明自己并非宦官才得保全性命。那些行为检点、老实本分的宦官也没能幸免。两千多人全都被杀。可见其滥杀无辜。在袁绍军队的追杀下段珪等人投河自尽。少帝终于获救回宫。

董卓把袁绍找来，商议废黜少帝的事情，并打算改立陈留王为帝。袁绍的叔父袁隗当时是太傅，袁绍表面上并未反对，说："此乃大事，理应等我与叔父商量后再决定。"董卓说："刘氏的后代不值得留于世上。"袁绍未做回应，佩刀横握拱手作揖后扬长而去。袁绍离开董卓处后，便向冀州逃跑。

侍中周毖、城门校尉伍琼、议郎何颙等[1]，皆名士也，卓信之，而阴为绍，乃说卓曰："夫废立大事，非常人所及。绍不达大体，恐惧故出奔，非有他志也。今购之急，势必为变。袁氏树恩四世，门生故吏遍于天下[2]，若收豪杰以聚徒众，英雄因之而起，则山东非公之有也。不如赦之，拜一郡守，则绍喜于免罪，必无患矣。"卓以为然，乃拜绍勃海太守，封邟乡侯。

注释 <<<

①城门校尉：统领京师军队，掌管京师洛阳城门的守卫。

②门生：这里指学生。

## 译文

侍中周毖、城门校尉伍琼、议郎何颙等人，都是有名望的人，董卓非常信任他们，但他们私下却支持袁绍，甚至规劝董卓：“皇帝的废立是大事，并非普通人能做到的。袁绍既无胆识，又不识大体，只因害怕才逃跑的，想必不会有什么企图。如今悬赏捉拿他如此急迫，他肯定会叛变。袁氏家族四代为官，树立恩泽多年，幕僚门生、旧日亲信到处都是，倘若他聚集豪杰，各路英雄趁机揭竿而起，崤山以东就难保了。不如赦免袁绍，将郡守的职位授予他，袁绍肯定高兴，自然不会惹麻烦。”董卓认为有理，就把袁绍拜为勃海太守，加封邟乡侯。

从事沮授说绍曰：“将军弱冠登朝[①]，则播名海内；值废立之际，则忠义奋发；单骑出奔，则董卓怀怖；济河而北，则勃海稽首。振一郡之卒，撮冀州之众[②]，威震河朔，名重天下。虽黄巾猾乱，黑山跋扈，举军东向，则青州可定；还讨黑山，则张燕可灭；回众北首，则公孙必丧[③]；震胁戎狄，则匈奴必从。横大河之北，合四州之地，收英雄之才，拥百万之众，迎大驾于西京，复宗庙于洛邑，号令天下，以讨未复，以此争锋，谁能敌之？比及数年，此功不难。”绍喜曰：“此吾心也。”即表授为监军、奋威将军。

卓遣执金吾胡母班、将作大匠吴修赍诏书喻绍，绍使河内太守王匡杀之。卓闻绍得关东，乃悉诛绍宗族太傅隗等。当是时，豪侠多附绍，皆思为之报，州郡蜂起，莫不假其名。馥怀惧，从绍索去，往依张邈。后绍遣使诣邈，有所计议，与邈耳语。馥在坐上，谓见图构，无何起至溷自杀。

注释

①弱冠：古代男子二十岁行冠礼，因为二十岁还不是很强壮，所以称为弱冠。故称二十岁左右为弱冠。

②撮：掌握。

③公孙：指公孙瓒。

## 译文

从事沮授劝袁绍说：“将军您二十来岁就在朝廷做官，名扬天下；在废立皇帝时，豪杰忠义之士又纷纷归顺于您；当您匹马离京，就连董卓都畏惧；您渡河向北，勃海的人便俯首称臣，您率勃海之兵，集冀州兵马，声威震动了黄河以北，名扬海外。虽说黄巾

军作乱，黑山军骄横，只要您大军东征，青州就能平定；调头征讨黑山军，张燕可灭；此时若率大军北上，公孙瓒则一定会丧命；再威震胁迫戎狄，匈奴就一定归顺。平定黄河北部，合并四州的领土，广纳贤才，拥兵百万，到西京去为天子迎驾，把宗庙在洛阳重建起来，并号令天下臣民，讨伐那些没有归附的人，这样一来，谁与争锋？等再过些年，您取得如此功业并不算难。”袁绍喜形于色：“此与我心有戚戚。”于是当即上表朝廷，举荐沮授担任监军、奋威将军。

董卓派执金吾胡母班、将作大匠吴修携带皇帝的诏书去袁绍那里，袁绍则指使河内太守王匡把他们杀掉。董卓得知袁绍占领了关东，于是把包括太傅袁隗在内的袁绍宗族全杀了。正在这时，贤良勇武的人多归附于袁绍，都打算为他报仇雪恨，各州郡无不以此名义蜂拥而起。韩馥心生畏惧，就请求袁绍准许他离开，后投奔张邈。袁绍后来又遣使者到张邈那，说有事商量并与张邈低声耳语。在座的韩馥，认定他们要加害自己，未及，就起身到厕所自杀了。

初，天子之立非绍意，及在河东，绍遣颍川郭图使焉。图还说绍迎天子都邺，绍不从。会太祖迎天子都许，收河南地，关中皆附。绍悔，欲令太祖徙天子都鄄城以自密近①，太祖拒之。天子以绍为太尉，转为大将军，封邺侯②，绍让侯不受。顷之，击破瓒于易京，并其众。出长子谭为青州，沮授谏绍：“必为祸始。”绍不听，曰：“孤欲令诸儿各据一州也。”又以中子熙为幽州，甥高幹为并州。众数十万，以审配、逢纪统军事，田丰、荀谌、许攸为谋主，颜良、文丑为将率，简精卒十万，骑万匹，将攻许。

先是，太祖遣刘备诣徐州拒袁术。术死，备杀刺史车胄，引军屯沛。绍遣骑佐之。太祖遣刘岱、王忠击之，不克。建安五年，太祖自东征备。田丰说绍袭太祖后，绍辞以子疾，不许。丰举杖击地曰：“夫遭难遇之机，而以婴儿之病失其会，惜哉！”太祖至，击破备，备奔绍。

注释 <<<

①鄄城：县名。今山东鄄城北。

②邺侯：封于邺县的县侯。

## 译文

之前立汉献帝并非袁绍的意思，等天子到河东的时候，袁绍派颍川的郭图为使者去朝见天子。郭图见驾回来后劝袁绍迎天子于邺城并在那建都，袁绍没有答应。正当此时太祖迎接天子而建都于许县，把河南的土地都收复了，关中一带也全部归附。袁绍悔之晚矣，还妄想让太祖把天子迁到鄄城建都，以便自己能与天子亲近，太祖拒绝了他。袁绍被天子任命为太尉，后又转任大将军，加封邺侯，袁绍没有接受封侯。很快，在易京袁绍把公孙瓒打败，收纳了他的军队。袁绍把青州刺史的职位让给长子袁谭担任，沮授向袁绍上谏："如此安排必为祸患的开始。"袁绍不以为然："还正准备让每个儿子都各占一州领地。"于是又把幽州刺史派给二儿子袁熙，并州刺史由外甥高幹担任。而袁绍军队有数十万人，审配、逢纪负责军事，出谋划策由田丰、荀谌、许攸等人负责，颜良、文丑选十万精兵，万匹战马，准备攻打许国。

此前，太祖派刘备至徐州抵抗袁术。袁术一死，刘备就把徐州刺史车胄杀了，率军驻扎于沛。袁绍派骑兵助他一臂之力。太祖则派刘岱、王忠袭击刘备，没能取胜。建安五年，太祖东征刘备。田丰建议袁绍从太祖的后方突袭，袁绍却推辞说儿子患病，没有答应。田丰拿着手杖敲地面："此千载难逢之良机，却以儿子生病为借口不去争取，太可惜了！"太祖到徐州后，击败了刘备；刘备投奔袁绍。

绍进军黎阳，遣颜良攻刘延于白马。沮授又谏绍："良性促狭[①]，虽骁勇，不可独任。"绍不听。太祖救延，与良战，破斩良。绍渡河，壁延津南，使刘备、文丑挑战。太祖击破之，斩丑。再战，禽绍大将，绍军大震。太祖还官渡。沮授又曰："北兵数众而果劲不及南，南谷虚少而货财不及北；南利在于急战，北利在于缓搏。宜徐持久，旷以日月。"绍不从。连营稍前，逼官渡，合战，太祖军不利，复壁。绍为高橹[②]，起土山，射营中，营中皆蒙楯，众大惧。太祖乃为发石车[③]，击绍楼，皆破，绍众号曰霹雳车。绍为地道，欲袭太祖营。太祖辄于内为长堑以拒之，又遣奇兵袭击绍运车，大破之，尽焚其谷。

太祖与绍相持日久，百姓疲乏，多叛应绍，军食乏。会绍遣淳于琼等将兵万余人北迎运车，沮授说

注释 <<<

①促狭：急躁，狭隘。
②高橹：在古代用于军事的木制高台。
③发石车：古代所谓的炮车，因其响声巨大，又称霹雳车。

绍："可遣将蒋奇别为支军于表，以断曹公之抄。"绍复不从。琼宿乌巢，去绍军四十里。太祖乃留曹洪守，自将步骑五千，候夜潜往攻琼。绍遣骑救之，败走。破琼等，悉斩之。太祖还，未至营，绍将高览、张郃等率其众降。绍众大溃，绍与谭单骑退渡河。余众伪降，尽坑之。沮授不及绍渡，为人所执，诣太祖，太祖厚待之。后谋还袁氏，见杀。

## 译文

袁绍进军黎阳，派颜良在白马进攻刘延。沮授又建议袁绍："颜良脾气暴躁，心胸狭隘，虽骁勇善战却不能担此重任。"袁绍没有答应。太祖为救刘延，与颜良交战，后攻破并斩杀颜良。袁绍渡过黄河，筑营垒于延津之南，并派刘备、文丑前去挑战。太祖把他们击败，杀了文丑，后又交战，还活捉了袁绍的大将。袁军非常震惊。太祖回到官渡。沮授又说："北方的我军人数众多但果断刚劲不如南方的曹军，南军粮草不足物资财力比不上北方的我军；速战速决有利于南军，拖延时间打持久战有利于我军。我军适合长期作战，进行持久的战争。"袁绍不听。他把营垒连接起来慢慢前进，逼近官渡，双方大战，太祖军队失利，回营坚守。袁绍又架瞭望楼，又筑起土山，向曹军的营中射箭，营中的人用盾牌抵挡，且都非常惧怕。太祖就制造了发石车，攻击袁绍的瞭望楼，并全部摧毁，袁绍的军队把那种发石车称作"霹雳车"。袁绍挖地道，打算偷袭太祖的营垒。太祖很快就在营垒里挖出长沟来对付他，又派兵突袭袁绍的运粮车，大败运粮的袁军，烧毁了他们所有的粮草。

太祖和袁绍的战争相持很久，百姓苦不堪言，许多人都叛变响应袁绍，曹军粮食匮乏。这时袁绍派淳于琼等人率一万多兵将向北迎接运粮车，沮授劝袁绍："可以派将领蒋奇在淳于琼运粮军之外围另外部署军队，以避免太祖把粮草夺走。"袁绍又没有听从。淳于琼在距袁绍军队四十里的乌巢宿营。太祖将曹洪留下守营，亲率步兵骑兵五千人等在夜里潜入乌巢攻打淳于琼。袁绍派骑兵救援淳于琼，但落败而逃。太祖攻破了淳于琼运粮军，杀了袁绍的人。太祖返回，还没有到营中，袁绍的部将高览、张郃等人率部下投降。袁绍全军大败，袁绍和袁谭骑马撤退渡河。其余部诈降，全被太祖活埋了。沮授还没来得及和袁绍一起渡河，被人抓到太祖那里，太祖待他不薄。后沮授因企图投靠袁氏而被杀。

初，绍之南也，田丰说绍曰："曹公善用兵，变化无方，众虽少，未可轻也，不如以久持之。将军据山河之固，拥四州之众，外结英雄，内修农战，然后简其精锐，分为奇兵，乘虚迭出，以扰河南，救右则击其左，救左则击其右，使敌疲于奔命，民不得安业；我未劳而彼已困，不及二年，可坐克也。今释庙胜之策，而决成败于一战，若不如志，悔无及也。”绍不从。丰恳谏，绍怒甚，以为沮众，械系之①。绍军既败，或谓丰曰：“君必见重。”丰曰：“若军有利，吾必全，今军败，吾其死矣。”绍还，谓左右曰：“吾不用田丰言，果为所笑。”遂杀之。绍外宽雅，有局度，忧喜不形于色，而内多忌害，皆此类也。

冀州城邑多叛，绍复击定之。自军败后发病，七年②，忧死。

注释 <<<

①械系：戴上刑具关押起来。

②七年：建安七年（公元202年）。

## 译文

早先，袁绍挥师南下。田丰劝袁绍：“曹操善于用兵，变化莫测，兵力不多，却不可轻视，最好和他对峙时拖延时间。将军您有山河的险固为据点，有四州的人马供调遣，更有所结交的英雄豪杰于外相帮，内则整治农耕，休整装备，选择精兵良将，出奇兵，趁敌方不注意时屡屡出击，扰乱黄河以南，对方救援右边就攻击左边，反之也是如此，这样可使敌人疲于奔命，百姓不能安居乐业；我方还未疲劳而对方已疲惫不堪，不出两年便可胜利。如今若放弃在庙堂上稳坐克敌制胜的策略，而试图以一战决胜负，倘若事与愿违，后悔就来不及了。”袁绍没有听从。田丰恳切规劝力谏，而袁绍愤怒以极，认为他这样会灭军众之锐气，就囚禁他。袁绍的军队大败后，有人对田丰说：“您这次必受重用。”田丰说：“如果军队取胜，我性命可保，如今军队战败了，我的死期也到了。”于是杀了田丰。袁绍表面上仁厚儒雅，气度不凡，忧喜不形于色，其实嫉妒心很强，像他对待田丰便是如此。

冀州城邑大多开始背叛袁绍，袁绍又派兵把这些地方都平定了。而袁绍也自从军队战败后就生了病，建安七年，忧郁而死。

## 历代名家评点

《后汉书》作者范晔评论：“袁绍初以豪侠得众，遂怀雄霸之图，天下胜兵举旗者，莫不假以为名。及临场决敌，则悍夫争命；深筹高议，则智士倾心。盛哉乎，其所资也！”

# 魏书

## 吕布（张邈）臧洪传第七·吕布

吕布，东汉末年名将，汉末群雄之一，著名武将与割据军阀。“幼而习文，长而演武。上阵使一枝方天画戟，寸铁在手，万夫不当，片甲遮身，千人难敌”算是对历史上真正的吕布最中肯的评价。

吕布字奉先，五原郡九原人也[①]。以骁武给并州[②]。刺史丁原为骑都尉，屯河内，以布为主簿，大见亲待。灵帝崩，原将兵诣洛阳，与何进谋诛诸黄门，拜执金吾。进败，董卓入京都，将为乱，欲杀原，并其兵众。卓以布见信于原，诱布令杀原。布斩原首诣卓，卓以布为骑都尉，甚爱信之，誓为父子。

布便弓马，膂力过人，号为飞将。稍迁至中郎将，封都亭侯。卓自以遇人无礼，恐人谋己，行止常以布自卫。然卓性刚而褊[③]，忿不思难，尝小失意，拔手戟掷布。布拳捷避之，为卓顾谢，卓意亦解。由是阴怨卓。卓常使布守中阁[④]，布与卓侍婢私通，恐事发觉，心不自安。

注释 <<<

①五原：郡名。位于今内蒙古包头西北。

②给：服役。

③褊：狭隘。

④中阁：府内的小门。

## 译文

吕布，字奉先，五原郡九原人。因为其骁勇善战在并州服役。并州刺史丁原任骑都尉，在河内驻守，吕布被任命为主簿，对他很是信任。灵帝驾崩，丁原率军到洛阳，与何进共谋诛杀那些宦官，被任命为执金吾。何进落败，董卓进京，想趁乱杀掉丁原，吃掉他的军队。董卓知道丁原信任吕布，便诱使吕布杀掉丁原。吕布斩下丁原的头去见董卓，董卓让吕布来担任骑都尉之职，对他非常宠信，并立誓与吕布结为父子。

吕布擅长骑射，膂力过人，人称为飞将。他后来又升迁为中郎将，加封都亭侯。董卓自知平日待人无礼，为防止别人谋害自己，无论走到哪里都让吕布在身边。董卓性情刚烈，心胸狭隘，发怒时不计后果，稍有些不快，就拿小戟扔向吕布。吕布敏捷地躲开，回来还向董卓请罪，董卓这才消了气。自此吕布私下里对董卓很不满意。吕布常奉命守卫董卓的内室，结果吕布和董卓的侍婢私通，唯恐事情败露，心里不安。

◎南方水坑铜镜◎

先是，司徒王允以布州里壮健，厚接纳之。后布诣允，陈卓几见杀状。时允与仆射士孙瑞密谋诛卓，是以告布使为内应。布曰："奈如父子何！"允曰："君自姓吕，本非骨肉。今忧死不暇，何谓父子？"布遂许之，手刃刺卓。语在《卓传》。允以布为奋武将军，假节，仪比三司[①]，进封温侯[②]，共秉朝政。布自杀卓后，畏恶凉州人，凉州人皆怨。由是李傕等遂相结还攻长安城。布不能拒，傕等遂入长安。卓死后六旬，布亦败。将数百骑出武关，欲诣袁术。

布自以杀卓为术报仇，欲以德之。术恶其反复，拒而不受。北诣袁绍，绍与布击张燕于常山。燕精兵万余，骑数千。布有良马曰赤兔，常与其亲近成廉、魏越等陷锋突陈，遂破燕军。而求益兵众，将士抄掠，绍患忌之。布觉其意，从绍求去。绍恐还为己害，遣壮士夜掩杀布，不获。事露，布走河内，与张杨合。绍令众追之，皆畏布，莫敢逼近者。

注释 <<<

①仪比三司：又称"仪同"三司，表示待遇相同。三司，三公。

②温侯：封于温县的县侯。

## 译文

早先，司徒王允因为吕布是同乡又很强健，便用心结交，并以优厚的礼遇对待他。后来吕布去拜访王允，诉说自己几乎被董卓杀掉经历。当时王允与尚书仆射士孙瑞正密谋杀掉董卓，便将这件事告诉吕布并希望他能做内应。吕布说："这样做，我们的父子关系怎么办！"王允说："您自姓吕，本来与他就不是亲生，现在您担心被杀还来不及，还说什么父子？"吕布这才答应，决定杀死董卓。这件事情记在《董卓传》中。王允任命吕布为奋武将军，授予符节，仪同三司，进封温侯，二人共同掌管朝政。吕布自从杀掉董卓后，害怕凉州人，凉州人也都怨恨他。因此李傕等人攻入长安。董卓死后六十天，吕布失败，率领数百名骑兵逃出武关，准备去投奔袁术。

吕布以为杀掉董卓，袁术的家仇报了，想让袁术对自己感恩。可袁术却嫌他反复无常，不肯接受他。吕布向北投奔袁绍，袁绍与吕布合军到常山进攻张燕。张燕有精兵一万余人，骑兵数千人。吕

◎青花瓷"吕布戏貂蝉"◎

布有匹良马叫赤兔马，常常与他的亲随部将成廉、魏越等人冲锋陷阵，于是打败张燕军。吕布请求袁绍给自己增加兵力，他手下的将士又纵兵抄掠，袁绍为此担忧，心生顾忌。吕布察觉到袁绍的心思，便去见袁绍请求离去。袁绍担心吕布反过来成为自己的祸害，派遣壮士杀他，但没有成功。事情随之泄露，吕布便逃到河内郡，与张杨会合。袁绍命令手下将士追击，这些人都害怕吕布的勇猛，没人敢逼近他。

备东击术，布袭取下邳，备还归布。布遣备屯小沛。布自称徐州刺史。术遣将纪灵等步骑三万攻备，备求救于布。布诸将谓布曰："将军常欲杀备，今可假手于术。"布曰："不然。术若破备，则北连太山诸将[1]，吾为在术围中，不得不救也。"便严步兵千、骑二百，驰往赴备。灵等闻布至，皆敛兵不敢复攻。布于沛西南一里安屯，遣铃下请灵等[2]，灵等亦请布共饮食。布谓灵等曰："玄德，布弟也。弟为诸君所困，故来救之。布性不喜合斗，但喜解斗耳。"布令门候于营门中举一只戟[3]，布言："诸君观布射戟小支，一发中者诸君当解去，不中可留决斗。"布举弓射戟，正中小支。诸将皆惊，言："将军天威也！"明日复欢会，然后各罢。

注释

①太山诸将：指聚众起兵的泰山郡臧霸等人。

②铃下：传达命令的小吏。

③戟：古代兵器。

## 译文

刘备向东攻打袁术，吕布乘机袭取了刘备的驻地下邳，刘备回军后归附吕布。吕布命刘备驻扎小沛，自称徐州刺史。袁术派遣将领纪灵等人率领步兵和骑兵三万人进攻刘备，刘备向吕布求援。吕布手下的众将对他说："将军您总想杀掉刘备，现在可以借助袁术的手来实现。"吕布说："不对，袁术如果击败刘备，就会北向联合泰山郡的诸将，那我们就处于袁术的包围圈之中，不能不救刘备。"便集结步兵一千、骑兵二百人，赶往小沛去救刘备。纪灵等人听说吕布率军来到，尽皆收兵不敢再攻。吕布在小沛西南一里的地方安营扎寨，派手下的传令兵去请纪灵等人见面，纪灵等人也回请吕布一起饮宴。吕布对纪灵等人说："刘玄德，是我的弟弟。我弟弟被各位围困，所以赶来救他。我生性不喜欢撮合别人来争斗，只喜欢排解争斗。"于是吕布命令门候在军营门中竖起一只戟："诸位请看我射这只戟旁边的小支，如果一箭射中，诸位就撤军离去，如果射不中，你们可以留下来决战。"说完举弓便射，正中戟上小支。众人大惊失色："将军真是天神！"第二天，大家又在一起欢宴，然后各自罢兵返回。

建安三年，布复叛为术，遣高顺攻刘备于沛[1]，破之。太祖遣夏侯惇救备，为顺所败。太祖自征布，至其城下，遗布书，为陈祸福。布欲降，陈宫等自以负罪深，沮其计。布遣人求救于术，自将千余骑出战，败走，还保城，不敢出。术亦不能救。布虽骁猛，然无谋而多猜忌，不能制御其党，但信诸将。诸将各异意自疑，故每战多败。太祖堑围之三月，上下离心，其将侯成、宋宪、魏续缚陈宫，将其众降。布与其麾下登白门楼。兵围急，乃下降。遂生缚布，布曰："缚太急，小缓之。"太祖曰："缚虎不得不急也。"布请曰："明公所患不过于布，今已服矣，天下不足忧。明公将步，令布将骑，则天下不足定也。"太祖有疑色。刘备进曰："明公不见布之事丁建阳及董太师乎！"太祖颔之。布因指备曰："是儿最叵信者[2]！"于是缢杀布。布与宫、顺等皆枭首送许，然后葬之。

注释 <<<

①高顺：吕布手下将领，为人正直。

②叵："不可"的合音，不可以。

## 译文

建安三年，吕布又支持袁术，派遣高顺进军小沛攻打刘备，大败刘备。太祖派遣夏侯惇率军救援，被高顺打败。太祖于是率军亲自攻打吕布，大军直逼下邳城下，又给吕布送去书信，为他陈说祸福利害。吕布想要投降，陈宫等人认为自己对太祖负罪深重，便阻止吕布投降。吕布派人向袁术求救，又亲率千余名骑兵出城应战，大败而归，退至城中固守，不敢再战。袁术也没能来救援。吕布虽然骁勇，但他缺少谋略而多疑，不能很好地指挥军队，只信任他身边的众将领。而众将也各有心思，相互猜疑，所以每到作战，总是败多胜少。太祖军挖壕沟围困下邳城三个月，城内上下离心，吕布的将领侯成、宋宪、魏续抓住陈宫，率军投降。吕布和手下将士登上下邳白门的城楼防守。太祖的军队围攻甚急，吕布便下城投降。太祖的将士将吕布捆起来，吕布说："捆得太紧了，稍微松些。"太祖说："捆老虎

◎青花瓷三英战吕布◎

不能不紧。”吕布向太祖请求：“明公您所担忧的不就是我吕布吗，现在我已经归顺，天下事没有什么值得担忧的了。您统领步兵，让我带骑兵，平定天下就没什么难的了。”太祖脸上露出了犹豫的神色。刘备连忙进言说：“明公您难道没见到吕布是怎样对待丁建阳和董太师的吗！”太祖颔首赞同。吕布转头对着刘备说：“这家伙最不能相信。”于是太祖下令杀掉吕布。太祖将吕布与陈宫、高顺等人的头砍下，送到许县，然后将他们埋葬。

### 历代名家评点

王夫之《读通鉴论》：“吕布不死，天下无可定乱之机，昭烈劝曹操速杀之，此操所以心折于昭烈也。”

陈宫：“君，骁勇无敌，善战无前，然勇而少计，暴而少仁。恐众叛旦夕之间。”

# 魏书

## 诸夏侯曹传第九·夏侯惇

夏侯惇为人刚烈，有人羞辱他的老师，他便将那人杀死；为人极重外表，喜欢被人叫“盲夏侯”。他虽位高权重，但生性俭朴，多余家财均会分给部下。

夏侯惇忠于曹操，当时各将领都授予魏的官号，只有夏侯惇仍为汉官官职，曹操认为夏侯惇与他同为友臣，可见他深得曹操重用、信任。

夏侯惇字元让，沛国谯人，夏侯婴之后也。年十四，就师学，人有辱其师者，惇杀之，由是以烈气闻。太祖初起，惇常为裨将①，从征伐。太祖行奋武将军，以惇为司马，别屯白马，迁折冲校尉②，领东郡太守。

太祖征陶谦，留惇守濮阳。张邈叛迎吕布，太祖家在鄄城，惇轻军往赴，适与布会，交战。布退还，遂入濮阳，袭得惇军辎重。遣将伪降，共执持惇，责以宝货，惇军中震恐。惇将韩浩乃勒兵屯惇营门，召军吏诸将，皆案甲当部不得动，诸营乃定。遂诣惇所，叱持质者曰："汝等凶逆，乃敢执劫大将军，复欲望生邪！且吾受命讨贼，宁能以一将军之故，而纵汝乎？"因涕泣谓惇曰："当奈国法何！"促召兵击持质者。持质者惶遽叩头，言："我但欲乞资用去耳！"浩数责，皆斩之。惇既免，太祖闻之，谓浩曰："卿此可为万世法。"乃著令，自今已后有持质者，皆当并击，勿顾质。由是劫质者遂绝。

注释 <<<

①裨将：副将，不是常设官职。

②折冲校尉：官名。

## 译文

夏侯惇，字元让，沛国谯人，夏侯婴的后人。十四岁便跟随老师学习，见有侮辱他老师的人，夏侯惇便杀了他，因此夏侯惇以性格刚烈闻名。太祖最初兴兵的时候，夏侯惇常常作为副将，跟从太祖出征。太祖任代理奋武将军，封夏侯惇为司马，独自带兵驻扎在白马，升任为折冲校尉，并担任东郡太守。太祖征讨陶谦时，让夏侯惇留守濮阳。张邈叛变来迎吕布，太祖家就在鄄城，夏侯惇命令兵士轻装赶赴鄄城，恰遇吕布，开战。吕布撤回，顺势进入濮阳，将夏侯惇军队的军用物资一并缴获。吕布派大将诈降，一举捉拿、劫持了夏侯惇，并从他那索取宝物和资财，夏侯惇所辖兵士大为惶恐。夏侯惇的将领韩浩于是命令兵将守住夏侯惇的营门，把军中的官兵将领们都召集起来，让他们放下锁甲管好属下都不许骚动，各军营这才安定下来。于是韩浩来到夏侯惇所在之地，斥责劫持的

◎三国陶人◎

人："你们这等凶恶叛逆之徒，居然敢劫持大将军，不想活命了吧！况且我等奉命征讨逆贼，怎可因一个将军，就任你们为所欲为吗！"继而哭着对夏侯惇说："这才对得起国法啊！"他立刻召集兵士攻击劫持者。劫持者吓得直叩头，说："我们只想求取些财物就走！"韩浩斥责他们，并把他们都杀了。夏侯惇幸免于难，太祖听说此事后，对韩浩说："卿之所为可以作为万世的榜样。"于是发布命令："从现在起，往后再有劫持人质的，都应该一起攻击，不用考虑人质。"从此劫持人质的事就不再有了。

太祖自徐州还，惇从征吕布，为流矢所中，伤左目。复领陈留、济阴太守[①]，加建武将军，封高安乡侯。时大旱，蝗虫起，惇乃断太寿水作陂，身自负土，率将士劝种稻，民赖其利。转领河南尹。太祖平河北，为大将军后拒[②]。邺破，迁伏波将军，领尹如故，使得以便宜从事，不拘科制。建安十二年，录惇前后功[③]，增封邑千八百户，并前二千五百户。二十一年，从征孙权还，使惇都督二十六军，留居巢。赐伎乐名倡，令曰："魏绛以和戎之功，犹受金石之乐，况将军乎！"二十四年，太祖军于摩陂，召惇常与同载，特见亲重，出入卧内，诸将莫得比也。拜前将军，督诸军还寿春，徙屯召陵。文帝即王位，拜惇大将军，数月薨。

注释 <<<

①济阴：郡名，今山东定陶西北。
②后拒：后卫。
③录：奖赏。

## 译文

太祖从徐州回程时，夏侯惇跟随他征讨吕布，被流箭射中，把左眼伤了。夏侯惇后来又兼任陈留、济阴太守，被授予建武将军，加封高安乡侯。那时候遭遇严重的旱灾、蝗灾，夏侯惇于是把太寿水截断形成水池，他亲自背土，带着将士们努力种水稻，百姓们倚靠这项收益才生存下来。夏侯惇后来又被调任河南尹。太祖平定河北时，夏侯惇是太祖大军的后援。攻下邺后，夏侯惇升任伏波将军，河南尹也由他继续担任，这样使他能遇事灵活处置，不被规章制度束缚。建安十二年，夏侯惇立下的功勋都被记录在案，封给他的食邑增加一千八百户，算上以前的共二千五百户。建安

◎三国青瓷灶台◎

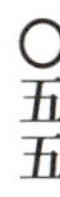

二十一年，他跟太祖一起征讨孙权归来，太祖派夏侯惇督管二十六军，留守居巢。赐给他歌伎舞女，下令说："春秋时晋国大将魏绛因为有与戎族和好的功劳，还接受了钟磬之类的恩赐，何况将军的赫赫战功！"建安二十四年，太祖在摩陂驻军，时常把夏侯惇召来与他坐同一辆车，特别表示亲近和器重，他还可以在太祖的卧室自由出入，其他将领们无人能及。被授为前将军，统领各军返回寿春，又迁到召陵并驻扎在那里。文帝继承魏王位，授夏侯惇为大将军，数月后夏侯惇去世。

惇虽在军旅，亲迎师受业[①]。性清俭，有余财辄以分施，不足资之于官，不治产业[②]。谥曰忠侯。子充嗣。帝追思惇功，欲使子孙毕侯，分惇邑千户，赐惇七子二孙爵皆关内侯。惇弟廉及子楙素自封列侯。初，太祖以女妻楙，即清河公主也。楙历位侍中、尚书、安西、镇东将军，假节。充薨，子廙嗣。廙薨，子劭嗣。

注释 <<<

①受业：接受教育。

②产业：指土地等私人财产。

夏侯惇虽然身在军旅，却请老师给自己讲学。他简朴清廉，有多余的钱物就分给大家，用度不足就依靠公家补充，不置办私产。谥号叫忠侯。他的儿子夏侯充继承爵位。文帝追念夏侯惇的功绩，想让他的子孙全能封侯，便分出夏侯惇的封邑一千户，赐予夏侯惇的七个儿子两个孙子爵位，全都是关内侯。夏侯惇的弟弟夏侯廉和儿子夏侯楙在先已封为列侯。当初，太祖把女儿嫁给夏侯楙为妻，这个女儿就是清河公主。夏侯楙历任侍中、尚书、安西将军、镇东将军，假节。夏侯充去世，他的儿子夏侯廙继承爵位。夏侯廙去世，他的儿子夏侯劭继承爵位。

历代名家评点

司马炎："惇，魏之元功，勋书竹帛。"

# 魏书

## 荀彧荀攸贾诩传第十·荀攸

荀攸，三国时期魏臣，曹操的重要谋士之一，被称为曹操的“谋主”。

曹操征伐吕布时荀攸献奇计水淹下邳城，活捉吕布。官渡之战荀攸献计声东击西，斩大将颜良。荀攸行事周密低调，计谋百出，深受曹操赏识。

荀攸字公达，彧从子也[1]。祖父昙，广陵太守。攸少孤。及昙卒，故吏张权求守昙墓。攸年十三，疑之，谓叔父衢曰："此吏有非常之色，殆将有奸！"衢寤，乃推问，果杀人亡命。由是异之。何进秉政，征海内名士攸等二十余人。攸到，拜黄门侍郎。董卓之乱，关东兵起，卓徙都长安。攸与议郎郑泰、何颙，侍中种辑，越骑校尉伍琼等谋曰："董卓无道，甚于桀、纣，天下皆怨之，虽资强兵，实一匹夫耳。今直刺杀之以谢百姓，然后据殽、函[2]，辅王命，以号令天下，此桓、文之举也。"事垂就而觉，收颙、攸系狱，颙忧惧自杀，攸言语饮食自若，会卓死得免。弃官归，复辟公府，举高第，迁任城相，不行。攸以蜀、汉险固[3]，人民殷盛，乃求为蜀郡太守，道绝不得至，驻荆州。

注释 <<<

①彧：荀彧，曹操的主要谋士。

②殽：指崤山，位于今河南渑池西南。

③蜀、汉：指蜀郡、汉中两个郡。

## 译文

荀攸字公达，是荀彧的侄子。他的祖父荀昙，曾担任东汉的广陵太守。荀攸从小就成了孤儿。荀昙去世后，他原来的属下张权要去看守其墓地。荀攸当时只有十三岁，有点怀疑张权，就对其叔父荀衢说："这个小吏神色反常，恐怕其中有诈！"荀衢醒悟过来，于是就盘查追问张权，果然得知他是杀了人的亡命之徒。因此大家都对年轻的荀攸刮目相看。何进执政时，征召名士荀攸等二十多人。荀攸到达朝廷后，被任命为黄门侍郎。董卓作乱的时候，关东起义兵讨伐董卓，董卓将京都迁往长安。荀攸和议郎郑泰、何颙，侍中种辑、越骑校尉伍琼等人谋划说："董卓暴虐无道，胜于桀纣，天下尽皆怨恨，他虽然拥有强大的军队，实际不过是一介匹夫。如果现在我们诛杀董卓，以此来告慰百姓，然后据守崤山、函谷关，辅佐天子，号令天下，这可是齐桓公、晋文公才做得出的壮举啊！"事情即将成功时被董卓发觉，董卓将何颙、荀攸逮捕收监。何颙因为害怕而自杀，而荀攸

◎陶器◎

言谈如既往，正赶上董卓被杀，他才逃过一劫。他辞官回家，不久又被公府征召，官吏考核中名列优等，升迁为任城相，但他没有就任。荀攸认为蜀汉地势险要，百姓殷实富裕，于是请求担任蜀郡太守。因道路阻隔不能到达，滞留在荆州。

太祖迎天子都许，遗攸书曰[①]："方今天下大乱，智士劳心之时也，而顾观变蜀、汉，不已久乎！"于是征攸为汝南太守，入为尚书。太祖素闻攸名，与语大悦，谓荀彧、钟繇曰："公达，非常人也，吾得与之计事，天下当何忧哉！"以为军师。建安三年，从征张绣。攸言于太祖曰："绣与刘表相恃为强，然绣以游军仰食于表，表不能供也，势必离。不如缓军以待之，可诱而致也；若急之，其势必相救。"太祖不从，遂进军之穰，与战。绣急，表果救之。军不利。太祖谓攸曰："不用君言至是。"乃设奇兵复战，大破之。

注释 <<<

①遗：给予。

## 译文

曹操迎天子迁都许昌后，给荀攸写信："现在天下大乱，正是智谋之士费心劳神的时候，而你却在这里，观望蜀汉的变乱，停留的时间是不是太久了！"于是征召荀攸为汝南太守，入朝任尚书。曹操对荀攸早有所闻，交谈之后非常高兴，欣喜地对荀彧、钟繇说："公达不是平常之人，我能和他商议大事，天下又有何可忧虑的呢！"于是任命荀攸为军师。建安三年，荀攸随曹操讨伐张绣。荀攸向曹操进言："张绣和刘表互恃而称强，张绣带领游兵，他依靠刘表为他提供吃食。如果刘表不能供给，他们一定会分道扬镳。不如延缓进军来等待时局变化。这样，我们可以诱降张绣；如果逼得太急，这种形势下他们必定相互救援。"曹操没有听从荀攸的建议，进军到穰，与张绣交战。张绣情况危急，刘表果然救援。曹军失利。曹操对荀攸说："我未能采纳您的计策所以才到了今天这种地步。"于是设奇兵与张绣再战，大败张绣。

◎陶俑◎

是岁，太祖自宛征吕布，至下邳，布败退固守，攻之不拔，连战，士卒疲，太祖欲还。攸与郭嘉说曰："吕布勇而无谋，今三战皆北[1]，其锐气衰矣。三军以将为主，主衰则军无奋意。夫陈宫有智而迟，今及布气之未复，宫谋之未定，进急攻之，布可拔也。"乃引沂、泗灌城，城溃，生禽布。

注释<<<
①北：败北。

## 译文

这年，曹操从宛城出发征讨吕布。曹军到达下邳，吕布败退固守城池，曹军久攻不下，连续的作战，士兵都很疲惫，曹操想班师回朝。荀攸和郭嘉劝谏："吕布有勇无谋，三次交战都被击败，他的锐气已近于衰竭。三军以将帅为主，主将如果锐气衰竭，军队也就没有了斗志。陈宫虽有智谋却迟疑，现在趁吕布的锐气还没有恢复，陈宫的计谋还没有定下来，就进军猛攻。这样，就可以攻破吕布了。"于是曹操引来沂水、泗水灌入下邳城，城墙被大水冲毁，吕布也被生擒。

◎刻三国人物大笔筒◎

后从救刘延于白马，攸画策斩颜良。语在《武纪》。太祖拔白马还，遣辎重循河而西。袁绍渡河追，卒与太祖遇[1]。诸将皆恐，说太祖还保营，攸曰："此所以禽敌，奈何去之！"太祖目攸而笑。遂以辎重饵贼，贼竞奔之，陈乱。乃纵步骑击，大破之，斩其骑将文丑，太祖遂与绍相拒于官渡。军食方尽，攸言于太祖曰："绍运车旦暮至，其将韩莒锐而轻敌，击可破也。"太祖曰："谁可使？"攸曰："徐晃可。"乃遣晃及史涣邀击破走之，烧其辎重。会许攸来降，言绍遣淳于琼等将万余兵迎运粮，将骄卒惰，可要击也。众皆疑。唯攸与贾诩劝太祖。太祖乃留攸及曹洪守。太祖自将攻破之，尽斩琼等。绍将张郃、高览烧攻橹降，绍遂弃军走。郃之来，洪疑不敢受，攸谓洪曰："郃计不用，怒而来，君何疑？"乃受之。

注释<<<
①卒：突然，同"猝"。

## 译文

后来荀攸跟随曹操到白马援救刘延。荀攸设计斩杀颜良。这件事在《武帝纪》中有所记载。曹操攻下白马返回，派遣运送物资的车队沿黄河向西撤退。袁绍得知后渡过追赶，与曹操相遇。将领们恐慌不已，都劝说曹操后撤以守卫军营，荀攸说："这些车辆正是用来捉拿敌人的，怎能丢弃？"曹操看着荀攸会心一笑。于是用物资车辆来引袁军上钩，袁军哄抢物资，阵列大乱。曹操就出动步兵、骑兵迎头痛击，大败袁军，斩杀袁军将领文丑。曹操于是回头驻守，和袁绍在官渡互相对峙。军粮快要吃完时，荀攸向曹操进言说："袁绍的粮草车队很快就要达到，押车的将领韩莫勇悍但却轻敌，派兵偷袭就可以攻下。"曹操说："谁能胜任呢？"荀攸说："徐晃可以。"于是派徐晃和史涣率军半路截击，把他们打得败退逃跑，烧掉了他们押运的物资车辆。正好许攸前来归降，说袁绍派淳于琼等人率一万多士兵运送粮草，这些将领骄傲，士卒懈怠，可以半路截击。大家都表示怀疑，只有荀攸和贾诩劝曹操采纳许攸的建议。曹操于是留下荀攸和曹洪守卫军营。他率军队打败运粮的敌人，杀掉淳于琼等人，袁绍的将领张郃、高览烧毁了攻敌的前哨前来投降，袁绍弃军而逃。张郃等人前来投降，曹洪心中疑惧，不敢接纳，荀攸对曹洪说："张郃是因计策未被袁绍采纳，恼怒不已才来投降，您怀疑什么呢？"曹洪才接纳了他们。

七年，从讨袁谭、尚于黎阳。明年，太祖方征刘表，谭、尚争冀州。谭遣辛毗乞降请救，太祖将许之，以问群下。群下多以为表强，宜先平之，谭、尚不足忧也。攸曰："天下方有事，而刘表坐保江、汉之间，其无四方志可知矣。袁氏据四州之地，带甲十万[①]，绍以宽厚得众，借使二子和睦以守其成业，则天下之难未息也。今兄弟遘恶，此势不两全。若有所并则力专，力专则难图也。及其乱而取之，天下定矣，此时不可失也。"太祖曰："善。"乃许谭和亲[②]，遂还击破尚。其后谭叛，从斩谭于南皮。冀州平，太祖表封攸曰："军

注释 <<<

①带甲：身披铠甲的将士。

②和亲：结亲和好。

师荀攸，自初佐臣，无征不从，前后克敌，皆攸之谋也。”于是封陵树亭侯。十二年，下令大论功行封，太祖曰：“忠正密谋，抚宁内外，文若是也。公达其次也。”增邑四百，并前七百户，转为中军师。魏国初建，为尚书令。

## 译文

建安七年，荀攸随曹操到黎阳讨伐袁谭、袁尚。第二年，正当曹操征伐刘表时，袁谭、袁尚争夺冀州，袁谭派辛毗向曹操投降，并请求援助。曹操打算应允，询问部下对此事的意见。部将大多认为刘表强大，应该先平定刘表，袁谭、袁尚不足为患。荀攸说：“天下纷乱多变，刘表却安坐守护长江、汉水之地，可见他没有攻夺天下的雄心。袁氏曾经占据四川，拥兵十万。袁绍宽厚所以深得人心，如果他的两个儿子和睦相处，保住袁绍的基业，那么天下的苦难将不能停止了。如今他们兄弟结下仇怨，使得他们势不两立。如果有一方被兼并，他们的力量就会联合起来，如此一来便难以对付了。趁他们内乱时一举攻下，天下就平定了。这个时机不可丧失。”曹操说：“好。”于是答应与袁谭结亲，回军击败袁尚。后来袁谭反叛，荀攸随曹操斩杀袁谭于南皮。冀州平定后，曹操上表奏请封赏荀攸：“军师荀攸，自当初辅佐臣开始，没有哪次征战不跟随的，臣先后打败强敌，都是荀攸的计谋。”于是朝廷封荀攸为陵树亭侯。建安十二年，朝廷下令行赏，曹操说：“忠心正直，周密谋划，安抚内外是文若(荀彧),其次是公达（荀攸）。”于是给荀攸增加食邑四百户，加上先前的共七百户，改任他为中军师。曹操刚建立魏国时，任命荀攸为尚书令。

攸深密有智防[①]，自从太祖征伐，常谋谟帷幄，时人及子弟莫知其所言。太祖每称曰：“公达外愚内智，外怯内勇，外弱内强，不伐善，无施劳，智可及，愚不可及，虽颜子、宁武不能过也。”文帝在东宫，太祖谓曰：“荀公达，人之师表也，汝当尽礼敬之。”攸曾病，世子问病[②]，独拜床下，其见尊异如此。攸与钟繇善，繇言：“我每有所行，反复思惟，自谓无以易；以咨公达，辄复过人意。”公达前后凡画奇策十二，唯繇知之。繇撰集未就，会薨，故世不得尽闻也。攸从征孙权，道薨。太祖言则流涕。

注释

①深密：深沉缜密。

②世子：太子。

## 译文 

荀攸的城府很深，办事机警，富有才智。自从跟随曹操征伐，经常在帐中出谋划策，当时的人和他的子弟无人知晓他说了些什么。曹操经常称赞他：“公达虽外表愚钝但内心聪慧，外表怯懦但内心勇敢，外表孱弱而内心刚强，不自夸长处，不居恃自己的功劳，虽然他的聪慧是他人可以达到的，但他外表的愚钝却是他人不能及的，即使是颜回、宁武这样的古代贤人也不能超过他。”文帝还在东宫做太子时，曹操便对他说：“荀公达，是人们的师表，你应该对他恭敬有加。”有一回荀攸生了病，曹丕前去探望，竟然拜倒在床前。荀攸受敬重居然到了如此程度。荀攸和钟繇关系友善，钟繇说：“我每次欲有所动时，经过反复思考，自认为无可更改了；以此向公达询问，又总能发现一些不尽如人意之处。”公达先后共谋划过十二条妙计，只有钟繇了解。钟繇将这些妙计撰写汇集成书，还未写成，就去世了。所以世人不能尽知其中的内容了。荀攸跟随曹操征伐孙权，途中去世，曹操一说起荀攸就流下眼泪。

长子缉，有攸风，早没。次子适嗣，无子，绝。黄初中，绍封攸孙彪为陵树亭侯，邑三百户，后转封丘阳亭侯。正始中，追谥攸曰敬侯。

## 译文 

荀攸的大儿子荀缉，颇有其父风骨，可惜很早就死了。二儿子荀适继承了荀攸的爵位，荀适没有儿子，于是爵位的继承就断了。黄初年间，朝廷封荀攸的孙子荀彪为陵树亭侯，食邑三百户，后来改封为丘阳亭侯。正始年间，朝廷追赠荀攸谥号为敬侯。

# 魏书

## 张乐于张徐传第十七·张辽

张辽，三国魏名将，著名的战术家。他武功高强，又谋略过人，多次建立奇功。还有着武将少有的语言才能。

张辽字文远，雁门马邑人也。本聂壹之后，以避怨变姓。少为郡吏。汉末，并州刺史丁原以辽武力过人，召为从事，使将兵诣京都。何进遣诣河北募兵，得千余人。还，进败，以兵属董卓。卓败，以兵属吕布，迁骑都尉。布为李傕所败，从布东奔徐州，领鲁相，时年二十八。太祖破吕布于下邳，辽将其众降，拜中郎将，赐爵关内侯。数有战功，迁裨将军。袁绍破，别遣辽定鲁国诸县。与夏侯渊围昌豨于东海，数月粮尽，议引军还，辽谓渊曰："数日已来，每行诸围，豨辄属目视辽。又其射矢更稀，此必豨计犹豫，故不力战。辽欲挑与语，傥可诱也？"乃使谓豨曰："公有命，使辽传之。"豨果下与辽语，辽为说"太祖神武，方以德怀四方，先附者受大赏"。豨乃许降。辽遂单身上三公山，入豨家，拜妻子。豨欢喜，随诣太祖。太祖遣豨还，责辽曰："此非大将法也。"辽谢曰："以明公威信著于四海，辽奉圣旨，豨必不敢害故也。"从讨袁谭、袁尚于黎阳，有功，行中坚将军。从攻尚于邺，尚坚守不下。太祖还许，使辽与乐进拔阴安，徙其民河南。复从攻邺，邺破，辽别徇赵国、常山，招降缘山诸贼及黑山孙轻等。从攻袁谭，谭破，别将徇海滨，破辽东贼柳毅等。还邺，太祖自出迎辽，引共载，以辽为荡寇将军。复别击荆州，定江夏诸县，还屯临颍，封都亭侯。从征袁尚于柳城，卒与虏遇，辽劝太祖战，气甚奋，太祖壮之，自以所持麾授辽。遂击，大破之，斩单于蹋顿。

## 译文

张辽，字文远，雁门郡马邑县(今山西朔县)人，本是聂壹的后人，因为躲避仇杀而改了姓，年轻时曾任郡中小吏。东汉末年，并州刺史丁原见张辽武力过人，召他来做事，派他率军到京师。何进又派他到黄河以北招募士兵，招来了一千多人。回到京师时，何进已经遇害，他就带着军队投靠了董卓。董卓兵败后，张辽又带军队投奔了吕布，被任命为骑都尉。吕布被李傕打败，张辽跟随吕布向东逃到徐州，兼任鲁国相，时年二十八岁。太祖曹操在下邳将吕布打败，张辽率属下投降。曹操授予他中郎将，并赐爵关内侯。因为他屡立战功，所以升迁为裨将军。曹操打败袁绍后，又派张辽去平定鲁国各县。张辽和夏侯渊在东海围攻昌豨，几个月后，粮食快要吃光了。夏侯渊和张辽商议打算退兵，张辽说："这几天来，我每次巡视各个营寨的时候，昌豨都向我凝视。另外他们射箭越来越少，这一定是昌豨心中犹豫不定，所以才不努力作战。我想邀请他出来谈谈，或许能够劝他投降。"于是张辽派人对昌豨说："曹公有令，派张辽向你转告。"昌豨果然出城和张辽交谈。张辽劝说昌豨："曹公神明威武，正用仁义德信安抚四方，首先归附他的人将会有重赏。”昌豨于是答应投降。张辽就独自一人登上三公山，去昌豨家中去。昌豨让自己的妻儿出来拜见张辽。昌豨非常高兴，就跟随张辽来见太祖。太祖仍派遣昌豨返回驻守城池，并责备张辽：“这不是大将的做法。”张辽谢罪，说：“这是因为明公您的威信扬名四海，张辽我奉行您的旨意到昌豨家中，昌豨一定不敢加害于我。所以我才斗胆这样做。”张辽跟随太祖到黎阳讨伐袁谭、袁尚，立了战功，太祖命他代理中坚将军。张辽又跟随太祖去邺城攻打袁尚，因为袁尚死守城防，没能攻下来。太祖回到许昌，派张辽和乐进去攻打阴安，并迁徙那里的老百姓到黄河南岸。张辽再次跟随太祖去攻打邺城，邺被攻破。张辽又带兵攻占了赵国、常山，招降了沿山抢劫的贼寇和黑山贼孙轻等人。跟随太祖去攻打袁谭。袁谭兵败。张辽率兵攻占海滨地区，将辽东贼寇柳毅等人打败。张辽回到邺，太祖亲自出来迎接他，与他同乘一辆车，并任命他为荡寇将军。张辽又率兵攻打荆州，平定江夏诸县，然后回师驻扎在临颍，晋爵都亭侯。跟随太祖到柳城讨伐袁尚，突然遇到乌丸兵。张辽劝太祖迎战，情绪高昂，太祖对他的勇敢非常赞赏，就把自己指挥用的大旗交给了他。张辽于是主动出击，大败敌兵，乌丸首领单于蹋顿也被杀。

时荆州未定，复遣辽屯长社。临发，军中有谋反者，夜惊乱起火，一军尽扰。辽谓左右曰：“勿动。是不一营尽反，必有造变者，欲以动乱人耳。”乃令军中，其不反者安坐。辽将亲兵数十人，中陈而立。有顷定，即得首谋者杀之。陈兰、梅成以氐六县叛，太祖遣于禁、臧霸等讨成，辽督张郃、牛盖等讨兰。成伪降禁，禁还。成遂将其众就兰，转入灊山。灊中有天柱山，高峻二十余里，道险狭，步径裁通，兰等壁其上。辽欲进，诸将曰：“兵少道险，难用深入。”辽曰：“此所谓一与一，勇者得前耳。”遂进到山下安营，攻之，斩兰、成首，尽虏其众。太祖论诸将功，曰：“登天山，履峻险，以取兰、成，荡寇功也。”增邑，假节。

## 译文 

当时荆州还没有平定，太祖又派张辽驻守长社。正要出发时，军中有人造反，夜间军中大乱，着了火，军中惶恐不安。张辽对左右亲信说："不要动。这不是整个军营的反叛，一定是有人想造反，想利用骚动来扰乱人心。"于是就命令军中，不造反的人都安静坐下。张辽带领亲兵几十人，站在军营中央。不久军中就平定下来，很快就抓到了主谋，并将他斩首。

陈兰、梅成占据氐族六县反叛，太祖派于禁、臧霸等前去讨伐梅成，张辽督率张郃、牛盖等讨伐陈兰。梅成假意投降，于禁就退兵了。梅成于是率领部下去投奔陈兰，共同进入灊山。灊中有座天柱山，山势陡峭，高二十多里，道路又狭窄艰险，只有步行才能勉强通过。陈兰等人在山上筑起营垒。张辽想要进攻，将领们说："我们兵少，道路又艰险，不能采取深入攻敌的战术。"张辽说："这就是所谓的势均力敌，只有勇敢的人才能取得胜利。"于是就到山下安营扎寨，发起攻击，杀掉了陈兰、梅成，俘获了他们的部下。太祖评定诸将的功劳时说："登天山，踩险峻，获取陈兰、梅成的首级，是荡寇将军的功劳啊！"于是给张辽封加土地，又授予符节。

太祖既征孙权还，使辽与乐进、李典等将七千余人屯合肥。太祖征张鲁，教与护军薛悌，署函边曰"贼至乃发"。俄而权率十万众围合肥，乃共发教，教曰："若孙权至者，张、李将军出战；乐将军守护军，勿得与战。"诸将皆疑。辽曰："公远征在外，比救至，彼破我必矣。是以教指及其未合逆击之，折其盛势，以安众心，然后可守也。成败之机，在此一战，诸君何疑？"李典亦与辽同。于是辽夜募敢从之士，得八百人，椎牛飨将士，明日大战。平旦，辽被甲持戟，先登陷陈，杀数十人，斩二将，大呼自名，冲垒入，至权麾下。权大惊，众不知所为，走登高冢，以长戟自守。辽叱权下战，权不敢动，望见辽所将众少，乃聚围辽数重。辽左右麾围，直前急击，围开，辽将麾下数十人得出，余众号呼曰："将军弃我乎！"辽复还突围，拔出余众。权人马皆披靡，无敢当者。自旦战至日中，吴人夺气，还修守备，众心乃安，诸将咸服。权守合肥十余日，城不可拔，乃引退。辽率诸军追击，几复获权。太祖大壮辽，拜征东将军。建安二十一年，太祖复征孙权，到合肥，循行辽战处，叹息者良久。乃增辽兵，多留诸军，徙屯居巢。

## 译文

太祖征讨孙权后返回，派张辽和乐进、李典等率七千多人驻守合肥。太祖去征讨张鲁时，给护军薛悌一封亲笔信，封签上写着“敌到时再拆”。不久，孙权率十万大军围攻合肥，于是众将一同拆开信，信上说：“倘若孙权到来，张辽、李典将军迎战，乐进将军守城，护军不能参战。”将领们都很疑惑。张辽说：“曹公远征在外，等到援军到来，敌人肯定已经攻破城池。所以，信上的意思是趁孙权还没有形成合围就去迎击，挫败他们的锐气，用来稳定军心，然后才能守住城池。成败与否，在此一举，你们还有什么可犹豫的？”李典也与张辽看法一致。于是张辽连夜召集敢于冲锋陷阵的士兵八百人，便杀牛款待将士，准备明天大战。天刚亮，张辽披盔甲、持长戟，率先冲入敌阵，杀敌兵数十名，斩敌将两名。他大叫自己的名字，冲入敌人的营垒，来到孙权的大旗下。孙权大惊失色，将士们不知所措，全都逃到一个小山顶上，用长戟护住孙权。张辽叫孙权下来迎战，孙权不敢动弹。吴兵看见张辽带的兵少，就集合起来将张辽围住。张辽左右猛砍，向前狠命冲杀，冲开了包围圈。张辽身边数十士兵冲了出去，剩下的士兵大声呼救：“将军，丢下我们不管了吗？”张辽又返回包围圈，救出余下的士兵。孙权人马纷纷退缩，没谁敢抵挡他。从清晨战斗到中午，吴军士气衰落，于是后撤休整守备。魏兵安定下来，众将都佩服张辽。孙权围攻合肥十多天，不能攻下，就带兵撤退了。张辽率军队追击，孙权又差点被抓住。太祖十分欣赏张辽的勇猛，授予他征东将军之职。建安二十一年，太祖又征讨孙权，到合肥后，在张辽当年作战的地方巡回观看，感叹良久。于是增加张辽的军力，留下许多兵士让张辽统领，并让他迁到居巢驻守。

关羽围曹仁于樊，会权称藩，召辽及诸军悉还救仁。辽未至，徐晃已破关羽，仁围解。辽与太祖会摩陂。辽军至，太祖乘辇出劳之，还屯陈郡。文帝即王位，转前将军。分封兄汎及一子列侯。孙权复叛，遣辽还屯合肥，进辽爵都乡侯。给辽母舆车，及兵马送辽家诣屯，敕辽母至，导从出迎。所督诸军将吏皆罗拜道侧，观者荣之。文帝践阼，封晋阳侯，增邑千户，并前二千六百户。黄初二年，辽朝洛阳宫，文帝引辽会建始殿，亲问破吴意状。帝叹息顾左右曰：“此亦古之召虎也。”为起第舍，又特为辽母作殿，以辽所从破吴军应募步卒，皆为虎贲。孙权复称藩。辽还屯雍丘，得疾。帝遣侍中刘晔将太医视疾，虎贲问消息，道路相属。疾未瘳，帝迎辽就行在所，车驾亲临，执其手，赐以御衣，太官日送御食。疾小差，还屯。

孙权复叛，帝遣辽乘舟，与曹休至海陵，临江。权甚惮焉，敕诸将："张辽虽病，不可当也，慎之！"是岁，辽与诸将破权将吕范。辽病笃，遂薨于江都。帝为流涕，谥曰刚侯。

## 译文

关羽在樊城围攻曹仁时，恰巧孙权向魏称臣，太祖诏告张辽和从军回来救援曹仁。张辽还没有到达，徐晃就已打败关羽，解除了曹仁的围困。张辽和太祖在摩陂会合。张辽大军赶到时，太祖乘车出来迎接，并慰劳他们。张辽回来驻守陈郡。文帝继魏王位，转任张辽为前将军。他的哥哥张汎和一个儿子为列侯。孙权又反叛，文帝派张辽回合肥驻守，并晋升他为都乡侯。文帝将皇帝乘坐的车子，赐给张辽的母亲，又派军队把他的家人护送到驻地，并下诏：张辽母亲到达时，仪仗队要出来迎接。张辽的部下将士都在道旁下拜，围观的人都认为张辽非常荣耀。文帝即帝位后，封张辽为晋阳侯，增加食邑一千户，加上以前的封赏共二千六百户。黄初二年，张辽到洛阳宫上朝，拜见文帝。文帝在建始殿会见张辽，询问他当年打败吴军的情况。文帝听后感叹地回头对左右说："这也是古代召虎那样的勇将啊！"他下令为张辽修建府邸，又特意为他的母亲修建大殿，当年跟随张辽打败吴军的兵士，都任作虎贲郎。孙权再次向魏国称臣。张辽返回驻地雍丘，生了病。文帝派侍中刘晔带太医前来看望张辽，询问他病情的虎贲郎在路上络绎不绝。病未好，文帝迎接张辽到自己的行宫，亲自看望，握着他的手，赐给他自己的衣服。主管御膳的太官每天给他送去皇帝吃的饭菜。病稍有好转，张辽就回到了自己的驻地。孙权再一次反叛。文帝派张辽和曹休乘船到达海陵，在长江岸边驻扎。孙权十分害怕张辽，告诫众将说："张辽虽然有病，但依然勇不可当，一定要小心。"这年，张辽和众将打败孙权的将领吕范。张辽病重，死于江都。文帝为他流下泪来，追封谥号为刚侯。

◎关公像◎

# 魏书

## 张乐于张徐传第十七·张郃

张郃是三国时期魏国的著名将领，魏国的“五子良将”（张辽、乐进、于禁、张郃、徐晃）之一。他先后跟随韩馥、袁绍。官渡之战中，张郃率部下投了曹操，为曹操平定北方立下了汗马功劳。诸葛亮第一次北伐时，正是张郃在街亭击败马谡。

张郃字儁乂[①]，河间鄚人也[②]。汉末应募讨黄巾，为军司马，属韩馥。馥败，以兵归袁绍。绍以郃为校尉，使拒公孙瓒。瓒破，郃功多，迁宁国中郎将。太祖与袁绍相拒于官渡，绍遣将淳于琼等督运屯乌巢，太祖自将急击之。郃说绍曰："曹公兵精，往必破琼等；琼等破，则将军事去矣，宜急引兵救之。"郭图曰："郃计非也。不如攻其本营，势必还，此为不救而自解也。"郃曰："曹公营固，攻之必不拔，若琼等见禽，吾属尽为虏矣。"绍但遣轻骑救琼，而以重兵攻太祖营，不能下。太祖果破琼等，绍军溃。图惭，又更谮郃曰："郃快军败，出言不逊。"郃惧，乃归太祖。

注释 <<<

①乂：安定，治理。

②鄚：县名，今河北任丘北。

## 译文

张郃，字俊乂，河间郡鄚县(今河北任丘北)人。东汉末年响应征募讨伐黄巾军，任军司马，属韩馥部下。韩馥兵败，他率军归附袁绍。袁绍任命他为校尉，派他抵挡公孙瓒。张郃打败公孙瓒，因战功卓越，被任为宁国中郎将。太祖和袁绍在官渡决战，袁绍派将领淳于琼等人驻扎在乌巢，监管粮食运送。太祖亲自带领军队猛攻乌巢。张郃向袁绍建议说："曹公兵力精锐，一定会将淳于琼打败的。如果淳于琼等人被打败，将军您的事业就付之东流了，应当赶紧带兵去救援淳于琼他们。"郭图说："张郃计策不好。我们不如攻打曹公的大本营，曹军势必退兵解救，这样自然就解围了。"张郃说："曹公的营垒坚固，如果去攻打，一定不能攻下。如果淳于琼等人被擒，我们这些人也将会成为俘虏。"袁绍只派小股骑兵去救淳于琼，而率重兵攻打太祖的军营，不能攻下。太祖果然打败了淳于琼等人，袁绍的军队溃败逃散。郭图感到惭愧，于是进一步诬陷张郃说："张郃对我军战败感到高兴，出言不逊。"张郃很害怕，担心被袁绍治罪，于是就逃走，归顺了太祖。

太祖得郃甚喜，谓曰："昔子胥不早寤[1]，自使身危，岂若微子去殷、韩信归汉邪？"拜郃偏将军，封都亭侯。授以众，从攻邺，拔之。又从击袁谭于渤海，别将军围雍奴，大破之。从讨柳城，与张辽俱为军锋，以功迁平狄将军。别征东莱，讨管承，又与张辽讨陈兰、梅成等，破之。从破马超、韩遂于渭南。围安定，降杨秋。与夏侯渊讨鄜贼梁兴及武都氐[2]。又破马超，平宋建。

太祖征张鲁，先遣郃督诸军讨兴和氐王窦茂。太祖从散关入汉中，又先遣郃督步卒五千于前通路。至阳平，鲁降，太祖还，留郃与夏侯渊等守汉中，拒刘备。郃别督诸军，降巴东、巴西二郡，徙其民于汉中。进军宕渠，为备将张飞所拒，引还南郑。拜荡寇将军。刘备屯阳平，郃屯广石。备以精卒万余，分为十部，夜急攻郃。郃率亲兵搏战，备不能克。其后备于走马谷烧都围，渊救火，从他道与备相遇，交战，短兵接刃。渊遂没[3]，郃还阳平。当是时，新失元帅，恐为备所乘，三军皆失色。渊司马郭淮乃令众曰："张将军，国家名将，刘备所惮；今日事急，非张将军不能安也。"遂推郃为军主。郃出，勒兵安陈，诸将皆受郃节度[4]，众心乃定。太祖在长安，遣使假郃节。太祖遂自至汉中，刘备保高山不敢战。太祖乃引出汉中诸军，郃还屯陈仓。

注释 <<<

①子胥：伍子胥，春秋时吴国大夫。

②鄜：鄜城，今陕西洛川东南。

③没：死，指战死。

④节度：指挥，调度。

## 译文

太祖得到张郃非常高兴，对他说："以前伍子胥没有早些省悟，结果使自身处于危险境地，他怎比得上微子离开商纣、韩信归附汉王的明智呢？"太祖授予张郃为偏将军，封他为都亭侯。给他兵力，跟随太祖去攻打邺，攻克。又追随太祖到渤海攻打袁谭，并带领军队围攻雍奴，大败他们。随太祖征讨柳城，和张辽一同做部队先锋，因为战

功显赫，被升任为平狄将军。又带兵出征东莱郡，讨伐管承，又和张辽一起讨伐陈兰、梅成等人，将他们打败。随太祖在渭南打败马超、韩遂。围攻安定，使杨秋归降。与夏侯渊一同讨伐鄜县盗贼梁兴和武都郡的氐人。又打败马超，铲平了宋建的势力。

太祖征讨张鲁，先派张郃监督众军去讨伐兴和氐人首领窦茂。太祖由散关进入汉中，又派张郃监督五千步兵开路。到达阳平县后，张鲁投降，太祖退兵返回，留下张郃和夏侯渊等人驻守汉中，一起抵抗刘备。张郃又统领各军，降伏巴东、巴西(中国古代地名)，迁两郡的百姓到汉中。张郃进军宕渠，遭遇到张飞拦截，于是返回南郑。被任命为荡寇将军。刘备在阳平驻扎，张郃在广石驻扎。刘备派一万多精兵，分成十队，夜间发起猛攻。张郃率亲兵迎战，刘备不能取胜。此后刘备在走马谷放火，烧曹军的营寨，夏侯渊赶出城来救火，从别的道上和刘备相遇，双方短兵相接。夏侯渊战死，张郃只好退守阳平。这时，军队刚失去主帅，担心被刘备追击，所有部将都惊慌失色。夏侯渊的司马郭淮于是传令："张将军是我军的名将，连刘备都很畏惧他；眼下形势危急，除了张将军没人能安定军心。"于是推举张郃为军中主帅。张郃就任后，整顿军队，安营扎寨，众将都接受张郃的调度，士兵情绪才安定下来。当时太祖在长安，派遣使者赐予张郃任命的符节。太祖于是亲自来到汉中，刘备在高山上死守，不敢出来迎战。太祖就将军队撤出汉中，派张郃回师驻守陈仓。

文帝即王位，以郃为左将军，进爵都乡侯。及践阼[①]，进封鄚侯。诏郃与曹真讨安定卢水胡及东羌，召郃与真并朝许宫，遣南与夏侯尚击江陵。郃别督诸军渡江，取洲上屯坞[②]。明帝即位，遣南屯荆州，与司马宣王击孙权别将刘阿等，追至祁口，交战，破之。诸葛亮出祁山。加郃位特进，遣督诸军，拒亮将马谡于街亭。谡依阻南山，不下据城。郃绝其汲道，击，大破之。南安、天水、安定郡反应亮，郃皆破平之。诏曰："贼亮以巴蜀之众，当虓虎之师[③]。将军被坚执锐，所向克定，朕甚嘉之。益邑千户，并前四千三百户。"司马宣王治水军于荆州，欲顺沔入江伐吴，诏郃督关中诸军往受节度。至荆州，会冬水浅，大船不得行，乃还屯方城。诸葛亮复出，急攻陈仓，帝驿马召郃到京都。帝自幸河南城，置酒送郃，遣南北军士三万及分遣武卫、虎贲使卫郃，因问郃曰："迟将军到，亮得无已得陈仓乎？"郃知亮县军无谷，不能久攻，对曰："比臣未到，亮已走矣；屈指计亮粮不至十日。"郃晨夜进至南郑，亮退。

注释 <<<

①践阼：登基。

②洲：百里洲，位于今湖北江陵西的长江中。

③虓虎：咆哮的猛虎。

◎三国青瓷◎

## 译文

文帝即魏王位后，任命张郃为左将军，并晋升他为都乡侯。等到文帝即帝位时，加封他为鄚侯。下诏令张郃和曹真讨伐安定卢水胡和东羌，叫张郃和曹真一同到许宫朝见，派他们往南与夏侯尚一同攻打江陵。张郃另外统领诸军渡过长江，夺取江洲上的营垒。明帝即位后，派张郃南下驻守荆州，和司马宣王攻打孙权手下别将刘阿等人。追击到祁口，双方交战，张郃将刘阿打败。诸葛亮出兵祁山。明帝提升张郃的官位为特进，派他监督各军，在街亭抵御诸葛亮的大将马谡。马谡在南山上扎营，不下山来占据城堡驻守。张郃截断马谡的水道，发起攻击，大败马谡。南安、天水、安定三郡都反叛而响应诸葛亮，张郃一一平定了这些叛乱的郡县。明帝下诏说："贼人诸葛亮率领巴蜀兵士，阻挡张将军猛虎一般的军队。将军身披铠甲、手拿利器，全都攻克平定，朕非常赞赏你。给你增加食邑一千户，算上以前的封赏共四千三百户。"司马宣王在荆州训练水军，打算顺着沔江进入长江去讨伐吴国。明帝诏令张郃统领关中各军去荆州接受司马宣王的调度。到了荆州，恰好遇上冬季水浅，大船不能航行，于是撤军驻扎在方城。诸葛亮再次出兵，猛攻陈仓，明帝派驿马召张郃回京师。明帝亲自到河南城，设酒宴为张郃送行，派遣南北军士三万人及部分武卫、虎贲保护张郃。明帝问张郃说："等到将军到达时，诸葛亮会不会已经攻取了陈仓？"张郃知道诸葛亮孤军深入境内，没有粮草后援，不能持久作战，就回答说："等臣还没到，诸葛亮就已经退兵了；屈指一算诸葛亮的粮食还不够十天的。"张郃日夜兼程进军南郑，诸葛亮退走。

郃识变数，善处营陈，料战势地形，无不如计，自诸葛亮皆惮之。郃虽武将而爱乐儒士，尝荐同乡卑湛经明行修，诏曰："昔祭遵为将[1]，奏置五经大夫，居军中，与诸生雅歌投壶[2]。今将军外勒戎旅，内存国朝。朕嘉将军之意，今擢湛为博士。"

诸葛亮复出祁山，诏郃督诸将西至略阳，亮还保祁山，郃追至木门，与亮军交战，飞矢中郃右膝，薨，谥曰壮侯。子雄嗣。郃前后征伐有功，明帝分郃户，封郃四子列侯。赐小子爵关内侯。

注释 <<<

①祭遵：东汉初人。

②雅歌：吟唱《大雅》、《小雅》中的诗歌。

## 译文

张郃谙熟战术，善于排兵布阵，对战局地形的估计准确，没有不合他预料的，除诸葛亮以外的蜀将都畏惧他。张郃虽是武将出身，但仰慕儒学方士，曾经以通晓经学行为端正的理由推举了同乡的卑湛。明帝下诏："以前祭遵担任将帅的时候，曾建议设置五经大夫，他身在军营，却经常和儒生吟诵雅歌，做投壶的游戏。现在将军在外率领兵士，内心却心系国家朝政。朕很赞赏将军的美意，现在已经提拔卑湛做了博士。"

诸葛亮又向祁山进发，明帝下诏命张郃监督诸将西到略阳。诸葛亮退守祁山，张郃追到木门，与诸葛亮的军队展开交战。激战中，张郃的右膝被飞箭射中，后过世，谥号壮侯。儿子张雄继承他的爵位。张郃前后征伐立下许多战功，明帝将张郃的食邑分封给他的四个儿子，并封他们为列侯。赐给他的小儿子关内侯的爵位。

◎玉戈◎

# 魏书

##  张乐于张徐传第十七·徐晃 

徐晃是曹操的“五子良将”之一，原跟随杨奉，曾保护汉献帝东行。后跟随曹操四处征战，在延津率兵击杀文丑，又在官渡领兵截烧粮草，平马超时率先渡河，守汉中时大败蜀将多有战功。特别是在解樊城之围，徐晃率军长驱之入，一举击退蜀军，立下大功。

徐晃字公明，河东杨人也。为郡吏，从车骑将军杨奉讨贼有功，拜骑都尉。李傕、郭汜之乱长安也，晃说奉，令与天子还洛阳，奉从其计。天子渡河至安邑，封晃都亭侯。及到洛阳，韩暹、董承日争斗，晃说奉令归太祖；奉欲从之，后悔。太祖讨奉于梁，晃遂归太祖。

太祖授晃兵，使击卷、原武贼，破之，拜裨将军。从征吕布，别降布将赵庶、李邹等。与史涣斩眭固于河内。从破刘备，又从破颜良，拔白马，进至延津，破文丑，拜偏将军。与曹洪击㶏强贼祝臂，破之，又与史涣击袁绍运车于故市，功最多，封都亭侯。太祖既围邺，破邯郸，易阳令韩范伪以城降而拒守，太祖遣晃攻之。晃至，飞矢城中，为陈成败。范悔，晃辄降之。既而言于太祖曰："二袁未破，诸城未下者倾耳而听，今日灭易阳，明日皆以死守，恐河北无定时也。原公降易阳以示诸城，则莫不望风。"太祖善之。别讨毛城，设伏兵掩击，破三屯。从破袁谭于南皮，讨平原叛贼，克之。从征蹋顿，拜横野将军。从征荆州，别屯樊，讨中庐、临沮、宜城贼。又与满宠讨关羽于汉津，与曹仁击周瑜于江陵。十五年，讨太原反者，围大陵，拔之，斩贼帅商曜。韩遂、马超等反关右，遣晃屯汾阴以抚河东，赐牛酒，令上先人墓。太祖至潼关，恐不得渡，召问晃。晃曰："公盛兵于此，而贼不复别守蒲阪，知其无谋也。今假臣精兵渡蒲坂津，为军先置，以截其里，贼可擒也。"太祖曰："善。"使晃以步骑四千人渡津。作堑栅未成，贼梁兴夜将步骑五千余人攻晃，晃击走之，太祖军得渡。遂破超等，使晃与夏侯渊平隃麋、汧诸氐，与太祖会安定。太祖还邺，使晃与夏侯渊平鄜、夏阳余贼，斩梁兴，降三千余户。从征张鲁。别遣晃讨攻椟、仇夷诸山氐，皆降之。迁平寇将军。解将军张顺围。击贼陈福等三十余屯，皆破之。

## 译文

徐晃，字公明，河东杨人。本来是郡中的小吏，只因跟随车骑将军杨奉讨伐贼寇有功，被任命为骑都尉。李傕、郭汜在长安作乱时，徐晃劝说杨奉，让他和天子一起返回洛阳，杨奉听了他的话。天子渡过黄河到达安邑，封徐晃为都亭侯。到了洛阳，韩暹、董承争斗不休，徐晃劝说杨奉，让他归附太祖；杨奉打算听从他的意见，后来又反悔。太祖在梁讨伐杨奉，徐晃于是归附太祖。

太祖授给徐晃军队，派他攻击卷、原武的贼寇。徐晃打败了他们，被任命为裨将军。他跟随太祖征讨吕布，独自带兵降伏了吕布的将领赵庶、李邹等人。和史涣在河内杀了眭固。他跟随太祖打败了刘备和颜良，攻下了白马，进军到延津，打败了文丑，授任他为偏将军。和曹洪打败了㶏强的贼寇祝臂，又和史涣在故市攻击袁绍的运输车。因为他战功卓著，被封为都亭侯。太祖包围邺以后，攻克了邯郸。易阳令韩范假装投降暗中却坚持防守，太祖派徐晃攻打他。徐晃来到后，飞箭将信射到城里，给韩范讲述成败得失的道理。韩范有所悔悟，徐晃就招降了他。不久他对太祖说："袁谭、袁尚还没有被打败，没有被攻下的各城都还在观望，今天要是毁灭了易阳，以后各城都会誓死坚守，恐怕黄河以北就永无宁日了。希望您招降易阳，向各城示意。那么他们就都会顺势投降了。"太祖认为有道理。徐晃带兵讨伐毛城，设伏兵突袭，攻克了三处营垒。跟随太祖在南皮打败袁谭，讨伐平原的叛贼，攻下了平原。跟随太祖征伐蹋顿，授任他为横野将军。跟随太祖征伐荆州，带兵驻扎在樊中，讨伐中庐、临沮、宜城的贼寇。又和满宠在汉津讨伐关羽，和曹仁在江陵攻击周瑜。建安十五年，讨伐太原反叛的人，包围并攻占大陵，杀了贼帅商曜。韩遂、马超等人在关右反叛，太祖派遣徐晃驻守汾阴来安抚河东，赐给牛酒，让他去祖先坟墓上祭扫。太祖到达潼关，担心不能渡过黄河，召见徐晃向他询问。徐晃说："您在这里部署大军，可贼人不再分兵防守蒲阪，可见他们没有谋略。现在给臣一支精兵，渡过蒲坂津，为大军打先锋，来截住贼人的后路，那么贼人就可以被活捉了。"太祖说："好。"派徐晃带领步兵骑兵四千人渡过蒲坂津。他们挖壕沟、竖栅栏，还没有完成，贼人梁兴夜间带领步兵骑兵五千多人便来攻打徐晃，徐晃打退了他们，太祖的大军才得以顺利渡过黄河。于是太祖打败了马超等人，又派徐晃和夏侯渊平定了隃麋、汧各氐人部落，和太祖在安定会合。太祖返回邺，派徐晃和夏侯渊扫平了鄜、夏阳的残余贼寇，杀了梁兴，招降了三千多户。徐晃跟随太祖征讨张鲁。太祖另派遣徐晃讨伐攻打椟、仇夷各山氐，他们全都投降了。徐晃升任平寇将军，解救了被围困的将军张顺。攻占了贼人陈福等三十多处营地。

太祖还邺，留晃与夏侯渊拒刘备于阳平。备遣陈式等十余营绝马鸣阁道，晃别征破之，贼自投山谷，多死者。太祖闻，甚喜，假晃节，令曰："此阁道，汉中之险要咽喉也。刘备欲断绝外内，以取汉中。将军一举，克夺贼计，善之善者也。"太祖遂自至阳平，引出汉中诸军。复遣晃助曹仁讨关羽，屯宛。会汉水暴隘，于禁等没。羽围仁于樊，又围将军吕常于襄阳。晃所将多新卒，以羽难与争锋，遂前至阳陵陂屯。太祖复还，遣将军徐商、吕建等诣晃，令曰："须兵马集至，乃俱前。"贼屯偃城。晃到，诡道作都堑，示欲截其后，贼烧屯走。晃得偃城，两面连营，稍前，去贼围三丈所。未攻，太祖前后遣殷署、朱盖等凡十二营诣晃。贼围头有屯，又别屯四冢。晃扬声当攻围头屯，而密攻四冢。羽见四冢欲坏，自将步骑五千出战，晃击之，退走，遂追陷与俱入围，破之，或自投沔水死。太祖令曰："贼围堑鹿角十重，将军致战全胜，遂陷贼围，多斩首虏。吾用兵三十余年，及所闻古之善用兵者，未有长驱径入敌围者也。且樊、襄阳之在围，过于莒、即墨，将军之功，逾孙武、穰苴。"晃振旅还摩陂，太祖迎晃七里，置酒大会。太祖举卮酒劝晃，且劳之曰："全樊、襄阳，将军之功也。"时诸军皆集，太祖案行诸营，士卒咸离陈观，而晃军营整齐，将士驻陈不动。太祖叹曰："徐将军可谓有周亚夫之风矣。"

## 译文

太祖返回邺，留下徐晃和夏侯渊在阳平抵御刘备。刘备派遣陈式等十多个营垒截断了马鸣阁道，徐晃带兵征讨并打败了他们，贼人跳入山谷，死了很多人。太祖听说后，非常高兴，授给徐晃符节，下令说："这个阁道，是汉中的咽喉要道。刘备想从这里截断内外的联系，从而夺取汉中。将军一举攻下了它，挫败了贼人的诡计，实在是太好了。"太祖于是亲自到阳平，撤出汉中各军。又派徐晃帮助曹仁讨伐关羽，驻扎在宛。恰逢汉水暴涨，于禁等人被水淹没。关羽在樊中包围曹仁，又在襄阳包围将军吕常。徐晃带领的大多是新兵，认为很难在与关羽交锋的战争中胜出，于是就进军到阳陵陂驻扎。太祖又返回，派将军徐商、吕建等人去见徐晃，传令说："等到我军兵马全部到齐后，才能一同进军。"贼人在偃城驻扎。徐晃到达偃城后，假装挖壕沟，显出打算截断贼人后路的样子，贼人烧掉营垒逃走。徐晃得到偃城，使曹军两面营垒连接起来，又逐渐向前推进，来到距贼人包围圈只有三丈远的地方。还没有发起攻击，太祖先后派殷署、朱盖等共十二营的兵力到徐晃处集结。贼人在围头驻扎军队，又另外在四冢驻扎军队。徐晃扬言要攻打围头的营垒，却秘密攻打四冢。关羽见四冢将被攻占，亲自带领步兵骑兵五千人出来迎战，徐晃反击，关羽败退。徐晃于是追击突破敌阵，进入包围圈内，打败了贼人，有的贼人被逼得跳入沔水淹死。太祖下令："贼人包围圈的壕沟中形似鹿角的尖桩有十重，将军出战大获全胜，攻破了贼人的包围圈，杀了许多贼人。我用兵三十多年，以及听说古代善于用兵的人，都没有过长驱直入攻进敌人包围圈的。况且樊中、襄阳在被围时，形势比当年莒、即墨被围困还要危急得多，将军的功劳，超过了孙武、穰苴。"徐晃整顿军队返回摩陂，太祖到七里以外迎接徐晃，设置酒宴聚会。太祖举杯向徐晃劝酒，并且慰劳他说："保全了樊中、襄阳，这是将军的功劳啊！"当时各军都在这里会合，太祖巡视各营，其它的营中士兵都离开阵列来看太祖，可是徐晃军营整齐，将士们都留在阵列里一动不动。太祖感叹地说："徐将军可称得上有周亚夫的风度啊。"

文帝即王位，以晃为右将军，进封逯乡侯。及践阼，进封杨侯。与夏侯尚讨刘备于上庸，破之。以晃镇阳平，徙封阳平侯。明帝即位，拒吴将诸葛瑾于襄阳。增邑二百，并前三千一百户。病笃，遗令敛以时服。

性俭约畏慎，将军常远斥候，先为不可胜，然后战，追奔争利，士不暇食。常叹曰："古人患不遭明君，今幸遇之，常以功自效，何用私誉为！"终不广交援。太和元年薨，谥曰壮侯。子盖嗣。盖薨，子霸嗣。明帝分晃户，封晃子孙二人列侯。

## 译文

文帝即魏王位，任命徐晃为右将军，加封他为逯乡侯。等到文帝即位时，又加封为杨侯。和夏侯尚在上庸讨伐并打败了刘备。文帝派徐晃镇守阳平，转封为阳平侯。明帝即位，徐晃在襄阳抵御吴国将领诸葛瑾的来犯。文帝增加徐晃的食邑二百户，加上以前的共三千一百户。徐晃病重，立下遗嘱说用普通人的丧服入殓。

徐晃为人节俭谨慎，带兵时常在远处设侦察员，先使自己处于不可被打败的有利条件下，然后再与敌人交战。追击逃敌争夺战利，士兵们连吃饭的时间都没有。徐晃常常感叹："古代的人担心不能遇上贤明的君主，现在我有幸遇上了，应当立功效劳，要我个人的名誉干什么呢？"他始终不多和别人结交。太和元年去世，谥号壮侯。儿子徐盖继承爵位。徐盖去世，他的儿子徐霸继承爵位。明帝分出徐晃的食邑，封徐晃子孙二人为列侯。

◎弩机，它是一种古代较为先进的远程武器◎

# 魏书

## 任城陈萧王传第十九·曹植

曹植是建安时期成就最高的诗人，被誉为“建安之杰”。历代学者也对曹植的评价极高，但也有少数人持异议，明朝王世贞《艺苑卮言》提出曹植的乐府诗不如曹操和曹丕，原因是曹植“材太高、辞太华”。

陈思王植字子建。年十岁余，诵读诗、论及辞赋数十万言，善属文。太祖尝视其文，谓植曰："汝倩人邪？"植跪曰："言出为论，下笔成章，顾当面试，奈何倩人？"时邺铜爵台新成，太祖悉将诸子登台，使各为赋。植援笔立成，可观，太祖甚异之。性简易，不治威仪。舆马服饰，不尚华丽。每进见难问，应声而对，特见宠爱。建安十六年，封平原侯。十九年，徙封临淄侯。太祖征孙权，使植留守邺，戒之曰："吾昔为顿邱令，年二十三。思此时所行，无悔于今。今汝年亦二十三矣，可不勉与！"植既以才见异，而丁仪、丁廙、杨修等为之羽翼。太祖狐疑，几为太子者数矣。而植任性而行，不自彫励，饮酒不节。文帝御之以术，矫情自饰，宫人左右，并为之说，故遂定为嗣。二十二年，增置邑五千，并前万户。植尝乘车行驰道中，开司马门出。太祖大怒，公车令坐死。由是重诸侯科禁，而植宠日衰。太祖既虑终始之变，以杨修颇有才策，而又袁氏之甥也，于是以罪诛修。植益内不自安。二十四年，曹仁为关羽所围。太祖以植为南中郎将，行征虏将军。欲遣救仁，呼有所敕戒。植醉不能受命，于是悔而罢之。

## 译文

陈思王曹植，字子建。十多岁时，就能背诵《诗经》、《论语》和辞赋等几十万字的著作，文章写得非常好。太祖曹操曾经看他的文章，问曹植："这是你请人代写的吧？"曹植跪地回答："我出口就成文，提笔便是文章，您可以当面考我，怎能说是请别人代写的呢？"当时邺城的铜爵台刚刚落成，太祖带着几个儿子登台，让他们各自以铜爵台写一篇赋。曹植一挥而就，文采斐然，太祖非常惊讶，觉得他才华非凡。曹植为人随和，不讲究仪容风度，他的车马饰物也不追求华丽。每次进见太祖，太祖有疑难询问时，曹植都应声而答，所以极受太祖的宠爱。建安十六年，曹植被封为平原侯。建安十九年，改封为临淄侯。太祖出军征讨孙权，让曹植在邺城留守，告诫他："我以前做顿邱令时，正好二十三岁。回想当年，至今没有什么后悔的。现在你也二十三岁了，能不努力吗？"曹植因为才气高妙得到太祖的特别对待，又有丁仪、丁廙、杨修等人做他的幕僚。太祖犹豫不决，几次差点立曹植为太子。但是曹植行事放纵，不注意修养，不懂人情世故，饮酒又毫无节制。文帝使出各种手段来侍奉太祖，粉饰自己，太祖的宫女和太祖左右的近侍全都为他说话，所以他被定为太祖的继承人。建安二十二年，太祖给曹植加封五千户的食邑，加上以前的共有一万户。曹植有一次乘车在驰道上行走，打开司马门出宫。太祖大怒。掌管宫门的公车令也因此事被处死。太祖因此加重了对诸侯的各项禁令，而对曹植的宠爱也日渐散去。不久，太祖考虑到自己死后可能发生变故，因杨修才略超群，而且又是袁氏的外甥，于是借口将其杀死。曹植内心更加惶恐不安。建安二十四年，曹仁被关羽围困。太祖任曹植做南中郎将，代理征虏将军，打算派他去救曹仁。叫他来见并有话告诫他。但曹植喝得烂醉，无法接受任命。太祖于是感到后悔，免除了他的官职。

文帝即王位，诛丁仪、丁廙并其男口。植与诸侯并就国。黄初二年，监国谒者灌均希指，奏"植醉酒悖慢，劫胁使者"。有司请治罪，帝以太后故，贬爵安乡侯。其年改封鄄城侯。三年，立为鄄城王，邑二千五百户。

四年，徙封雍丘王。其年，朝京都。上疏曰：

臣自抱衅归藩，刻肌刻骨，追思罪戾，昼分而食，夜分而寝。诚以天罔不可重离，圣恩难可再恃。窃感相鼠之篇，无礼遄死之义，形影相吊，五情愧赧。以罪弃生，则违古贤"夕改"之劝，忍活苟全，则犯诗人"胡颜"之讥。伏惟陛下德象天地，恩隆父母，施畅春风，泽如时雨。是以不别荆棘者，庆云之惠也；七子均养者，尸鸠之仁也；舍罪责功者，明君之举也；矜愚爱能者，慈父之恩也：是以愚臣徘徊于恩泽而不能自弃者也。

前奉诏书，臣等绝朝，心离志绝，自分黄耇无复执珪之望。不图圣诏猥垂齿召，至止之日，驰心辇毂。僻处西馆，未奉阙廷，踊跃之怀，瞻望反仄。谨拜表献诗二篇，其辞曰："于穆显考，时惟武皇，受命于天，宁济四方。朱旗所拂，九土披攘，玄化滂流，荒服来王。超商越周，与唐比踪。笃生我皇，奕世载聪，武则肃烈，文则时雍，受禅炎汉，临君万邦。万邦既化，率由旧则；广命懿亲，以藩王国。帝曰尔侯，君兹青土，奄有海滨，方周于鲁，车服有辉，旗章有叙，济济隽乂，我弼我辅。伊予小子，恃宠骄盈，举挂时网，动乱国经。作藩作屏，先轨是堕，傲我皇使，犯我朝仪。国有典刑，我削我绌，将置于理，元凶是率。明明天子，时笃同类，不忍我刑，暴之朝肆，违彼执宪，哀予小子。改封兖邑，于河之滨，股肱弗置，有君无臣，荒淫之阙，谁弼予身？茕茕仆夫，于彼冀方，嗟予小子，乃罹斯殃。赫赫天子，恩不遗物，冠我玄冕，要我朱绂。朱绂光大，使我荣华，剖符授玉，王爵是加。仰齿金玺，俯执圣策，皇恩过隆，祗承怵惕。咨我小子，顽凶是婴，逝惭陵墓，存愧阙廷。匪敢傲德，实恩是恃，威灵改加，足以没齿。昊天罔极，性命不图，常惧颠沛，抱罪黄垆。原蒙矢石，建旗东岳，庶立毫氂，微功自赎。危躯授命，知足免戾，甘赴江湘，奋戈吴越。天启其衷，得会京畿，迟奉圣颜，如渴如饥。心之云慕，怆矣其悲，天高听卑，皇肯照微！”又曰：“肃承明诏，应会皇都，星陈夙驾，秣马脂车。命彼掌徒，肃我征旅，朝发鸾台，夕宿兰渚。芒芒原隰，祁祁士女，经彼公田，乐我稷黍。爰有樛木，重阴匪息；虽有糇粮，饥不遑食。望城不过，面邑匪游，仆夫警策，平路是由。玄驷蔼蔼，扬镳漂沫；流风翼衡，轻云承盖。涉涧之滨，缘山之隈，遵彼河浒，黄阪是阶。西济关谷，或降或升；騑骖倦路，再寝再兴。将朝圣皇，匪敢晏宁；弭节长骛，指日遄征。前驱举燧，后乘抗旌；轮不辍运，鸾无废声。爰暨帝室，税此西墉；嘉诏未赐，朝觐莫从。仰瞻城阈，俯惟阙廷；长怀永慕，忧心如酲。”

## 译文

文帝继承魏王位后，杀掉丁仪、丁廙和他们家的男丁。曹植和各个诸侯全都离开朝廷，返回自己的封国了。黄初二年，监国谒者灌均根据文帝的意旨，奏报“曹植酗酒成性，傲慢无礼，胁迫使者”。有的官员请求治曹植的罪。文帝因为顾及太后的缘故，将曹植贬为安乡侯。同年又改封鄄城侯。黄初三年，立曹植为鄄城王，封给他二千五百户食邑。

黄初四年，曹植被改封为雍丘王。这一年，他去京城朝见文帝。曹植上疏说：

自从臣带罪返回藩国，感受深刻，认真追悔反思自己的罪过，白天到中午才吃饭，晚上到深夜才入眠。确实因为国家的法度不可一再违犯，君上的恩德难以屡次依赖。我私下里思索《相鼠》的诗篇中不守礼法何不早早死去的道理，形影相吊，内心十分羞愧。我如果因罪而自绝，就违背了古代贤人“早上有错要在晚上就改正”的劝诫。如果忍辱负诟苟且偷生，又触犯了诗人“有何脸面活下去”的讥刺。我埋首思考陛下的仁德如天地般博大，恩情如父母般深厚，仁慈如春风般畅行，恩泽如及时雨般润泽万物。可见：不将无用的荆棘与其他草木区别对待，这是祥云的恩惠；对七个孩子平等的抚养，这是布谷鸟的仁爱；赦免罪过责令立功，这是贤明君王的举动；怜惜愚笨者，爱护能干者，这是慈父般的恩情：所以愚臣在陛下的恩泽中徘徊不已，不能自暴自弃。

以前接到诏书，臣等被禁止拜见君主，臣心灰意冷，觉得直到老年都再也不会有执珪上朝的希望了。不料诏书下达，皇上征召我们入京朝见。接到诏书的那天，我就心驰神往，渴望早日与陛下相见。如今我住在偏僻的西馆，没能到宫内侍奉陛下，心中急切不已，抬头仰望宫廷，辗转不安，难以入睡。在此谨呈奏章并献诗二首，诗的内容如下：“完美光荣的父亲，就是那武皇，他接受上天的安排，安定拯济四方。红旗所到之处，九州纷纷归降，道德教化流布天下，边远之地也前来归顺。他的业绩超出商朝与周朝，可以和唐尧的功德齐名。我皇天性敦厚纯正，世代聪颖，武功能肃清各方危害，文才能令天下安定，接受汉帝的禅让，统辖了

四海八荒。天下得到教化，都遵循古代的典制；广泛封赏任命自己的亲族属臣，来护卫王国。皇帝说封我为侯，统管青州境内，拥有海滨地区，就像周朝分封的鲁一样。车马朝服闪耀着光辉，印花旌旗整齐列队，人才济济，来做我的辅弼。但是我蒙皇恩宠爱，骄傲自大，举动触犯纲纪，破坏先王法律，违背国家礼仪。国家有明确的刑律，罢了我的官，打算送我入狱，作为元凶对待。圣明的天子，念手足情深，不忍对我行刑，于是改变了判决，哀怜我。将我改封到兖州的鄄城，在那黄河岸边，没有设置辅弼的属官，有封君没有臣下。我犯了放荡不拘的过失，还有谁来辅佐我呢?孤独的仆人，留在冀州的邺城。可叹我遭受这样的灾祸。光辉显赫的天子，恩泽万物，给我戴上玄冕，系上朱绂。朱绂光彩散放，使我享受荣华，剖开符节授予玉圭，给我加赐王位。仰首来接受金玺，俯身去捧着策书。皇恩浩荡，我恭敬地接受而又心怀谨慎。我罪恶深重，顽冥不化，死愧对先帝，活愧对陛下和朝廷。我不敢轻视陛下的恩德，实在是仰仗陛下的厚待，威严的陛下对我改封加爵，使我难忘终生。苍天广阔无边，寿命不可强求，我经常害怕死去，会带罪埋入黄土。我愿意冒着生命危险，在东岳树起我军的大旗，希望能建立一点儿功，来赎罪。即使身临危境也要献出生命，只要能使我因免罪我就知足了。我甘愿奔赴长江、湘水，在吴、越一带征战驰骋。皇上您胸怀宽广，让我们来京城朝见。我等待拜见侍奉陛下，心中惦念，如饥似渴。心中思慕，悲伤不已。上天崇高无比，还能倾听人间的事情，皇帝的恩泽，必定肯眷顾卑微的我!”又说：“我恭敬庄严地接受皇帝的诏命，前来京城朝会。我星夜备好行装，清晨就驾车出发，将马喂饱，给车轴涂上油脂。命令随行侍从主管，告诫出行的队伍，早晨从鸾台出发，晚上在兰渚歇息。在茫茫的原野上，有众多的男女，经过开垦的公田，我高兴地看到庄稼都生长茂盛。遇见虬曲的大树，也不敢在浓密的树荫下歇息；虽带有干粮，饿了也没工夫去吃。望见城镇不进去享受，面对村寨也不敢观光。车夫挥动长鞭，在平坦的大路上催马疾驰。四驾车的黑马体壮气盛，昂首飞跑，直累得口吐白沫。疾风在车前的横木上拂过，轻云在车上的伞盖边联结。奢过山涧水边，沿着曲折的山路奔驰，顺着河岸的走向，爬上了黄土坡。向西穿越关口山谷，有时下坡有时上；驾车的马儿疲劳不已，几次倒地又几次爬起。因为将要去朝见明主，所以不敢安闲漫游。驾车催马，数着时间快速行进。队伍的前车举起火把，后车飘着旌旗；车轮不停地转动，车铃叮当地响。等到了京城，住在京城的西部；皇上的诏书还未下达，我无法前去朝见。抬头仰望城门，低头思念皇上。我长久地怀念，不尽地思慕，心中忧闷，酒醉般昏沉。”

帝嘉其辞义，优诏答勉之。

六年，帝东征，还过雍丘，幸植宫，增户五百。太和元年，徙封浚仪。二年，复还雍丘。植常自愤怨，抱利器而无所施，上疏求自试曰：

臣闻士之生世，入则事父，出则事君；事父尚于荣亲，事君贵于兴国。故慈父不能爱无益之子，仁君不能畜无用之臣。夫论德而授官者，成功之君也；量能而受爵者，毕命之臣也。故君无虚授，臣无虚受；虚授谓之谬举，虚受谓之尸禄，诗之"素餐"所由作也。昔二虢不辞两国之任，其德厚也；旦、奭不让燕、鲁之封，其功大也。今臣蒙国重恩，三世于今矣。正值陛下升平之际，沐浴圣泽，潜润德教，可谓厚幸矣。而窃位东藩，爵在上列，身被轻暖，口厌百味，目极华靡，耳倦丝竹者，爵重禄厚之所致也。退念古之授爵禄者，有异于此，皆以功勤济国，辅主惠民。今臣无德可述，无功可纪，若此终年无益国朝，将挂风人"彼其"之讥。是以上惭玄冕，俯愧朱绂。

方今天下一统，九州晏如，而顾西有违命之蜀，东有不臣之吴，使边境未得脱甲，谋士未得高枕者，诚欲混同宇内以致太和也。故启灭有扈而夏功昭，成克商、奄而周德著。今陛下以圣明统世，将欲卒文、武之功，继成、康之隆，简贤授能，以方叔、召虎之臣镇御四境，为国爪牙者，可谓当矣。然而高鸟未挂于轻缴，渊鱼未县于钩饵者，恐钓射之术或未尽也。昔耿弇不俟光武，亟击张步，言不以贼遗于君父。故车右伏剑于鸣毂，雍门刎首于齐境，若此二士，岂恶生而尚死哉？诚忿其慢主而陵君也。夫君之宠臣，欲以除患兴利；臣之事君，必以杀身靖乱，以功报主也。昔贾谊弱冠，求试属国，请系单于之颈而制其命；终军以妙年使越，欲得长缨占其王，羁致北阙。此二臣，岂好为夸主而耀世哉？志或郁结，欲逞其才力，输能于明君也。昔汉武为霍去病治第，辞曰："匈奴未灭，臣无以家为！"夫忧国忘家，捐躯济难，忠臣之志也。今臣居外，非不厚也，而寝不安席，食不遑味者，伏以二方未克为念。

伏见先武皇帝武臣宿将，年耆即世者有闻矣。虽贤不乏世，宿将旧卒，犹习战陈，窃不自量，志在效命，庶立毛发之功，以报所受之恩。若使陛下出不世之诏，效臣锥刀之用，使得西属大将军，当一校之队，若东属大司马，统偏舟之任，必乘危蹈险，骋舟奋骊，突刃触锋，为士卒先。虽未能禽权馘亮，庶将虏其雄率，歼其丑类，必效须臾之捷，以灭终身之愧，使名挂史笔，事列朝策。虽身分蜀境，首县吴阙，犹生之年也。如微才弗试，没世无闻，徒荣其躯而丰其体，生无益于事，死无损于数，虚荷上位而忝重禄，禽息鸟视，终于白首，此徒圈牢之养物，非臣之所志也。流闻东军失备，师徒小衄，辍食弃餐，奋袂攘衽，抚剑东顾，而心已驰于吴会矣。

臣昔从先武皇帝南极赤岸，东临沧海，西望玉门，北出玄塞，伏见所以行军用兵之势，可谓神妙矣。故兵者不可豫言，临难而制变者也。志欲自效于明时，立功于圣世。每览史籍，观古忠臣义士，出一朝之命，以徇国家之难，身虽屠裂，而功铭著于鼎钟，名称垂于竹帛，未尝不拊心而叹息也。臣闻明主使臣，不废有罪。故奔北败军之将用，秦、鲁以成其功；绝缨盗马之臣赦，楚、赵以济其难。臣窃感先帝早崩，威王弃世，臣独何人，以堪长久！常恐先朝露，填沟壑，坟土未干，而身名并灭。臣闻骐骥长鸣，则伯乐照其能；卢狗悲号，则韩国知其才。是以效之齐、楚之路，以逞千里之任；试之狡兔之捷，以验搏噬之用。今臣志狗马之微功，窃自惟度，终无伯乐、韩国之举，是以于邑而窃自痛者也。

夫临搏而企竦，闻乐而窃抃者，或有赏音而识道也。昔毛遂，赵之陪隶，犹假锥囊之喻，以寤主立功，何况巍巍大魏多士之朝，而无慷慨死难之臣乎！夫自衒自媒者，士女之丑行也。干时求进者，道家之明忌也。而臣敢陈闻于陛下者，诚与国分形同气，忧患共之者也。冀以尘雾之微补益山海，荧烛末光增辉日月，是以敢冒其丑而献其忠。

## 译文

文帝赞赏他的文辞和情义，下诏好言回复，给以勉励。

黄初六年，文帝东征吴国。返回时途经雍丘，亲临曹植的王宫，并给他增加了五百户食邑。太和元年，改封他到浚仪。太和二年，又将他封回到雍丘。曹植经常慨叹，认为自己空有才能竟无处施展，于是上疏请命：

臣听说士子活在世上，在家就侍奉父亲，出门就侍奉君主；侍奉父亲推崇的是荣耀门第，侍奉君主看重的是振兴国家。所以慈父不会疼爱无用的儿子，仁义的君主不会供养无能的大臣。那些评定品行授予官职的，是能成就大业的君主；估量自己的才能接受爵位的，是能尽力效命的大臣。所以君主不能虚妄地授予官职，大臣不能无故接受爵位。虚妄授官叫做荒谬地提拔，无故受爵叫做空享俸禄，《诗经》中“素餐”即“白吃饭”的诗句就是为这种人作的。以前周文王的弟弟虢仲、虢叔没有推辞给两人封国的任命，是由于他们德行淳厚；周公旦、召公奭不谦让燕、鲁的封国，是由于他们功劳显赫。现在臣蒙受国家的深恩重惠，到如今已有三代了。正值陛下的太平盛世，沐浴皇上的恩泽，浸润德义的教化，可以说是十分幸运的。可是我非分地占据东方藩王的位置，享受上等爵位，身着轻暖华服，吃腻了各种佳肴，眼中看尽了华靡之景，耳中听倦了丝竹之乐，这是因为爵位高贵、俸禄优厚才拥有的。回想古代被授予爵位俸禄的人，和我完全不同，他们都是因为为国家立下汗马功劳，辅佐君主，利于百姓的人。现在我没有可称道的德行，也没有可记载的功劳。如果这样享尽年寿，却对国家朝廷一无所用，将应和了诗人“那些身居高位的人，不配穿上他的官服”的讥刺。这样我将上有愧于头上的王冠，下有愧于身佩的朱绂。

当今天下一统，九州安定，但是看到西方有违天命的蜀国，东方有不肯顺服的吴国，这使边境的士兵不能脱掉盔甲，谋士不能高枕无忧，原因是在想要让四海完全统一，达到天下太平。所以启灭掉有扈氏而使夏朝功德明显，成王战胜了商、奄使周朝政绩昌明。现在陛下英明神武治理天下，将要完成文王、武王的功业，继承成王、康王的盛世，选拔贤才，授予能人以合适的官职，用方叔、召虎那样的大臣来镇守边境，作为国家的得力武将，可以说是十分恰当的。然而高飞的鸟还没有被箭射中，深潭的鱼还没有悬挂在鱼钩上，这恐怕是钓鱼射鸟的技术不够完善吧。以前耿弇没有等待汉光武帝来，就加紧攻打张步，说是不把贼人留给君主，不让君主担忧。所以车右的武士因车轮发出响声而拔剑自杀，雍门狄由于越国侵犯齐国的边境而自刎，这两名勇士，难道厌恶生而愿意去死吗？诚然是愤恨那些对君主不敬和侵凌的人。君主宠爱臣下，是想用他们清除祸患，彰显利益；臣子侍奉君主，也要献出生命来平定动乱，用功劳来报答君主。以前贾谊刚成年时，就请求担任属国的官职，要用绳子套住单于的脖子制伏他；终军在少年时出使南越王国，想用长绳绑住南越王，把他捆回来，献给朝廷。这两位臣子，难道只是喜欢向君主夸口，乐于向世人炫耀吗？是因为他们郁郁不得志，想施展自己的才干，向明君展示能力。以前汉武帝为霍去病修建府第，霍去病推辞说：“匈奴未灭，臣还没有自己的家！”担心国事忘却家事，献出生命以解国难，这是忠臣的意愿。现在臣身居外藩，得到优厚的爵禄，可是食无味，睡难眠，心中惦念着蜀吴还未攻克。

我知道已故武皇的武臣老将，常常因年老而去世。虽然世间不乏贤才，久经沙场的老将老兵，还熟习阵战变化，但我还是不自量力，立志为国效命，希望能够立下微薄的功劳，来报答我蒙受的恩惠。如果陛下颁发非凡的诏令，让我发挥锥刀般的微薄作用，使我能在西方受大将军调遣，率领部分士兵，或者在东方归大司马指挥，统领侧翼的船队，我一定冒着危险，急驶战

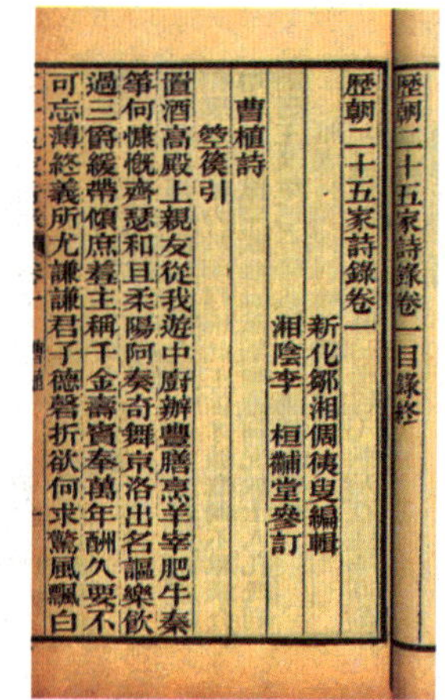
歷朝二十五家詩錄卷一目錄終

歷朝二十五家詩錄卷一

新化鄒湘倜徥叟編輯

湘陰李　桓黼堂參訂

曹植詩

箜篌引

置酒高殿上親友從我遊中廚辦豐膳烹羊宰肥牛秦
箏何慷慨齊瑟和且柔陽阿奏奇舞京洛出名謳樂飲
過三爵緩帶傾庶羞主稱千金壽賓奉萬年酬久要不
可忘薄終義所尤謙謙君子德磬折欲何求驚風飄白

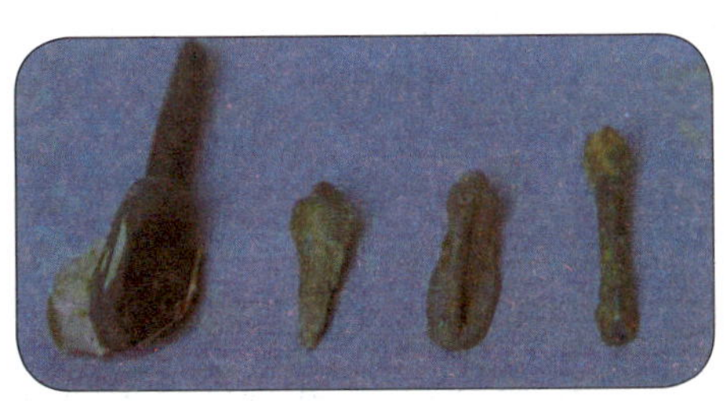

船，催马前进，同敌人刀枪拼杀，身先士卒。即使不能活捉孙权、杀死诸葛亮，也希望能俘获敌人的将帅，歼灭更多的敌人。一定要取得一些胜利，来消除我终生的羞愧，让我的名字能够载入史册，事迹被朝廷的策书所罗列。即使我在蜀国境内身首异处，头颅悬挂在吴国的城门上，也虽死犹生。如果我微薄的才能得不到施展，终生都默默无闻，只是白白享尽荣华，只是养肥了身体，活着对国家来说没有益处，死了对国家气数也没有损失。虚妄地蒙受高位，白享优厚的俸禄，如同禽鸟一般活着，直到死去。这只是牢笼中豢养的动物，不是我的志愿。听说东面的军队防备失利，将士们遭受一点挫败，我知道后寝食难安，急得挽起袖子提起衣襟，按剑向东瞭望，而心已飞到吴郡和会稽了。

臣以前跟随先皇出征，南征走到赤岸，东去到达沧海，西去望见玉门关，向北玄塞出关，看到先皇指挥行军用兵的方法，可以说是奇妙莫测。所以用兵这种事情是没法预测的，在遇到危急情况时要随机应变。我立志要在治政清明的明君时代建功效命，报答国家。每次阅读史书，看到古代的忠臣义士，抛弃自己短暂的生命，为国家的危难而牺牲自己的生命，身体即使被屠杀肢解，但功勋铭刻在鼎钟上，名字记载在竹帛上，我一直抚胸叹息。我听说贤明的君主任用臣子时，不会废弃有罪的人。所以秦国战败逃走的孟明视、西乞术、白乙丙等将军仍被国君任命为将帅，秦国、鲁国便靠他们得以成就了功业；扯断帽缨、盗走御马的臣民被赦免，楚国、赵国就依赖他们得以度过了危难。臣暗自感伤先帝过早地去世，任城威王曹彰也离开人世，惟独臣这种无用之人，竟能活的如此长久！我常担心突然死去像朝露般消失，埋进沟壑，坟上的新土还没有干，名字就和躯体就一同消失了。我听说千里马长嘶，伯乐就察知了它的才能；卢狗悲伤地叫，韩国就了解它的才干了。因此让马在通往齐国、楚国的遥远征途上效力，以显示它奔驰千里的能力；让卢狗去对付敏捷的狡兔，以此来证明它扑咬的本领。现在我立志像千里马和卢狗那样立下微薄的功劳，但我暗自思量，始终没有伯乐、韩国那样的人为我举荐，因此在封邑抑郁不平，悲伤不已。

看到博戏就踮起脚来观看，听到音乐就暗暗打起拍子的人，当中或许有能够欣赏音乐、熟知棋道的人。以前毛遂，是赵国一个陪送的奴隶，还能借锥处囊中的譬喻，以此打动平原君，建立功勋，更何况是巍巍大魏，这样一个人才济济的朝廷上，难道就没有意气激昂愿意为国献身的人吗？自己炫耀自己，或者给自己作媒，都是男女的可耻行为。迎合时势获取升迁，是道家的大忌。可是臣冒昧地向陛下说这些，实在是因为我与国家虽然形体不一，但是却是同呼吸共命运。希望能以微小的尘露填充山海，以萤火虫和蜡烛的弱光增添日月的光辉，因此胆敢冒着蒙受丑恶名声而奉献忠心。

三年，徙封东阿。五年，复上疏求存问亲戚，因致其意曰：

臣闻天称其高者，以无不覆；地称其广者，以无不载；日月称其明者，以无不照；江海称其大者，以无不容。故孔子曰："大哉尧之为君！惟天为大，惟尧则之。"夫天德之于万物，可谓弘广矣。盖尧之为教，先亲后疏，自近及远。其传曰："克明峻德，以亲九族；九族既睦，平章百姓。"及周之文王亦崇厥化，其诗曰："刑于寡妻，至于兄弟，以御于家邦。"是以雍雍穆穆。风人咏之。昔周公吊管、蔡之不咸，广封懿亲以藩屏王室，传曰："周之宗盟，异姓为后。"诚骨肉之恩爽而不离，亲亲之义实在敦固，未有义而后其君，仁而遗其亲者也。

伏惟陛下资帝唐钦明之德，体文王翼翼之仁，惠洽椒房，恩昭九族，群后百寮，番休递上，执政不废于公朝，下情得展于私室，亲理之路通，庆吊之情展，诚可谓恕己治人，推惠施恩者矣。至于臣者，人道绝绪，禁锢明时，臣窃自伤也。不敢过望交气类，修人事，叙人伦。近且婚媾不通，兄弟乖绝，吉凶之问塞，庆吊之礼废，恩纪之违，甚于路人，隔阂之异，殊于胡越。今臣以一切之制，永无朝觐之望，至于注心皇极，结情紫闼，神明知之矣。然天实为之，谓之何哉！退唯诸王常有戚戚具尔之心，原陛下沛然垂诏，使诸国庆问，四节得展，以叙骨肉之欢恩。全怡怡之笃义。妃妾之家，膏沐之遗，岁得再通，齐义于贵宗，等惠于百司，如此，则古人之所叹，风雅之所咏，复存于圣世矣。

臣伏自惟省，无锥刀之用。及观陛下之所拔授，若以臣为异姓，窃自料度，不后于朝士矣。若得辞远游，戴武弁，解朱组，佩青绂，驸马、奉车，趣得一号，安宅京室，执鞭珥笔，出从华盖，入侍辇毂，承答圣问，拾遗左右，乃臣丹诚之至原，不离于梦想者也。远慕鹿鸣君臣之宴，中咏常棣匪他之诫，下思伐木友生之义，终怀蓼莪罔极之哀；每四节之会，块然独处，左右惟仆隶，所对惟妻子，高谈无所与陈，发义无所与展，未尝不闻乐而拊心，临觞而叹息也。臣伏以为犬马之诚不能动人，譬人之诚不能动天。崩城、陨霜，臣初信之，以臣心况，徒虚语耳。若葵藿之倾叶太阳，虽不为之回光，然向之者诚也。窃自比于葵藿，若降天地之施，垂三光之明者，实在陛下。

臣闻文子曰："不为福始，不为祸先。"今之否隔，友于同忧，而臣独倡言者，窃不原于圣世使有不蒙施之物。有不蒙施之物，必有惨毒之怀，故柏舟有"天只"之怨，谷风有"弃予"之叹。故伊尹耻其君不为尧舜，孟子曰：

"不以舜之所以事尧事其君者，不敬其君者也。"臣之愚蔽，固非虞、伊，至于欲使陛下崇光被时雍之美，宣缉熙章明之德者，是臣慺慺之诚，窃所独守，实怀鹤立企伫之心。敢复陈闻者，冀陛下倘发天聪而垂神听也。

## 译文

太和三年，曹植转封东阿。太和五年，他又上奏请求探亲，并就此表达他的心意：

臣听说天被称为高的缘故，是由于没有什么不被它覆盖的；地被称为广的缘故，是由于没有什么不被它承载的；日月被称为明的缘故，是由于没有什么不被它照耀的；江海被称为大的缘故，是由于没有什么是它不能容纳的。所以孔子说："伟大啊！尧作为君主。只有天最大，也只有尧能与天相比。"天对于万物的恩德可以说是广大无边了。尧施行教化，先从亲戚做起，然后再教育疏远的人，由近到远。他在《传》上说："发扬高尚的德行，使九族亲睦；九族和睦以后，再去安抚协调其他百姓。"到周文王时，这一教化仍然得到尊崇，《诗经》上说："先按礼法对待自己的妻子，再用礼法对待自己的兄弟，由此治理好家族和国家。"因此天下团结和睦，诗人们由此歌颂他们。以前周公因为管叔、蔡叔的不和而忧伤，广泛分封亲戚宗室来护卫王室。《传》上说："周代诸侯祭祀会盟时，异姓诸侯排在后面。"这确实是骨肉之间的恩情，即使有了过失也不会分离。亲近善待亲属的意义实际就在于朴实坚贞，没有道义者会抛弃他的君主，仁德者会遗弃他的亲人的。

我想到陛下具有唐尧那样庄重的品德，秉承周文王那样的仁爱，恩惠遍及后宫，情义普施九族。百官轮番休息，交替侍奉皇上，执掌的朝政没有荒废，个人的情怀在私室里能够得到抒发，亲戚和睦，庆贺吊唁的情感得以崭露，的确可以说是将心比心，推己及人，广施恩惠的明主了。至于臣下我，与亲戚人伦隔绝，在圣明时代被禁锢，我暗自伤感。也不敢奢望能结交意气相投的朋友，与亲朋来往，叙述品评人物。近来连姻亲都无法往来，兄弟之间音信全无，问候吉凶的道路不能通达，庆贺吊唁的礼仪也被废除，情义疏远，甚至还不如陌路人，亲属隔绝，比胡越之间天各一方还要严重。现在臣因为国家制度，永远没有入朝觐见陛下的希望，至于臣关心陛下，情系皇宫，神明是知道的。然而上天要这样，还提它干什么?由此想到各个王侯都有思念兄弟的心情。我期望陛下能够下诏，让各封国间互相庆贺问候，四季节日都能见面探望，叙说骨肉的欢乐和恩情，成全兄弟亲戚间的深情厚谊。妃妾的家属，得到皇恩的赐予，每年可以朝见两次，和贵戚享有同样的情义，与百官享有同等的恩惠。这样的话，就会让古人所赞叹、风雅所歌咏的事，再次出现在本朝圣明的时代了。

臣自己反省，并没有起到像锥刀那样微薄的作用。看了陛下选拔的官员，如果把臣看作异姓，臣私下猜测，不会比朝廷上的大臣差。如果能够脱去远游冠，戴上武官的冠帽，解下王侯的红绶带，佩上朝臣的青绶带，取得驸马都尉或奉车都尉中这样一个称号，在京城中居住下来，手执马鞭，冠帽上插着笔，陛下出行时跟随您的车盖，陛下回宫后侍卫在您的车驾旁，回答陛下的提问，在陛下左右拾遗补缺，这才是臣心中最赤诚的愿望，是时刻梦想的事情。远些的我羡慕《鹿鸣》中君臣相聚的宴会，继而我咏诵《常棣》中有关兄弟不是外人的告诫，近些的我思索《伐木》中寻求、珍惜朋友情谊的道理，最终感怀《蓼莪》诗中感念父母，思虑无法报答父母恩德的哀伤。每逢四季节日欢聚的时候，我孤单独处，左右只有奴仆，面对的只有妻儿。我想高谈阔论但没有人听我叙说，想表达见解却无人听我阐述，没有哪一次不是听到音乐就捶胸伤悲，面对酒杯就扼腕叹息的。臣暗自认为犬马的忠诚不能感动人，犹如人的忠诚不能感动上天一样。杞梁的妻子哭塌城墙，蒙冤的人祈祷使夏天降下霜雪这些动人的传说，臣起初还相信，但和臣眼下的景况相比较，这只不过是空话罢了。就像葵藿的叶子朝向太阳，太阳虽然不专门将光照向它们，然而葵藿却是真心诚意地朝向太阳的。臣私下把自己比做葵藿，而要能降下天地般的恩惠，照耀日、月、星辰一样的光辉，那就都在于陛下的恩惠了。

◎铜钺◎

臣见到《文子》上讲："不做首先取得幸福的人，也不做首先招致祸患的人。"如今诸侯间彼此隔绝，兄弟们都一样忧伤。而只有臣首先说出来，是不愿意在圣明时代存在没有蒙受陛下恩惠的人。没有蒙受恩惠的人，一定有深切怨愤的心情。所以《柏舟》中有“天呀，为什么如此不相信我”的怨愤之词，《谷风》中有“如今已经安乐，你却遗弃了我”的感叹之语。所以伊尹为他的君主不是尧舜而感到耻辱。《孟子》说：“不像舜侍奉尧那样来侍奉自己君主的人，就是不尊敬君主的人。”臣愚钝，本来就不是虞舜、伊尹那样的人，至于想要使陛下树立起普照盛世的伟绩，显示出高尚的德行，这是我的一片赤诚之心。臣私下独自守护的，确实是仙鹤一般独立翘首企盼的心。臣所以敢再次向您陈述，是希望陛下可能会听一听。”

诏报曰：“盖教化所由，各有隆弊，非皆善始而恶终也，事使之然。故夫忠厚仁极草木，则行苇之诗作；恩泽衰薄，不亲九族，则角弓之章刺。今令诸国兄弟，情理简怠，妃妾之家，膏沐疏略，朕纵不能敦而睦之，王援古喻义备悉矣，何言精诚不足以感通哉？夫明贵贱，崇亲亲，礼贤良，顺少长，国之纲纪，本无禁固诸国通问之诏也，矫枉过正，下吏惧谴，以至于此耳。已敕有司，如王所诉。”

## 译文 

诏书回答：“大概教化的过程，各有兴盛和凋敝事，不全是以善开始，以恶结束，事物本身使它变成这个样子。所以周文王忠厚仁爱，将他的仁义之心惠施到草木上，就产生了《行苇》这样的赞歌；周幽王德行衰薄，不亲近九族，就出现了《角弓》这样的讽喻诗。现在这样使得各国诸侯兄弟之间亲情淡薄，后宫嫔妃的家人很少得到圣上恩泽。朕纵然不能厚待亲戚，使他们和睦，你援引古人事例的意义我全都明白，为什么你还要说你的精诚不足以感动我呢？区分贵贱，亲近亲戚，礼遇贤士，使长幼次序分明，这些都是国家纲纪。本来没有禁止诸侯国互通往来，但矫枉过正，下面的官吏害怕受到责罚，所以这种情况愈演愈烈。我已经命令有关官署，按照上书的意见去办理。”

◎玉剑格◎

植复上疏陈审举之义，曰：

臣闻天地协气而万物生，君臣合德而庶政成；五帝之世非皆智，三季之末非皆愚，用与不用，知与不知也。既时有举贤之名，而无得贤之实，必各援其类而进矣。谚曰："相门有相，将门有将。"夫相者，文德昭者也；将者，武功烈者也。文德昭，则可以匡国朝，致雍熙，稷、契、夔、龙是也；武功烈，则所以征不庭，威四夷，南仲、方叔是矣。昔伊尹之为媵臣，至贱也，吕尚之处屠钓，至陋也，及其见举于汤武、周文，诚道合志同，玄谟神通，岂复假近习之荐，因左右之介哉。书曰："有不世之君，必能用不世之臣；用不世之臣，必能立不世之功。"殷周二王是矣。若夫龌龊近步，遵常守故，安足为陛下言哉？故阴阳不和，三光不畅，官旷无人，庶政不整者，三司之责也。疆埸骚动，方隅内侵，没军丧众，干戈不息者，边将之忧也。岂可虚荷国宠而不称其任哉？故任益隆者负益重，位益高者责益深，书称"无旷庶官"，诗有"职思其忧"，此其义也。

陛下体天真之淑圣，登神机以继统，冀闻康哉之诃，偃武行文之美。而数年以来，水旱不时，民困衣食，师徒之发，岁岁增调，加东有覆败之军，西有殪没之将，至使蚌蛤浮翔于淮、泗，鼯鼬讙哗于林木。臣每念之，未尝不辍食而挥餐，临觞而搤腕矣。昔汉文发代，疑朝有变，宋昌曰："内有朱虚、东牟之亲，外有齐、楚、淮南、琅邪，此则磐石之宗，原王勿疑。"臣伏惟陛下远览姬文二虢之援，中虑周成召、毕之辅，下存宋昌磐石之固。昔骐骥之于吴阪，可谓困矣，及其伯乐相之，孙邮御之，形体不劳而坐取千里。盖伯乐善御马，明君善御臣；伯乐驰千里，明君致太平；诚任贤使能之明效也。若朝司惟良，万机内理，武将行师，方难克弭。陛下可得雍容都城，何事劳动銮驾，暴露于边境哉？

臣闻羊质虎皮，见草则悦，见豺则战，忘其皮之虎也。今置将不良，有似于此。故语曰："患为之者不知，知之者不得为也。"昔乐毅奔赵，心不忘燕；廉颇在楚，思为赵将。臣生乎乱，长乎军，又数承教于武皇帝，伏见行师用兵之要，不必取孙、吴而暗与之合。窃揆之于心，常原得一奉朝觐，排金门，蹈玉陛，列有职之臣，赐须臾之问，使臣得一散所怀，摅舒蕴积，死不恨矣。

被鸿胪所下发士息书，期会甚急。又闻豹尾已建，戎轩骛驾，陛下将复劳玉躬，扰挂神思。臣诚竦息，不遑宁处。原得策马执鞭，首当尘露，撮风后之奇，接孙、吴之要，追慕卜商起予左右，效命先驱，毕命轮毂，虽无大益，冀有小补。然天高听远，情不上通，徒独望青云而拊心，仰高天而叹息耳。屈平曰："国有骥而不知乘，焉皇皇而更索！"昔管、蔡放诛，周、召作弼；叔鱼陷刑，叔向匡国。三监之衅，臣自当之；二南之辅，求必不远。华宗贵族，藩王之中，必有应斯举者。故传曰："无周公之亲，不得行周公之事。"唯陛下少留意焉。

近者汉氏广建藩王，丰则连城数十，约则飨食祖祭而已，未若姬周之树国，五等之品制之。若扶苏之谏始皇，淳于越之难周青臣，可谓知时变矣。夫能使天下倾耳注目者，当权者是矣，故谋能移主，威能慑下。豪右执政，不在亲戚；权之所在，虽疏必重，势之所去，虽亲必轻，盖取齐者田族，非吕宗也。分晋者赵、魏，非姬姓也。唯陛下察之。苟吉专其位，凶离其患者，异姓之臣也。欲国之安，祈家之贵，存共其荣，没同其祸者，公族之臣也。今反公族疏而异姓亲，臣窃惑焉。

臣闻孟子曰："君子穷则独善其身，达则兼善天下。"今臣与陛下践冰履炭，登山浮涧，寒温燥湿，高下共之，岂得离陛下哉？不胜愤懑，拜表陈情。若有不合，乞且藏之书府，不便灭弃，臣死之后，事或可思。若有豪厘少挂圣意者，乞出之朝堂，使夫博古之士，纠臣表之不合义者。如是，则臣原足矣。

## 译文

曹植又呈上奏折陈述审查选拔官员的道理，说：

臣听说天地中只有适宜的气候，万物才能滋生；君臣同心同德，国家的政事才能治理成功。五帝时的臣子并不都是聪明人，夏、商、周三代末年的臣子也并不都是愚笨之人。差别就在君主用与不用贤才，能否了解臣子的才能。当时虽有推举贤才的名声，而没有得到贤才之实，官员一定会举荐提拔与自己关系密切的人。谚语说："相门里有相，将门里有将。"所谓相，是文德昭著的人；所谓将，是武功显赫的人。文德昭著，就可以辅助本朝匡扶国家，使天下和睦欢乐，稷、契、夔、龙就是这样的人；武功显赫，就可以征伐不来朝贡的人，震慑四方蛮夷，南仲、方叔正是这样的人。以前伊尹做随嫁的奴仆时，地位低贱，吕尚在做屠夫钓者时，身份卑微，到他们被成汤、周文王举用，是因为他们志同

◎清鹤顶红雕三国故事纹摆件◎

道合、深谋远虑心意相通。这难道还要借助帝王亲信的推荐，依赖左右侍从的介绍吗？《尚书》上说："有非凡的君主，一定能任用非凡的臣下；任用非凡的臣下，一定能建立卓越的功勋。"殷商的成汤、周代的文王就是如此。如果是那些拘谨无能、因循守旧的人，怎么值得推举给陛下呢？所以阴阳不和，日月星辰的光辉不明亮闪耀，官位空缺，没有合适的人，国家的政局混乱，这是三司的责任。边疆动荡，四方邻国尽皆入侵，军队战败，兵士战马伤亡，战争不能停，这是戍边将领的忧患。怎能空受国家的宠信而不称职呢？所以职务越多的人负担越重，地位越高的人责任越大，《尚书》说"各种官职都不要空缺"，《诗经》有"任职的人要为国分忧"，就是这个意思。

陛下以上天授予的圣明贤达，继承皇统登上帝位，希望听到"诸事安康"这样的赞颂，见到陛下停止战争修明文教的善举。但近几年来，水旱灾不时发生，百姓衣食无着，军队兵士的征发年年增加，赋税日益加重，加上东方有战败的军队，西方有阵亡的将领，以致蚌蛤浮游在淮水、泗水中，鼪鼬喧哗吵闹在树林里。臣每次想到这些，没有一次不停止进食，撤掉饭菜，面对酒杯扼腕叹息。先前汉文帝从代国出发去继承皇位时，怀疑朝廷有变乱，宋昌说："朝内有朱虚侯、东牟侯这样的亲戚，外地有齐王、楚王、淮南王、琅邪王这样的族人，这些都是坚如磐石的宗族，希望您不要怀疑。"臣敬盼陛下远观周文王时虢仲、虢叔的援助，其次想到周成王时召公、毕公的辅弼，再次记住宋昌说的如磐石一般坚固的宗族。往常骏马在吴地的山坡上，处境窘困，等到伯乐发现了它，孙邮去驾驭它，身体不受劳累，坐着就可以到千里之外。所以伯乐善于驾驭骏马，明君善于任用良臣；伯乐驾马驰骋千里，明君御才治理天下；这显然是任用贤能的作用，如果朝臣只选用贤良，国家的政事就能在朝中处理好，武将善于作战，四方的危难就能够平息。陛下就可以在京城里悠闲自在，还会有什么事能烦劳您的车驾，驰骋在边境上呢？

臣听说羊披上虎皮，依然是看见青草就高兴，看见豺狼就发抖，因为它忘掉它身上披着虎皮。现在任用无能的将领，就和这有些相似。俗话说："担心的是该做事的人不知道如何做，了解情况的人又不被任用。"以前乐毅逃到赵国，心中仍不忘燕国；廉颇身在楚国，却仍想做赵国的将领。臣生在乱世，在军中长大，又多次得到武皇帝的教诲，我个人认为行军用兵的要领，不必学习孙武、吴起的兵法之书，而要在运用的时候同他们的兵法暗合。臣在心中思量，常常希望能有机会奉命朝见陛下，在金门前排列、踏上玉阶，位列在有官职的大臣当中。皇上哪怕赐给臣短暂的时间，使臣能够施展抱负，抒发心中的郁闷，臣也就死而无憾了。

收到鸿胪下达的征发士族子弟的文书，时间紧迫。又听说皇帝的车已备好，兵车很快调集，陛下又将劳累，精神烦扰。臣实在是惶恐不安，不能静下心来。希望能够策马扬鞭，最先踏上征途，借鉴风后的奇计妙策，掌握孙武、吴起的用兵精髓，追慕卜商领会陛下的意图，充当先锋，为陛下献出生命。虽然没有大的收获，也希望有小的补益。然而上天高旷能听到远方，臣的心情却不能上达陛下，只能面对青天白云而捶胸，仰天而叹息。屈平说："国内有骏马却不知道乘坐，还急忙地上别处寻找。"昔日管叔、蔡叔或被流放，或被诛杀，周公、召公做辅弼的大臣；过去晋国大夫叔鱼被陷刑狱，其哥哥叔向仍然判他有罪，是为了匡扶国家。管叔、蔡叔、霍叔的罪过，由臣自己来承担；周公、召公一样的辅弼，一定会在不远的地方找到。皇亲贵族和诸侯藩王中，一定会有合适的人选。所以《传》上说："没有周公那样的亲族，就不能做周公所做的事情。"希望陛下留意这一点。

近世汉朝广泛分封诸王，大的封国有连续几十座城，小的就只能供奉祭祀祖先而已，不像周代建立的王国，有公、侯、伯、子、男这五等爵位的制度。如扶苏规劝秦始皇分封，淳于越拿分封之事来驳斥周青臣，可以说他们是了解时势变化。能使天下倾耳注目的人，是掌权的人，所以他们的谋略能改变君主的意旨，威势能震慑下属官民。豪强地主执掌朝政，朝权就不在亲族手中了；握有权利，即使疏远者也会变得重要；权势丧失，即使亲属也必会变得轻微无用。所以夺取齐国政权的是田氏一支，而不是吕氏宗族，瓜分晋国的是赵、魏，而不是姬姓宗族。希望陛下明察，顺利时就占据官位，遇到危难时就避开祸患的，一定是异姓大臣，希望国家安定，祈求家族显贵，得势时同享荣华，失势时同受祸患

◎三国时期陶俑◎

的，一定是皇亲宗族。现在皇上反而疏远宗族而亲近异姓，臣私下感到困惑。

臣见《孟子》中说："君子不得志时就完善自身，显贵时就救济天下人。"现在臣和陛下踏着薄冰、踩过炭火，登上高山、游过河川，冷暖干湿，荣辱与共，难道臣能离开吗?臣心中愤懑不平，呈上奏章，陈述衷肠。如果有不合陛下心意之处，请陛下暂且收藏在书府，不要立即就扔掉。臣死以后，这事或许还可以考虑：如果有哪怕是一点点合乎陛下的心意，乞求您在朝堂上公布，让通晓古代历史的大臣，来纠正臣奏章中不合道义的地方。如果这样，臣也就心满意足了。

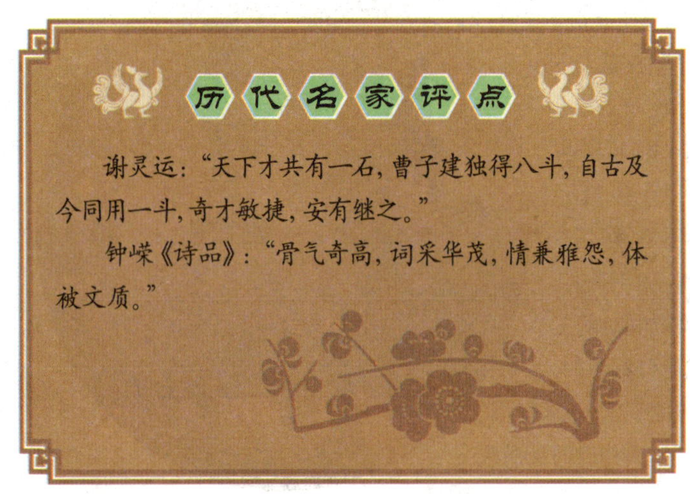

历代名家评点

谢灵运："天下才共有一石，曹子建独得八斗，自古及今同用一斗，奇才敏捷，安有继之。"

钟嵘《诗品》："骨气奇高，词采华茂，情兼雅怨，体被文质。"

## 白马篇

曹植

白马饰金羁，连翩西北驰。借问谁家子？幽并游侠儿。少小去乡邑，扬声沙漠垂。宿昔秉良弓，楛矢何参差。控弦破左的，右发摧月支。仰手接飞猱，俯身散马蹄。狡捷过猴猿，勇剽若豹螭。边城多警急，虏骑数迁移。羽檄从北来，厉马登高堤。长驱蹈匈奴，左顾凌鲜卑。弃身锋刃端，性命安可怀？父母且不顾，何言子与妻？名编壮士籍，不得中顾私。捐躯赴国难，视死忽如归。

### >>> 注释 <<<

《白马篇》是曹植前期的重要代表作品，诗中描写和歌颂了边疆地区一位武艺高强又富有爱国精神的青年英雄，借以抒发作者的报国之志。诗中的游侠形象，既是诗人的自我写照，又凝聚和闪耀着时代的光辉。

**煮豆持作羹，漉菽以为汁。萁在釜下燃，豆在釜中泣。本是同根生，相煎何太急？**

### >>> 注释 <<<

据《世说新语》，曹丕做了皇帝后，对胞弟曹植心怀忌恨，一次，他命曹植在七步之内作诗一首，不然就处死，曹植应声而出六句诗来，就是这首脍炙人口的诗。因为限制在七步之中，故称之为《七步诗》。据说曹丕听了以后"深有惭色"，诗中以浅显生动的比喻说明兄弟本为手足，不应互相猜忌与怨恨，晓之以大义，令曹丕羞愧万分，无地自容。

# 魏书

## 满田牵郭传第二十六·郭淮

郭淮是三国时魏国名将，以擅长谋划，行事精密著称。早年曾任夏侯渊军的司马，后留在魏国负责防守西部边境，并多次平定叛乱。在诸葛亮北伐及姜维北伐初期，郭淮参加了几乎所有的对蜀作战，并因功不断被提升官职，最后官至车骑将军，死后被追封为大将军。

郭淮字伯济，太原阳曲人也。建安中举孝廉，除平原府丞。文帝为五官将，召淮署为门下贼曹[①]，转为丞相兵曹议令史，从征汉中。太祖还，留征西将军夏侯渊拒刘备，以淮为渊司马。渊与备战，淮时有疾不出。渊遇害，军中扰扰，淮收散卒，推荡寇将军张郃为军主，诸营乃定。其明日，备欲渡汉水来攻。诸将议众寡不敌，备便乘胜，欲依水为陈以拒之。淮曰："此示弱而不足挫敌，非算也。不如远水为陈，引而致之，半济而后击，备可破也。"既陈，备疑不渡，淮遂坚守，示无还心。以状闻，太祖善之，假郃节，复以淮为司马。文帝即王位，赐爵关内侯，转为镇西长史。又行征羌护军[②]，护左将军张郃、冠军将军杨秋讨山贼郑甘、卢水叛胡，皆破平之。关中始定，民得安业。

注释 <<<

①署：代理。

②护军：官名。曹魏设护军一职，掌管军事。

## 译文 

郭淮，字伯济，太原阳曲县人。建安年间，郭淮被推举为孝廉，担任平原府丞。文帝做五官中郎将时，郭淮被征召代理门下贼曹，后改仁丞相兵曹议令史，追随曹操征伐汉中。曹操回朝时，派征西将军夏侯渊驻守抵御刘备，任命郭淮为夏侯渊的司马。夏侯渊与刘备交战，郭淮因病不能同行。夏侯渊被杀，军中动荡。郭淮整顿军备，收容逃散兵士，推荐荡寇将军张郃为主将，各军营才安定下来。第二天，刘备想渡过汉水前来进攻。将领们认为敌众我寡很难防守，想依汉水布防。郭淮说："这是我们在承认自己软弱，没有力量打败敌人，不是好计策。不如远离汉水布下阵势，诱敌前来渡河，等他们渡过一半时再发起攻击，弄个措手不及，这样刘备就可以打败了。"摆好阵势后，刘备疑心，不敢渡河，郭淮于是坚守，不再后撤。郭淮将这些情况上报朝廷，曹操非常赞许，授予张郃符节，又任命郭淮为司马。文帝即魏王位，赐郭淮为关内侯，后改任镇西长史。郭淮又代理征羌护军，监督左将军张郃、冠军将军杨秋讨伐山贼郑甘和卢水反叛的胡人，并将其铲平。关中开始安定，百姓能够安于生产。

◎带銎钺◎

太和二年，蜀相诸葛亮出祁山，遣将军马谡至街亭，高详屯列柳城。张郃击谡，淮攻详营，皆破之。又破陇西名羌唐蹏于枹罕①，加建威将军。五年，蜀出卤城。是时，陇右无谷②，议欲关中大运，淮以威恩抚循羌胡，家使出谷，平其输调，军食用足，转扬武将军。青龙二年，诸葛亮出斜谷，并田于兰坑。是时司马宣王屯渭南；淮策亮必争北原，宜先据之，议者多谓不然。淮曰："若亮跨渭登原，连兵北山，隔绝陇道，摇荡民夷，此非国之利也。"宣王善之，淮遂屯北原。堑垒未成，蜀兵大至，淮逆击之。后数日，亮盛兵西行，诸将皆谓欲攻西围，淮独以为此见形于西，欲使官兵重应之，必攻阳遂耳。其夜果攻阳遂，有备不得上。

注释 <<<

①枹罕：县名。今甘肃临夏东北。

②陇右：泛指今陇山以西地区。

## 译文

太和二年，蜀国丞相诸葛亮向祁山进军，派马谡驻守街亭，高详驻守列柳城。张郃攻击马谡，郭淮进攻高详，将他们打败。郭淮又在枹罕打败了著名的羌族首领唐蹏，朝廷加授他为建威将军。太和五年，蜀国攻打卤城。此时，陇右没有粮食，众将商议从关中运粮，郭淮恩威并举，于是羌人、胡人每家都捐献口粮，与运输征调的粮食相当，使得军粮充足。郭淮被转而任命为扬武将军。青龙二年，诸葛亮出兵斜谷，并在兰坑开荒屯田。此时司马宣王在渭南驻守；郭淮预料诸葛亮一定是想争夺北原，所以应该先将北原占据。参与商议的谋臣很多都不这样认为。郭淮说："如果诸葛亮跨过渭水占据北原，其势力延伸到北山，截断我军与陇右的道路，使老百姓和夷人动荡不定，这对国家不利。"司马宣王肯定他的意见，于是派郭淮驻兵北原。壕沟堡垒还未修好，蜀国大军便早已抵达，但遭郭淮迎头痛击。几天后，诸葛亮率大军向西进发。将领都认为他们是想去攻打西围，只有郭淮认为这是假装向西，想让我军用重兵向西对付他们，然后他们一定掉头攻打阳遂。这天夜里蜀军果然来攻打阳遂，魏军早有防备，所以没有攻下。

五年，夏侯玄伐蜀，淮督诸军为前锋。淮度势不利，辄拔军出，故不大败。还，假淮节。八年，陇西、南安、金城[①]、西平诸羌饿何、烧戈、伐同、蛾遮塞等相结叛乱，攻围城邑，南招蜀兵，凉州名胡治无戴复叛应之。讨蜀护军夏侯霸督诸军屯为翅。淮军始到狄道，议者佥谓宜先讨定枹罕[②]，内平恶羌，外折贼谋。淮策维必来攻霸，遂入沨中，转南迎霸。维果攻为翅，会淮军适至，维遁退。进讨叛羌，斩饿何、烧戈，降服者万余落。

注释 <<<

①金城：郡名。今甘肃永靖西北。

②佥：都。

## 译文

正始五年，夏侯玄出兵讨伐蜀国，郭淮统领各军出任先锋。郭淮审视对自己不利，就率军撤回，所以损失不大。回朝后被授予符节。正始八年，陇西、南安、金城、西平的各羌人首领饿何、烧戈、伐同、蛾遮塞等互相勾结反叛，包围并进攻各处城镇，与南部蜀国军队联络，请求他们的支援。凉州著名的胡人首领治无戴也反叛，起兵响应他们。讨蜀护军夏侯霸统领各军在为翅屯兵驻守。郭淮的军队刚到狄道时，谋臣们都认为应该先讨伐枹罕，平定局势。这样，对内可以平定凶狠的羌人，对外可以挫败敌人的图谋。郭淮料想姜维一定会来攻打夏侯霸，于是进军沨中，转向南边到霸城迎敌。姜维果然攻打为翅，正好郭淮的军队赶到。姜维不敢出战，悄悄退兵了。郭淮进军讨伐反叛的羌人，杀掉饿何、烧戈，前后降服的有一万余家。

◎三国城◎

九年，遮塞等屯河关、白土故城[1]，据河拒军。淮见形上流，密于下渡兵据白土城，击，大破之。治无戴围武威，家属留在西海。淮进军趋西海，欲掩取其累重，会无戴折还，与战于龙夷之北，破走之。令居恶虏在石头山之西，当大道止，断绝王使。淮还过讨，大破之。姜维出石营，从彊川，乃西迎治无戴，留阴平太守廖化于成重山筑城，敛破羌保质[2]。淮欲分兵取之。诸将以维众西接强胡，化以据险，分军两持，兵势转弱，进不制维，退不拔化，非计也，不如合而俱西，及胡、蜀未接，绝其内外，此伐交之兵也。淮曰：“今往取化，出贼不意，维必狼顾。比维自致，足以定化，且使维疲于奔命。兵不远西，而胡交自离，此一举而两全之策也。”乃别遣夏侯霸等追维于沓中，淮自率诸军就攻化等。维果驰还救化，皆如淮计。进封都乡侯。

注释<<<

①河关：县名。今青海同仁西北。

②质：人质。

## 译文

正始九年，遮塞等人驻守河关、白土的旧城，占据黄河，抵御郭淮的军队。郭淮表面上在游渡河，却秘密绕到下游，渡河占据了白土城，出兵攻打遮塞，取得胜利。治无戴出兵围攻武威，将家眷留在西海。郭淮率军直奔西海，想突袭他的家眷，与治无戴相遇，与他在龙夷以北交战。治无戴战败逃走。令居这个凶恶的胡人部落据守在石头山西部，切断交通，断绝了与魏国使者的来往。郭淮返回时顺便去讨伐，打败他们。姜维出兵石营，经过彊川，于是往西去迎接治无戴。姜维留阴平太守廖化在成重山筑城，收留战败的羌人，并保护他们，作为人质。郭淮想分兵攻打成重山。将领们认为姜维的军队西去接应胡人，廖化也凭借险要驻守，将兵力分散，两头出击，力量不够强大，这样进不能制伏姜维，退不能攻取廖化，不是好计。不如率军一同往西，趁胡人和蜀军还没有会合，断绝他们与外界的联系，这叫攻击敌方汇合的战法。郭淮说：“现在去攻取廖化，出乎他们意料，姜维必然赶回来救援。等姜维到达时，我们早已平定了廖化，而且姜维疲于奔命，士气大减。我军不用往西出征，而胡人和蜀国的勾结自然断开，这是一举两全的计策。”于是另外派夏侯霸等人到沓中追击姜维，郭淮自己带领各军去攻打廖化。姜维果然仓猝赶回，想救廖化，一切都如郭淮所料。郭淮被进封为都乡侯。

# 魏书

##  王毌丘诸葛邓钟传第二十八·邓艾 

邓艾是三国末期最为杰出的军事家，其才能可比诸葛亮与司马懿。邓艾在战争中目光远大，见解超人，具有难得的战略头脑。作战中料敌先机，始终能掌握战场的主动权，在与姜维的数次交战中未尝败绩。其偷度阴平一役，堪称中国战争史上历次入川作战中最出色的一次。

邓艾字士载，义阳棘阳人也。少孤，太祖破荆州，徙汝南，为农民养犊。年十二，随母至颍川，读故太丘长陈寔碑文，言“文为世范，行为士则”[①]，艾遂自名范，字士则。后宗族有与同者，故改焉。为都尉学士，以口吃，不得作干佐。为稻田守丛草吏。同郡吏父怜其家贫，资给甚厚，艾初不称谢。每见高山大泽，辄规度指画军营处所，时人多笑焉。后为典农纲纪[②]，上计吏，因使见太尉司马宣王。宣王奇之，辟之为掾，迁尚书郎。

注释 <<<

①文为世范，行为士则：文章是世间的典范，品行是士人的准则。

②典农纲纪：主簿、功曹一类的职务。

## 译文

邓艾，字士载，义阳棘阳人。父亲很早就死了，所以早早便成了孤儿，太祖攻占荆州之后，他举家迁徙到汝南，给农民放养牛。十二岁时，跟随母亲到了颍川，读到已故的太丘长陈寔墓前的碑文，碑文上说“文章是世人的典范，品行是士子的楷模”。邓艾将自己的名字改为范，字士则。后来宗族中有人和他同名，所以又改回艾。他做过都尉学士，因为口吃，不能担任主管文书的官吏。后来改任看守稻田和牧场的小官。同郡一个官员的父亲可怜他家贫，送给他很多钱财，邓艾没有表示感谢。他每次看到山川，总是筹划可以设置军营的地方，当时人们都笑话他。后来担任典农功曹，被派遣到京师呈报事务，因此见到了太尉司马宣王。司马宣王认为他与众不同，征召他任太尉府掾，又升任尚书郎。

出参征西军事，迁南安太守。嘉平元年，与征西将军郭淮拒蜀偏将军姜维。维退，淮因西击羌。艾曰："贼去未远，或能复还，宜分诸军以备不虞。"于是留艾屯白水北①。三日，维遣廖化自白水南向艾结营。艾谓诸将曰："维今卒还，吾军人少，法当来渡而不作桥。此维使化持吾②，令不得还。维必自东袭取洮城。"洮城在水北，去艾屯六十里。艾即夜潜军径到，维果来渡，而艾先至据城，得以不败。赐爵关内侯，加讨寇将军，后迁城阳太守。

是时并州右贤王刘豹并为一部，艾上言曰："戎狄兽心，不以义亲，强则侵暴，弱则内附，故周宣有猃狁之寇，汉祖有平城之围。每匈奴一盛，为前代重患。自单于在外，莫能牵制长卑。诱而致之，使来入侍。由是羌夷失统，合散无主。以单于在内，万里顺轨。今单于之尊日疏，外土之威浸重，则胡虏不可不深备也。闻刘豹部有叛胡，可因叛割为二国，以分其势。去卑功显前朝，而子不继业，宜加其子显号，使居雁门。离国弱寇，追录旧勋，此御边长计也。"又陈："羌胡与民同处者，宜以渐出之，使居民表崇廉耻之教，塞奸宄之路。"大将军司马景王新辅政，多纳用焉。迁汝南太守，至则寻求昔所厚己吏父，久已死，遣吏祭之，重遗其母，举其子与计吏。艾所在，荒野开辟，军民并丰。

注释 <<<

①白水：今甘肃白龙江。

②持：牵制。

◎东汉晚期陶器◎

## 译文

邓艾出任征西将军参军，又被升任为南安太守。嘉平元年，和征西将军郭淮一起抵御蜀国的偏将姜维。姜维撤军，郭淮想趁机向西攻打羌人。邓艾说："蜀国贼敌离开这里还不远，或许还会回来，我们应该分兵把守，以防万一。"于是郭淮留邓艾驻军白水北面。三天后，姜维派廖化在白水南岸邓艾驻地对面驻扎下来。邓艾对将领们说："姜维突然返回，我军人少，按常理说他们应当渡河，而不是架桥。这是他们的计策，姜维派廖化来牵制我，让我军不能返回。所以姜维一定会在东面袭击洮城。”洮城在白水的北边，距离邓艾军营六十里。邓艾就在当天夜里秘密行军赶到洮城，姜维果然渡河夺城。但是邓艾已抢先到达并占据了洮城，才没有战败。朝廷赐给邓艾关内侯的爵位，加授讨寇将军的官衔，后来升任他为城阳太守。

◎三国人物姜维◎

此时并州的匈奴右贤王刘豹，把本地的匈奴各部合并起来。邓艾为此上书：“戎狄有野兽之心，不能用仁义之心亲近他们。他们强大了便四处侵犯，弱小了就归附朝廷。所以周宣王当时会有猃狁入侵，汉高祖曾有平城的围困。每次匈奴强盛，都成为前代的严重祸患。由于单于在国外，朝廷对单于及其部属没有办法控制。后来诱降单于，使他前来入朝侍奉。如果这样羌夷就失去了统一，聚合离散都没有人管。因为单于在朝廷内，疆域便遵循朝廷的法度。现在单于的尊威日益下降，境外部族首领的威望逐渐上升，因此，我们不能不对胡虏严加防范。听说刘豹的部族中有叛乱的胡人，可以利用叛乱的机会，将他们分成两个国，以分散他们的势力。右贤王去卑在汉朝时战功显赫，但他的儿子没有继承他的功业，我们应该授给他儿子显赫的名号，让他居住在雁门郡。分离匈奴的王国，削弱贼寇的势力，追记封赏前朝的功勋，这是治理边疆的长远之策。”邓艾又陈述说：“有的羌胡和汉人同居一处，应该逐渐把羌胡迁出去，使他们住在编民之外，这样就能推行廉耻的教化，堵住违法的道路。”大将军司马景刚刚辅佐朝政，多采纳邓艾的建议。他升任邓艾为汝南太守。邓艾到任后就去寻找给过自己帮助的那个官吏的父亲，但他已经死了很久了，邓艾于是派人去祭奠他，给那个官吏的母亲送了很多礼物，推举他的儿子为计吏。在邓艾任职的地方，荒野被开辟成良田，军队和百姓都过的很丰足。

高贵乡公即尊位，进封方城亭侯。毋丘俭作乱，遣健步赍书[①]，欲疑惑大众，艾斩之，兼道进军，先趣乐嘉城，作浮桥。司马景王至[②]，遂据之。文钦以后大军破败于城下，艾追之至丘头。钦奔吴。吴大将军孙峻等号十万众，将渡江，镇东将军诸葛诞遣艾据肥阳，艾以与贼势相远，非要害之地，辄移屯附亭，遣泰山太守诸葛绪等于黎浆拒战，遂走之。其年征拜长水校尉。以破钦等功，进封方城乡侯，行安西将军。解雍州刺史王经围于狄道，姜维退驻钟提，乃以艾为安西将军，假节、领护东羌校尉。

四年秋，诏诸军征蜀，大将军司马文王皆指授节度[③]，使艾与维相缀连；雍州刺史诸葛绪要维，令不得归。艾遣天水太守王颀等直攻维营，陇西太守牵弘等邀其前，金城太守杨欣等诣甘松。维闻钟会诸军已入汉中，引退还。欣等追蹑于强川口，大战，维败走。闻雍州已塞道，屯桥头，从孔函谷入北道，欲出雍州后。诸葛绪闻之，却还三十里。维入北道三十余里，闻绪军却，寻还，从桥头过，绪趣截维，较一日不及。维遂东引，还守剑阁。钟会攻维未能克。艾上言："今贼摧折，宜遂乘之，从阴平由邪径经汉德阳亭趣涪，出剑阁西百里，去成都三百余里，奇兵冲其腹心。剑阁之守必还赴涪，则会方轨而进；剑阁之军不还，则应涪之兵寡矣。军志有之曰[④]：'攻其无备，出其不意。'今掩其空虚，破之必矣。"

注释 <<<

①健步：能疾行的送信使者。

②司马景王：司马师，司马懿的儿子。

③司马文王：司马昭，司马懿的儿子。

④军志：记载军事内容的著作。

## 译文

高贵乡公即皇帝之位，进封邓艾为方城亭侯。毋丘俭起兵反叛，派快行者送来书信，想以此迷惑大家。邓艾斩杀了送信的人，日夜兼行，抢先赶到乐嘉城，架起浮桥。司马景王到达，占据了乐嘉城。文钦因为晚到，在城下被击败，邓艾将他追到了丘头。文钦逃到吴国。吴国大将孙峻等人带领号称的十万大军，准备渡过长江赶来作战。镇东将军诸葛诞派邓艾据守肥阳。邓艾认为肥阳和敌军所

◎ 青铜纹戈◎

在位置距离太远，不是军事要害，就转而驻守在附亭。邓艾派泰山太守诸葛绪等人在黎浆抵抗吴兵，将他们赶走。这一年授任邓艾为长水校尉。又因打败文钦等人有功，被进封为方城乡侯，代理安西将军。雍州刺史王经被蜀军围困在狄道，邓艾赶去解救，迫使姜维撤守钟提。朝廷正式任命邓艾为安西将军，授给符节，兼任护东羌校尉。

景元四年秋，皇帝下诏命令各军征伐蜀国，大将军(司马昭)全面指挥，派邓艾牵制姜维；雍州刺史诸葛绪截击姜维，使他无法返回。邓艾派天水太守王颀等人正面攻打姜维，陇西太守牵弘等人绕到前面堵截，金城太守杨欣等人赶到甘松布下阵防。姜维听说钟会的军队已经进入汉中，于是率军撤回。杨欣等人紧追不放，赶到强川口，双方大战，姜维战败逃跑。听说雍州刺史诸葛绪拦住了退路，驻守在桥头，姜维便从孔函谷进入北道，想绕到雍州刺史诸葛绪的后方。诸葛绪听说后，将部队后撤三十里。姜维进入北道三十余里，听说诸葛绪后撤，立马返回，从桥头经过。诸葛绪又赶去堵截姜维，晚到了一天，没能赶上。姜维于是率军东去，返回守卫剑阁。钟会派兵攻打姜维，没有取胜。邓艾上奏："现在贼敌遭到挫败，应该乘胜追击，从阴平抄小路经过汉德阳亭直奔涪县。这段路在剑阁以西一百里左右，离成都有三百多里，我们可用奇兵袭击蜀国的腹地。剑阁的守卫必定会返回救助涪县，那么钟会就可从容进军；如果守卫剑阁的军队不返回，那么救应涪的兵力就很单薄了。兵书上有这样的话：'攻击敌人没有防备的地方，在敌人意料不到的时候出击。'现在趁敌人内部空虚，突然袭击，打败他们是肯定的了。"

冬十月，艾自阴平道行无人之地七百余里，凿山通道，造作桥阁[①]。山高谷深，至为艰险，又粮运将匮，频于危殆。艾以毡自裹，推转而下。将士皆攀木缘崖，鱼贯而进。先登至江由，蜀守将马邈降。蜀卫将军诸葛瞻自涪还绵竹，列陈待艾。艾遣子惠唐亭侯忠等出其右，司马师纂等出其左。忠、纂战不利，并退还，曰："贼未可击。"艾怒曰："存亡之分，在此一举，何不可之有！"乃叱忠、纂等，将斩之。忠、纂驰还更战，大破之，斩瞻及尚书张遵等首，进军到雒。刘禅遣使奉皇帝玺绶[②]，为笺诣艾请降。

注释 <<<

①阁：栈道。

②刘禅：刘备之子，蜀国国君。

## 译文

冬十月，邓艾选择了阴平，凿开山岭打通道路，修筑桥梁栈道，途中经过七百多里荒芜人烟的地方。山高谷深，路途艰险，加上运送的粮草将要用完，军队已到了生死关头。邓艾用毛毡把自己裹起来，顺着山坡滚下去。将士们也都攀着树木顺着山崖，一个接一个地前进。最初登上江由城，蜀国守将马邈投降。蜀国卫将军诸葛瞻从涪城回到绵竹，摆开阵势迎战邓艾。邓艾派儿子邓忠等人从右面出击，司马师纂等人从左面出击。邓忠、师纂交战失利，都败退下来，说："贼敌攻克不下。"邓艾大怒："胜败存亡的关键，就在于这一仗，有什么不可以的？"于是斥责邓忠、师纂等人，要将他们推出去斩首。邓忠、师纂快马重返沙场，继续作战，大败蜀军，并斩下诸葛瞻和尚书张遵等人的头颅，进军到雒。刘禅派遣使者献上皇帝的印玺绶带，写下降书送给邓艾，请求投降。

艾至成都，禅率太子诸王及群臣六十余人面缚舆榇诣军门。艾执节解缚焚榇[①]，受而宥之。检御将士，无所虏略，绥纳降附，使复旧业，蜀人称焉。辄依邓禹故事，承制拜禅行骠骑将军，太子奉车、诸王驸马都尉。蜀群司各随高下拜为王官，或领艾官属。以师纂领益州刺史，陇西太守牵弘等领蜀中诸郡。使于绵竹筑台以为京观[②]，用彰战功。士卒死事者，皆与蜀兵同共埋藏。艾深自矜伐，谓蜀士大夫曰："诸君赖遭某，故得有今日耳。若遇吴汉之徒，已殄灭矣。"又曰："姜维自一时雄儿也，与某相值，故穷耳。"有识者笑之。

注释 <<<

①执节：手持符节。

②京观：堆积敌人尸首，封土成高冢，夸耀武功，称为京观。

## 译文

邓艾抵达成都后，刘禅带领太子、诸王和大臣六十多人反绑双手，手拉棺材来到邓艾营前。邓艾手执符节为他们松绑，烧掉棺材，接受降书并且宽恕了他们。邓艾督察管束自己的将士，不许发生抢掠财物的事情。他接纳并安抚归顺的人，让他们重操旧业，蜀国人都称赞他的做法。邓艾仿效邓禹的旧例，秉承皇帝旨意授任刘禅为代理骠骑将军，他的太子为奉车都尉，诸王为驸马都尉。蜀国的官员也按照原来职位的高低接受分封，有的兼任邓艾的属官。他任命师纂兼任益州刺史，陇西太守牵弘等人分别担任蜀中各郡太守。派人到绵竹将战死将士的尸体堆积起来，用土掩埋，筑成高台，以表彰战功。战死的魏兵，也和蜀兵一同埋葬。邓艾居功自傲，对蜀国的士大夫说："诸位幸好遇上我，所以才有今日。如果遇上吴汉之流，你们已经全被杀了。"又说："姜维本是当世的英雄男儿，只是遇上了我，所以才走投无路。"有见识的人都嘲笑他。

十二月，诏曰："艾曜威奋武，深入虏庭，斩将搴旗，枭其鲸鲵，使僭号之主，稽首系颈，历世逋诛，一朝而平。兵不逾时，战不终日，云彻席卷，荡定巴蜀。虽白起破强楚，韩信克劲赵，吴汉禽子阳，亚夫灭七国，计功论美，不足比勋也。其以艾为太尉，增邑二万户，封子二人亭侯，各食邑千户。"艾言司马文王曰："兵有先声而后实者，今因平蜀之势以乘吴，吴人震恐，席卷之时也。然大举之后，将士疲劳，不可便用，且徐缓之；留陇右兵二万人，蜀兵二万人，煮盐兴冶，为军农要用，并作舟船，豫顺流之事，然后发使告以利害，吴必归化[①]，可不征而定也。今宜厚刘禅以致孙休，安士民以来远人，若便送禅于京都，吴以为流徙，则于向化之心不劝。宜权停留，须来年秋冬，比尔吴亦足平。以为可封禅为扶风王，锡其资财[②]，供其左右。郡有董卓坞，为之宫舍。爵其子为公侯，食郡内县，以显归命之宠。开广陵、城阳以待吴人[③]，则畏威

注释

①归化：归顺。

②锡：同"赐"。

③吴人：指孙休及其家族。

④南海：今广东广州。

怀德，望风而从矣。”文王使监军卫瓘喻艾：“事当须报，不宜辄行。”

艾重言曰：“衔命征行，奉指授之策，元恶既服；至于承制拜假，以安初附，谓合权宜。今蜀举众归命，地尽南海④，东接吴会，宜早镇定。若待国命，往复道途，延引日月。《春秋》之义，大夫出疆，有可以安社稷，利国家，专之可也。今吴未宾，势与蜀连，不可拘常以失事机。兵法，进不求名，退不避罪，艾虽无古人之节，终不自嫌以损于国也。”钟会、胡烈、师纂等皆白艾所作悖逆，变衅以结。诏书槛车征艾。

## 译文

十二月，皇帝下诏：“邓艾炫耀武力显扬威风，深入敌寇腹地，杀死敌将拔除敌旗，斩杀凶暴的敌军首领，让伪称帝王的人，脖子上套着绳索，磕头投降。使逃亡几代的罪人，一个早上就平定了。用兵没有超过一个季度，战斗没超过一整天，军队交接不超过一个时辰，就席卷残云般轻而易举地扫荡平定了巴、蜀。即使是白起攻破强大的楚国，韩信攻克强劲的赵国，吴汉活捉益州割据的公孙述，周亚夫平定七国之乱，计算功绩，评定美德，都比不上邓艾的功劳。现任命邓艾为太尉，增加食邑二万户，分封其二子为亭侯，每人食邑一千户。”邓艾向司马文王上书：“用兵打仗，有先声夺人再采取行动的，现在借平定蜀国的声势去征伐吴国，吴国人肯定震惊恐惧。这正是席卷吴国的大好时机。然而大规模的用兵作战之后，将士疲惫，不能立即再战，所以先延缓一段时间。在蜀国留下陇右军队二万人，蜀国降兵二万人，煮盐炼铁，作为军队和农业的急需之用。同时建造舟船，预先做好顺流而下攻打吴国的准备。然后派使者到吴国陈述利害关系，吴国一定会归顺投降，这样就可以不战而胜从而平定吴国了。现在应该优待刘禅以劝降孙休，安抚蜀地的民众让远方的人前来归顺。如果当下把刘禅押送到京都，吴国会以为我们流放了他，起不到鼓励他们归顺投降的作用。我们应该暂时把刘禅留下来，让他居住在蜀地，等明年秋冬，那时吴国也可以平定了，到那时再做安置。我认为可以封刘禅为扶风王，赐给他财物，供他和左右使用。扶风郡有董卓坞，可以作为刘禅的宫室。封他的儿子为公侯，把扶风郡里的县作为其子的食邑，以显出对归降者的恩宠。并建议设广陵、城阳为王国，作为吴国归顺后的封赏，这样吴国就会畏惧朝廷的雄威，感念朝廷的恩德，顺应形势而归顺了。”司马文王派监军卫瓘告诉邓艾：“凡事应当等待朝廷答复，不应擅自行动。”

邓艾再次上书：“我受命出征，奉行朝廷的指示，首恶已经降伏；至于秉承皇帝旨意，授予他们官职，以安抚刚刚归降的人，我想是合乎时势的权宜之策。现在蜀国全部官民都已归顺，南到南海，东到吴会，我们应当及早平定。如果等待朝廷的命令，道路往返，必将延缓时间。《春秋》中曾说，大夫离开了边境，对能够安社稷、利国家的事情，是可以擅自作出决断的。现在吴国还没有归顺，势必会与蜀国的某些人相勾连，我们不能拘守常规而失去有利时机。兵书上说，进取不是为了追求个人功名，退让也不是为了逃避个人的罪责。我邓艾虽然没有古人那样的节操，但终究不会因为自己避嫌而使国家蒙受损失。”钟会、胡烈、师纂等人都上报说邓艾的所作所为是抗命叛逆，叛乱的迹象已经很明显了。朝廷于是下诏将邓艾用囚车押解回京。

艾父子既囚，钟会至成都，先送艾，然后作乱。会已死，艾本营将士追出艾槛车[①]，迎还。瓘遣田续等讨艾，遇于绵竹西，斩之。子忠与艾俱死，余子在洛阳者悉诛，徙艾妻子及孙于西城[②]。

注释 <<<

①槛车：囚车。

②西城：县名。今陕西安康西北。

## 译文

邓艾父子被关押后，钟会到达成都，先遣送邓艾的囚车回京，然后发动叛乱。钟会被杀，叛乱平定后，邓艾手下的将士追上押解邓艾的囚车，把他救了回来。卫瓘派田续等人率军人讨伐邓艾，在绵竹以西和邓艾相遇，将其杀害。儿子邓忠也一起被杀死，他其余在洛阳的儿子全都被杀，妻子和孙子被流放到西城。

◎三国城◎

# 蜀书

## 先主传第二·刘备

刘备，三国时期著名的军事家、政治家。蜀汉王朝的建立者。

刘备出生于没落的汉朝皇室世家，是西汉景帝之子中山靖王的后代。他爱民爱才、宽厚仁义、知人善任，待人真诚。政治上强调“仁政”，告诫统治者要“以德服人”。他注重自身修养，处处树立贤君风范，临终时仍不忘告诫刘禅：“勿以恶小而为之，勿以善小而不为。惟贤惟德，能服于人。”正是“惟贤惟德，能服于人”的政治理念，成就了刘备的霸业。

先主姓刘[①]，讳备，字玄德，涿郡涿县人，汉景帝子中山靖王胜之后也。胜子贞，元狩六年封涿县陆城亭侯。坐酎金失侯[②]，因家焉。先主祖雄，父弘，世仕州郡。雄举孝廉，官至东郡范令[③]。

先主少孤，与母贩履织席为业。舍东南角篱上有桑树生高五丈余，遥望见童童[④]如小车盖，往来者皆怪此树非凡，或谓当出贵人。先主少时，与宗中诸小儿于树下戏，言："吾必当乘此羽葆盖车。"叔父子敬谓曰："汝勿妄语，灭吾门也！"年十五，母使行学，与同宗刘德然、辽西公孙瓒俱事故九江太守同郡卢植。德然父元起常资给先主，与德然等。元起妻曰："各自一家，何能常尔邪！"起曰："吾宗中有此儿，非常人也。"而瓒深与先主相友。瓒年长，先主以兄事之。先主不甚乐读书，喜狗马、音乐、美衣服。身长七尺五寸，垂手下膝，顾自见其耳。少语言，善下人，喜怒不形于色。好交结豪侠，年少争附之。中山大商张世平、苏双等赀累千金[⑤]，贩马周旋于涿郡，见而异之，乃多与之金财。先主由是得用合徒众。

注释 <<<

①先主：先主刘备，后主刘禅。

②坐：犯罪。

③范令：范县县令。

④童童：枝叶茂盛的样子。

⑤赀：同"资"。

## 译文

先主姓刘，名备，字玄德，涿郡涿县人，汉景帝的儿子中山靖王刘胜的后代。刘胜之子刘贞，元狩六年被封为涿县陆城亭侯，因献助祭的酎金违反了制度丢了爵位，因此就在涿郡安了家。先主祖父刘雄，父亲刘弘，在州郡任职。刘雄被推举为孝廉，官至东郡范县令。

先主幼年丧父，与母亲靠卖草鞋、织席为生，他家的房子东南角篱笆边有一棵五丈多高的桑树，远远望去枝叶繁茂像车盖一样，路过的人都觉得这

◎刘备 张飞 关羽像◎

棵树非同一般，有人说这家一定会出贵人。先主小时候，和同族的孩子们在树下玩耍，说："我将来一定要坐这样的羽葆盖车。"他的叔父刘子敬对他说："不要乱说，这是会灭九族的！"先主十五岁时，母亲让他外出游学，他与同族的刘德然、辽西人公孙瓒一起在前九江太守同郡人卢植那里谋事。刘德然之父刘元起经常资助先主，待他如自己的儿子一样看待。

刘元起的妻子说："各立门户，怎能经常这样呢？"刘元起说："我们族中有这样的孩子，可不是一般的人啊。"公孙瓒与先主也很要好。公孙瓒年纪稍大，先主像对待长兄一样待他。先主不喜欢读书，喜爱狗马、音乐和衣着。他身高七尺五寸，其手臂垂下能过膝盖，眼睛向后能看见自己的耳朵。话不多，待人恭谦，喜怒不露于色。喜欢结交行侠仗义的人，年轻人争着依附于他。中山国巨商张世平、苏双等积累了大量家财，在涿郡一带往来贩马，他们见到先主觉得他是个奇才，于是赠给他很多钱。先主因此能用这笔钱召集起一支兵马。

灵帝末，黄巾起，州郡各举义兵，先主率其属从校尉邹靖讨黄巾贼有功，除安喜尉。督邮以公事到县，先主求谒，不通，直入缚督邮，杖二百，解绶系其颈着马枊[①]，弃官亡命。顷之，大将军何进遣都尉毋丘毅诣丹杨募兵，先主与俱行，至下邳遇贼，力战有功，除为下密丞。复去官。后为高唐尉，迁为令。为贼所破，往奔中郎将公孙瓒，瓒表为别部司马，使与青州刺史田楷以拒冀州牧袁绍。数有战功，试守平原令，后领平原相。郡民刘平素轻先主，耻为之下，使客刺之。客不忍刺，语之而去。其得人心如此。

袁绍攻公孙瓒，先主与田楷东屯齐。曹公征徐州，徐州牧陶谦遣使告急于田楷，楷与先主俱救之。时先主自有兵千余人及幽州乌丸杂胡骑[②]，又略得饥民数千人。既到，谦以丹杨兵四千益先主，先主遂去楷归谦。谦表先主为豫州刺史，屯小沛。谦病

注释 <<<

①马枊：拴马桩。
②乌丸：古代北方少数民族。
③陵迟：衰微。
④盱眙：今江苏盱眙东北。

笃，谓别驾麋竺曰："非刘备不能安此州也。"谦死，竺率州人迎先主，先主未敢当。下邳陈登谓先主曰："今汉室陵迟[3]，海内倾覆，立功立事，在于今日。彼州殷富，户口百万，欲屈使君抚临州事。"先主曰："袁公路近在寿春，此君四世五公，海内所归，君可以州与之。"登曰："公路骄豪，非治乱之主。今欲为使君合步骑十万，上可以匡主济民，成五霸之业；下可以割地守境，书功于竹帛。若使君不见听许，登亦未敢听使君也。"北海相孔融谓先主曰："袁公路岂忧国忘家者邪？冢中枯骨，何足介意。今日之事，百姓与能，天与不取，悔不可追。"先主遂领徐州。袁术来攻先主，先主拒之于盱眙、淮阴[4]。曹公表先主为镇东将军，封宜城亭侯，是岁建安元年也。

## 译文

汉灵帝末年，黄巾军起义，各州郡组织义兵，镇压黄巾军，先主率领部众跟随校尉邹靖讨伐黄巾军有功，被任命为安喜尉。督邮(官名)因公事来到安喜，先主求见，被都邮拒绝。先主径直闯进去捆住督邮，打了两百杖，并解下系官印的丝带拴住了督邮的脖子，将他绑在了马桩上，然后弃官而逃。不久，大将军何进派都尉毋丘毅到丹杨招兵，先主应招与他同行，到了下邳时遇上贼兵，先主奋力作战，立下军功，被任命为下密丞。不久，先主又放弃了这一官职。后来做了高唐尉，后又升任县令。高唐被黄巾军攻破，先主逃到中郎将公孙瓒那里，公孙瓒举荐他为别部司马，让他与青州刺史田楷一起抵抗冀州牧袁绍。先主屡立战功，暂代理平原县令，后来兼任平原相。郡中人刘平一向瞧不起先主，认为受他管很耻辱，派刺客刺杀先主，刺客不忍下手，向先主说明此事后便走了。先主能够深得人心就是这样。

袁绍发兵攻击公孙瓒，先主和田楷向东驻守在齐地。曹操攻打徐州，徐州牧陶谦派使者向田楷求救，田楷和先主一起去援救他。当时先主自己有一千多人和幽州乌丸胡人部落的一些骑兵，又抓来数千名饥民。到了徐州后，陶谦将丹杨的四千名士兵增拨给先主，先主离开田楷，归附陶谦。陶谦上表举荐先主为豫州刺史，在小沛驻兵。陶谦病重，对别驾麋竺说："除了刘备，再没有人能够安定徐州了。"陶谦死后，麋竺率本州民众迎请先主，先主不敢接受。下邳人陈登对先主说："眼下王室衰微，天下动荡，建立功业，就在今天。徐州富足，人口百万，希望您能屈尊来主持州中事务。"先主说："名士袁公路近在寿春，他家四代出了五个公卿，人心所向，您可以将州委托给他。"陈登说："袁公路骄横自负，不是治理乱世的人才。现在我们希望为您聚集起十万步骑兵，上可以辅助皇帝，救济人民，成就霸业；下可以割据一方，守土安民，名垂青史。如果您不听我的意见，我也不敢听从您了。"北海相孔融对先主说："袁公路是忧国忘家的人吗？他只不过是墓中朽骨，没什么可注意的。眼下的情况是，百姓拥戴贤才，天赐良机您不接受，后悔就来不及了。”于是，先主兼管徐州。袁术来攻打先主，先主在盱眙、淮阴一带抵抗。曹操上表举荐先主任镇东将军，封宜城亭侯，这年是建安元年。

先主与术相持经月，吕布乘虚袭下邳。下邳守将曹豹反，间迎布。布虏先主妻子，先主转军海西。杨奉、韩暹寇徐、扬间，先主邀击，尽斩之。先主求和于吕布，布还其妻子。先主遣关羽守下邳。先主还小沛，复合兵得万余人。吕布恶之，自出兵攻先主，先主败走归曹公。曹公厚遇之，以为豫州牧。将至沛收散卒，给其军粮，益与兵使东击布。布遣高顺攻之，曹公遣夏侯惇往，不能救，为顺所败，复虏先主妻子送布。曹公自出东征，助先主围布于下邳，生禽布。先主复得妻子，从曹公还许。表先主为左将军，礼之愈重，出则同舆，坐则同席。袁术欲经徐州北就袁绍，曹公遣先主督朱灵、路招要击术。未至，术病死。

## 译文

先主和袁术对峙一个多月，吕布趁机偷袭下邳。下邳守军将曹豹反叛，暗中迎接吕布。吕布俘虏了先主的妻儿，先主率军转战海西。杨奉、韩暹等人在徐州、扬州一带侵扰，先主截击，将其全部消灭。先主同吕布求和，吕布交还了其妻儿。先主派关羽驻守下邳。

先主回小沛，又集结起一万多人。吕布嫉妒先主，又率兵攻打先主，先主战败逃走，归附了曹操。曹操厚待他，并任命他为豫州牧。先主准备去沛县募集散兵，曹操拨给他军粮，补给他兵员，让他往东攻打吕布。吕布派高顺迎击，曹操派夏侯惇增援，不但没能援救先主，还被高顺打败，高顺又俘虏了先主的妻儿，送给吕布。曹操亲自出征，助先主在下邳合围吕布，并将吕布活捉。先主复得妻儿，随曹操回许昌。曹操上表推举先主为左将军，待他的礼节更加隆重，外出时同乘一车，落座时同坐一席。袁术打算过徐州北上去找袁绍，曹操派先主率朱灵、路招去截击袁术。他们还没到，袁术已经病死。

先主未出时，献帝舅车骑将军董承辞受帝衣带中密诏，当诛曹公。先主未发。是时曹公从容谓先主曰："今天下英雄，唯使君与操耳。本初之徒，不足数也。"先主方食，失匕箸。遂与承及长水校尉种辑，将军吴子兰、王子服等同谋。会见使，未发。事觉，承等皆伏诛。先主据下邳。灵等还，先主乃杀徐州刺史车胄，留关羽守下邳，而身还小沛。东海昌霸反，郡县多叛曹公为先主，众数万人，遣孙乾与袁绍连和，曹公遣刘岱、王忠击之，不克。五年，曹公东征先主，先主败绩。曹公尽收其众，虏先主妻子，并禽关羽以归。

## 译文

先主在出兵之前，汉献帝的岳父车骑将军董承曾接到了献帝写在衣带上的密诏，要先主杀掉曹操。先主还没有行动。这时，曹操随意地对先主说："如今天下的英雄，只有您和我了。袁绍那些人根本不值得一提。"先主正在吃饭，听到此话，惊得手中的勺子和筷子都掉了。于是，先主就和董承以及长水校尉种辑、将军吴子兰、王子服等人商量对策。恰逢先主被派出征，就没有采取行动。此事暴露，董承等人全部被杀。先主占据下邳。朱灵等人返回后，先主就杀了徐州刺史车胄，命关羽留守下邳，自己返回小沛。东海郡的昌霸反叛，很多郡县叛离曹操，归附先主，部队有几万人，先主派孙乾去和袁绍结盟。曹操派刘岱、王忠前去攻打他，没有得胜。建安五年，曹操东征先主，先主大败。曹操全数收编了先主的军队，俘获了其妻儿，活捉关羽。

◎关羽像◎

曹公既破绍，自南击先主。先主遣麋竺、孙乾与刘表相闻，表自郊迎，以上宾礼待之，益其兵，使屯新野。荆州豪杰归先主者日益多，表疑其心，阴御之。使拒夏侯惇、于禁等于博望①。久之，先主设伏兵，一旦自烧屯伪遁，惇等追之，为伏兵所破。

注释

①博望：今河南方城西南。

## 译文 

曹操打败袁绍后，亲率军队南下，先攻打先主。先主派遣麋竺、孙乾与刘表联系，请求前往荆州，结果刘表亲自到城外迎接，用对待上宾的礼节对待先主，给先主补充兵力，让他驻扎在新野。荆州豪杰来归附先主的日益增多，刘表怀疑先主的用心，暗中防备。刘表让先主在博望抵御夏侯惇、于禁二军。双方相持了很长时间后，先主设下伏兵，突然烧掉军营假装逃跑，夏侯惇等人追击，被伏兵打败。

曹公以江陵有军实①，恐先主据之，乃释辎重，轻军到襄阳。闻先主已过，曹公将精骑五千急追之，一日一夜行三百余里，及于当阳之长坂。先主弃妻子，与诸葛亮、张飞、赵云等数十骑走，曹公大获其人众辎重。先主斜趋汉津②，适与羽船会，得济沔，遇表长子江夏太守琦众万余人，与俱到夏口。先主遣诸葛亮自结于孙权，权遣周瑜、程普等水军数万，与先主并力，与曹公战于赤壁，大破之，焚其舟船。先主与吴军水陆并进，追到南郡，时又疾疫，北军多死，曹公引归。

注释 <<<

①军实：军需物资。

②汉津：汉水渡口。

## 译文

曹操知道江陵有丰富的军用物资，生怕先主占领，便丢下车辆，轻装赶往襄阳。听说先主已经去了，曹操率领五千骑兵火速追赶，日夜兼程三百多里，在当阳的长坂追上了先主。先主丢下妻儿老小，与诸葛亮、张飞、赵云等人骑马逃跑，曹操缴获了大批军用物资。先主抄近路来到汉津，恰好与关羽的船队相遇，得以渡过沔水，遇到了刘表的长子江夏太守刘琦率一万多人，就一同到了夏口。先主派诸葛亮与孙权讲和，并结为同盟，孙权派周瑜、程普等人率水军数万人，与先主会师，与曹操在赤壁决战，击败曹军，烧毁了其战船。先主与东吴的军队从水上、陆上并进，追赶曹操残余部队到南郡，当时瘟疫肆虐，曹军伤亡惨重，曹操率军返回。

◎三国 青瓷印花扁壶◎

十六年，益州牧刘璋遥闻曹公将遣钟繇等向汉中讨张鲁，内怀恐惧。别驾从事蜀郡张松说璋曰："曹公兵强无敌于天下，若因张鲁之资以取蜀土，谁能御之者乎？"璋曰："吾固忧之而未有计。"松曰："刘豫州，使君之宗室而曹公之深仇也，善用兵，若使之讨鲁，鲁必破。鲁破，则益州强，曹公虽来，无能为也。"璋然之，遣法正将四千人迎先主[1]，前后赂遗以巨亿计[2]。正因陈益州可取之策。先主留诸葛亮、关羽等据荆州，将步卒数万人入益州。至涪，璋自出迎，相见甚欢。张松令法正白先主，及谋臣庞统进说，便可于会所袭璋。先主曰："此大事也，不可仓卒。"璋推先主行大司马，领司隶校尉；先主亦推璋行镇西大将军，领益州牧。璋增先主兵，使击张鲁，又令督白水军。先主并军三万余人，车甲器械资货甚盛。是岁，璋还成都。先主北到葭萌，未即讨鲁，厚树恩德，以收众心。

注释 <<<

①法正：刘璋的谋士，后归顺刘备。

②赂遗：赠送。

## 译文

建安十六年，益州牧刘璋听说曹操要派钟繇等人进军汉中，讨伐张鲁，心中很是恐惧。别驾从事蜀郡人张松对刘璋："曹操兵力强盛，天下无敌，如果他利用张鲁的资财来夺取蜀地，谁能够抵挡？"刘璋说："我很担心此事，但没有办法。"张松说："刘豫州是您的同宗，又是曹操的死对头，善于用兵，如果让他去讨伐张鲁，张鲁必败。张鲁败了，益州就可巩固，曹操即使来了，也无能为力了。"刘璋认为他说得对，就派法正率领四千人迎接先主，前后赠送财物无数。法正乘机向先主陈述了攻取益州的计策。先主命诸葛亮、关羽等人守住荆州，亲率几万步兵进军益州。至涪县，刘璋亲自出来迎接，二人见面非常高兴。张松让法正密告先主，谋臣庞统也献计，劝他在会见的地方袭击刘璋。先主说："这是大事，不能操之过急。"刘璋举荐先主代理大司马，兼任司隶校尉；先主也举荐刘璋代理镇西大将军，兼任益州牧。刘璋为先主补充了兵力，让他攻打张鲁，又让他督率白水关的驻军。先主合并各路人马三万多人，车辆、盔甲、武器等物资都很充足。这一年，刘璋回成都。先主向北到达葭萌，并未立即讨伐张鲁，而是广施恩德，笼络人心。

明年，曹公征孙权，权呼先主自救。先主遣使告璋曰："曹公征吴，吴忧危急。孙氏与孤本为唇齿，又乐进在青泥与关羽相拒，今不往救羽，进必大克，转侵州界，其忧有甚于鲁。鲁自守之贼，不足虑也。"乃从璋求万兵及资实，欲以东行。璋但许兵四千，其余皆给半。张松书与先主及法正曰："今大事垂可立，如何释此去乎！"松兄广汉太守肃，惧祸逮己，白璋发其谋。于是璋收斩松，嫌隙始构矣[①]。璋敕关戍诸将文书勿复关通先主。先主大怒，召璋白水军督杨怀，责以无礼，斩之。乃使黄忠、卓膺勒兵向璋。先主径至关中，质诸将并士卒妻子，引兵与忠、膺等进到涪，据其城。璋遣刘璝、冷苞、张任、邓贤等拒先主于涪，皆破败，退保绵竹。璋复遣李严督绵竹诸军，严率众降先主。先主军益强，分遣诸将平下属县，诸葛亮、张飞、赵云等将兵溯流定白帝[②]、江州、江阳，惟关羽留镇荆州。先主进军围雒；时璋子循守城，被攻且一年。

注释 <<<

①嫌隙：因猜疑而不满产生怨恨。

②白帝：白帝城。

## 译文 

第二年，曹操征讨孙权，孙权向先主求援。先主派使者告诉刘璋："曹操进军东吴，形势危急。孙氏和我本是唇齿相依，加上大将乐进在青泥与关羽对峙，现在不去驰援关羽，乐进一定会大胜，转而侵犯益州，那比张鲁更可怕。张鲁只是盘踞一方的贼寇，不足为虑。"于是，向刘璋请求一万军队和军需物资，想要东去。刘璋只答应给四千军队，物资只给一半。张松写信给先主及法正说："眼下大事即将成功，怎能就这样放弃而离开呢！"张松的哥哥广汉太守张肃害怕殃及自己，就向刘璋告发。因此，刘璋逮捕并斩杀了张松，先主和刘璋之间的怨恨由此产生。刘璋命守卫关口的各将领不再把文书传给先主。先主大怒，召刘璋的白水关驻军督军杨怀

◎蜀国 世平百钱◎

前来，责备他对自己无礼，并杀了他。接着派黄忠、卓膺统军进攻刘璋。先主直接到了白水关内，将各将领和士卒的妻儿扣为人质，率军与黄忠、卓膺等人合攻涪县，占据县城。刘璋派刘璝、冷苞、张任、邓贤等人在涪县抵抗先主，都被击败，退守绵竹。刘璋又派李严督率绵竹各军，李严率众投降。先主更加强大，分派各将领平定州属各县，诸葛亮、张飞、赵云等人率兵逆流而上，平定白帝、江州、江阳等地，只有关羽守在荆州。先主进军围攻雒县；当时刘璋之子刘循守卫县城，被围攻了将近一年。

十九年夏，雒城破，进围成都数十日，璋出降。蜀中殷盛丰乐，先主置酒大飨士卒，取蜀城中金银分赐将士，还其谷帛。先主复领益州牧，诸葛亮为股肱，法正为谋主，关羽、张飞、马超为爪牙[①]，许靖、糜竺、简雍为宾友。及董和、黄权、李严等本璋之所授用也，吴壹、费观等又璋之婚亲也，彭羕又璋之所排摈也，刘巴者宿昔之所忌恨也，皆处之显任，尽其器能。有志之士，无不竞劝。

**注释**

①爪牙：比喻能冲锋陷阵的勇士。

## 译文

建安十九年夏，雒城被先主攻破。先主进军围困成都几十天以后，刘璋出城投降。蜀地富足，百姓安乐，先主设宴犒劳士兵，取出城中金银分赐给将士，将谷物布帛归还原主。先主兼任益州牧，诸葛亮是辅佐他的重臣，法正为主要谋士，关羽、张飞、马超是他手下大将，许靖、糜竺、简雍是其贵宾。董和、黄权、李严等本是刘璋任命的官员，吴壹、费观等又是刘璋的亲家，彭羕是刘璋所排挤的人，刘巴一向为刘璋所忌恨，这些人都担任了重要职务，充分发挥其才能。有志之士，无不争相勉励。

二十四年春，自阳平南渡沔水，缘山稍前，于定军兴势作营。渊将兵来争其地[1]。先主命黄忠乘高鼓噪攻之，大破渊军，斩渊及曹公所署益州刺史赵颙等。曹公自长安举众南征。先主遥策之曰："曹公虽来，无能为也，我必有汉川矣。"及曹公至，先主敛众拒险，终不交锋，积月不拔，亡者日多。夏，曹公果引军还，先主遂有汉中。

注释 <<<

①渊：即夏侯渊。

## 译文

建安二十四年春，先主从阳平关南渡沔水，沿山逐渐推进，凭借定军山山势构筑营垒。夏侯渊率兵来争夺。先主命黄忠登上高处击鼓呐喊，并反击，大败夏侯渊的军队，杀了夏侯渊和曹操所任命的益州刺史赵颙等人。曹操从长安率大军南征。先主预言："曹操即使到来，也无能为力了，我们一定能占据汉川了。"等曹操到了，先主收缩军队，凭险要的地势据守，始终不与曹军交战，曹操几个月也没能攻克，并且曹军逃跑的士兵日益增多。夏天到了，曹操果然撤军，先主便占据了汉中。

◎玉戈◎

二十五年，魏文帝称尊号，改年曰黄初。或传闻汉帝见害，先主乃发丧制服，追谥曰孝愍皇帝。即皇帝位于成都武担之南。

章武元年夏四月，大赦，改年。以诸葛亮为丞相，许靖为司徒。置百官，立宗庙，祫祭高皇帝以下。五月，立皇后吴氏，子禅为皇太子。六月，以子永为鲁王，理为梁王。车骑将军张飞为其左右所害。初，先主忿孙权之袭关羽，将东征，秋七月，遂帅诸军伐吴。孙权遣书请和，先主盛怒不许，吴将陆议、李异、刘阿等屯巫、秭归，将军吴班、冯习自巫攻破异等，军次秭归，武陵五谿蛮夷遣使请兵。

## 译文

建安二十五年，魏文帝曹丕称帝，更改年号为黄初。有传闻说汉献帝被害，先主便向全国发讣告，并为其穿丧服，追封谥号为孝愍皇帝。先主在成都武担山以南举行仪式，即皇帝位。

章武元年四月，先主大赦天下，更换年号，任命诸葛亮为丞相，许靖为司徒。设百官建宗庙，合祭高祖皇帝以下的各代先祖。五月，立吴氏为皇后，儿子刘禅为太子。六月，封儿子刘永为鲁王，刘理为梁王。屯骑将军张飞被他身边的人所害。当初，先主愤恨孙权袭击并杀害关羽，准备东征，七月率各军征讨东吴。孙权派使者送信前来求和，先主愤怒地拒绝，东吴的将领陆议、李异、刘阿等在巫县、秭归驻扎；将军吴班、冯习率军在巫县击败李异等人，军队进驻秭归，武陵五谿一带的少数民族部落派使者前来请求出兵救援。

二年春正月，先主军还秭归，将军吴班、陈式水军屯夷陵，夹江东西岸。二月，先主自秭归率诸将进军，缘山截岭，于夷道猇亭驻营，自佷山通武陵[①]，遣侍中马良安慰五谿蛮夷，咸相率响应。镇北将军黄权督江北诸军，与吴军相拒于夷陵道。夏六月，黄气见自秭归十余里中，广数十丈。后十余日，陆议大破先主军于猇亭，将军冯习、张南等皆没。先主自猇亭还秭归，收合离散兵，遂弃船舫，由步道还鱼复，改鱼复县曰永安。吴遣将军李异、刘阿等踵蹑先主军[②]，屯驻南山。秋八月，收兵还巫。司徒许靖卒。冬十月，诏丞相亮营南北郊于成都[③]。孙权闻先主住白帝，甚惧，遣使请和。先主许之，遣太中大夫宗玮报命。冬十二月，汉嘉太守黄元闻先主疾不豫，举兵据守。

**注释** <<<

①佷山：今湖北长阳西南。

②踵蹑：追随。

③南北郊：这里指祭祀的场所。古代帝王在京郊祭祀天地，南郊祭祀天，北郊祭祀地。

## 译文

章武二年正月。先主大军回到秭归，将军吴班、陈式的水军驻扎在夷陵，在长江东西两岸扎营。二月，先主从秭归率各将翻山越岭，在夷道的猇亭扎营，从佷山打通了去武陵的路。派侍中马良去安抚五谿一带的蛮夷部族，他们都先后响应先主。镇北将军黄权统率长

◎错银承弓器◎

江北岸各军，在夷陵道上与东吴军相持。六月，在距秭归十余里的地方出现了宽几十丈的黄气。十多天后，东吴将领陆议率部在猇亭击败先主，将军冯习、张南等人全部阵亡。先主从猇亭回到秭归，聚集离散士兵，舍弃船只，从陆路回鱼复，更改鱼复县名为永安。东吴派李异、刘阿等人追击先主军队，在南山驻扎。八月，先主收兵回巫县。司徒许靖去世。十月，先主下诏书给丞相诸葛亮，命其在成都营建南郊、北郊祭坛。孙权听说先主大军驻扎在白帝城，非常担心，遣使者前来求和。先主答应了他，派太中大夫宗玮去复命。十二月，汉嘉太守黄元听说先主患病没有康复，发兵抗命拒守。

三年春二月，丞相亮自成都到永安。三月，黄元进兵攻临邛县。遣将军陈曶讨元，元军败，顺流下江，为其亲兵所缚，生致成都，斩之。先主病笃，托孤于丞相亮，尚书令李严为副。夏四月癸巳，先主殂于永安宫[①]，时年六十三。五月，梓宫[②]自永安还成都，谥曰昭烈皇帝。秋八月，葬惠陵。

注释 <<<

①殂：死亡。

②梓宫：天子的灵柩。

## 译文

章武三年二月，诸葛亮由成都来到永安。三月，黄元发兵攻打临邛县。先主派陈留征讨黄元，黄元溃败，顺江而下，被其亲兵绑起来，送到成都，黄元被斩杀。先主病危，将太子托付给诸葛亮，尚书令李严为其副手。四月癸巳，先主在永安宫去世，享年六十三岁。五月，先主灵柩从永安运回成都，追封谥号昭烈皇帝。八月，先主在惠陵安葬。

## 名作欣赏

### 《蜀先主庙》

天地英雄气，千秋尚凛然。
势分三足鼎，业复五铢钱。
得相能开国，生儿不像贤。
凄凉蜀故伎，来舞魏宫前。

# 蜀书

## 诸葛亮传第五·诸葛亮

诸葛亮一直以来被视为古今完人，他的运筹帷幄、远见卓识，无不让人叹服；他的以身作则、忠心不二，令人心生敬佩。在此，引杜甫的《蜀相》，以示敬意。

丞相祠堂何处寻，锦官城外柏森森。映阶碧草自春色，隔叶黄鹂空好音。
三顾频烦天下计，两朝开济老臣心。出师未捷身先死，长使英雄泪满襟。

诸葛亮字孔明，琅邪阳都人也。汉司隶校尉诸葛丰后也。父珪，字君贡，汉末为太山郡丞。亮早孤，从父[①]玄为袁术所署豫章太守，玄将亮及亮弟均之官。会汉朝更选朱皓代玄。玄素与荆州牧刘表有旧，往依之。玄卒，亮躬耕陇亩，好为《梁父吟》[②]。身长八尺，每自比于管仲[③]、乐毅，时人莫之许也。惟博陵崔州平、颍川徐庶元直与亮友善，谓为信然。

注释 <<<

①从父：叔父。

②《梁父吟》：汉代乐府曲名。

③管仲：春秋时期的政治家。

## 译文

诸葛亮字孔明，琅邪阳都人。他是汉朝司隶校尉(官名)诸葛丰的后代。其父诸葛珪，字君贡，东汉末年曾任太山郡丞。诸葛亮很小父亲就去世了，叔父诸葛玄被袁术任命为豫章太守，诸葛亮与其弟诸葛均随叔父一同上任。恰逢朝廷选派朱皓替代诸葛玄。诸葛玄与荆州牧刘表颇有交情，就去投靠了他。诸葛玄死后，诸葛亮自己种田谋生，喜欢吟诵《梁父吟》。诸葛亮身长八尺，常自比做管仲、乐毅，当时没有人相信。只有博陵的崔州平、颍川的徐庶与诸葛亮关系甚好，认为确实如此。

时先主屯新野。徐庶见先主，先主器之[①]，谓先主曰："诸葛孔明者，卧龙也，将军岂愿见之乎？"先主曰："君与俱来。"庶曰："此人可就见，不可屈致也。将军宜枉驾顾之。"由是先主遂诣亮，凡三往，乃见。因屏人曰："汉室倾颓，奸臣[②]窃命，主上蒙尘。孤不度德量力，欲信[③]大义于天下，而智术短浅，遂用猖蹶，至于今日。然志犹未已，君谓计将安出？"亮答曰："自董卓已来，豪杰并起，跨州连郡者不可胜数。曹操比于袁绍，则名微而众寡，然操遂能克绍，以弱

注释 <<<

①器：器重。

②奸臣：这里指曹操。

③信：同"伸"。

④三世：指三位君主，即孙坚、孙策、孙权。

为强者，非惟天时，抑亦人谋也。今操已拥百万之众，挟天子而令诸侯，此诚不可与争锋。孙权据有江东，已历三世[④]，国险而民附，贤能为之用，此可以为援而不可图也。荆州北据汉、沔，利尽南海，东连吴会，西通巴、蜀，此用武之国，而其主不能守，此殆天所以资将军，将军岂有意乎？益州险塞，沃野千里，天府之土，高祖因之以成帝业。刘璋暗弱，张鲁在北，民殷国富而不知存恤，智能之士思得明君。将军既帝室之胄，信义著于四海，总揽英雄，思贤如渴，若跨有荆、益，保其岩阻，西和诸戎，南抚夷越，外结好孙权，内修政理；天下有变，则命一上将将荆州之军以向宛、洛，将军身率益州之众出于秦川，百姓孰敢不箪食壶浆以迎将军者乎？诚如是，则霸业可成，汉室可兴矣。”先主曰：“善！”于是与亮情好日密。关羽、张飞等不悦，先主解之曰：“孤之有孔明，犹鱼之有水也。愿诸君勿复言。”羽、飞乃止。

## 译文

当时，先主在新野驻守。徐庶拜见刘备，先主对他非常器重，他对刘备说：“诸葛亮是卧龙，您可愿意去见他吗？”刘备说：“你们一起来吧。”徐庶说：“这个人得前去拜见，不能屈其志节而把他召来。您应该屈尊去拜望他。”因此，刘备去拜访诸葛亮，一共去了三次，才终于见到。于是屏退随从说：“汉室危亡，奸臣当道，盗用皇权，皇帝流亡在外。我没有估量自己的德行和能力，一心想为天下伸张大义，但由于我智谋不足，因而受挫，到了今天这种地步。可我的志向不会改变，您认为应该如何是好？”诸葛亮回答：“自董卓作乱以来，各地豪杰纷起，割据一方者不计其数。曹操与袁绍相比，名望低，兵力弱，然而曹操之所以能打败袁绍，由弱转强，不仅因为时运，更是依靠了智谋。眼下曹操已拥兵百万，挟持天子，号令诸侯，的确不能与他争强。孙权占

◎出师表◎

据江东，已经有三代了，那里地势险要，人民归顺，任用贤能，只能将其作为外援，而不能谋取。荆州北依汉水、沔水，往南可获得南海地区的全部资财，东面与吴郡、会稽相连，西面与巴、蜀相通，为兵家必争之宝地，而其主人刘表守不住那里，这大概是上天用来资助您的，您可有这种打算？益州地势险要，良田千里，物产丰饶，为天府之地，汉高祖正是凭它创帝业。刘璋懦弱昏庸，张鲁又从北面威胁他，虽然人口众多、国家富裕却不懂关怀、体恤百姓，有智慧、有才干的人都希望能有一个贤明的君主来。您是王室后代，以重信义闻名天下，广纳英豪，求贤若渴，如果能够占据荆州、益州，守住其险关要道，西面与各少数民族和好，南面安抚夷越各族，对外与孙权结盟，对内改革政治；天下形势一有改变，就命大将率荆州军队向宛县、洛阳一带进军，您亲率益州大军出兵秦川地区，百姓谁不用篮子提着食物、用壶装着美酒迎候您呢？真是这样的话，那么称霸天下的大业就可以成功，汉室就可以复兴。”刘备说：“讲得好！”从此，刘备和诸葛亮的交情日益深厚。关羽、张飞等人很不高兴，刘备解释道：“有了孔明，我如鱼得水一样。希望你们以后不要再抱怨了。”关羽、张飞也就不再议论了。

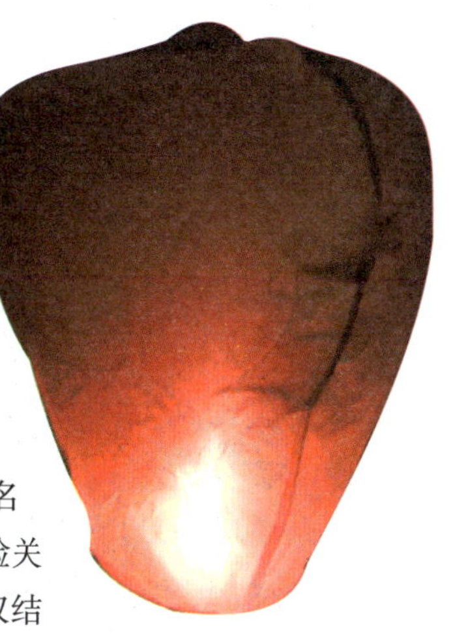

◎孔明灯◎

俄而表卒，琮闻曹公来征，遣使请降。先主在樊闻之，率其众南行，亮与徐庶并从，为曹公所追破，获庶母。庶辞先主而指其心曰：“本欲与将军共图王霸之业者，以此方寸之地也[①]。今已失老母，方寸乱矣，无益于事，请从此别。”遂诣曹公。

注释 <<<

①方寸之地：指心。古人认为心是思考问题的器官。

## 译文

不久，刘表去世，刘琮听说曹操前来攻打荆州，派使者前去求降。刘备在樊城听到这个消息，领军南下，诸葛亮和徐庶都追随先主，被曹军追上并击败，徐庶的母亲被俘虏。徐庶只得辞别刘备，他指着心口说：“本想用我这颗心与您共谋大业。如今失掉了年迈的母亲，我的心就乱了，对您的大业不能再有什么帮助了，请从此与您告别。”于是徐庶就去了曹操那里。

先主至于夏口，亮曰："事急矣，请奉命求救于孙将军。"时权拥军在柴桑，观望成败。亮说权曰："海内大乱，将军起兵据有江东，刘豫州亦收众汉南，与曹操并争天下。今操芟夷大难[1]，略已平矣，遂破荆州，威震四海。英雄无所用武，故豫州遁逃至此。将军量力而处之：若能以吴、越之众与中国抗衡，不如早与之绝；若不能当，何不案兵束甲，北面而事之！今将军外托服从之名，而内怀犹豫之计，事急而不断，祸至无日矣！"权曰："苟如君言[2]，刘豫州何不遂事之乎？"亮曰："田横，齐之壮士耳，犹守义不辱，况刘豫州王室之胄，英才盖世，众士慕仰，若水之归海，若事之不济，此乃天也，安能复为之下乎！"权勃然曰："吾不能举全吴之地，十万之众，受制于人。吾计决矣！非刘豫州莫可以当曹操者，然豫州新败之后，安能抗此难乎？"亮曰："豫州军虽败于长坂，今战士还者及关羽水军精甲万人，刘琦合江夏战士亦不下万人。曹操之众，远来疲弊，闻追豫州，轻骑一日一夜行三百余里，此所谓'强弩之末，势不能穿鲁缟'者也。故兵法忌之，曰'必蹶上将军'。且北方之人，不习水战；又荆州之民附操者，逼兵势耳，非心服也。今将军诚能命猛将统兵数万，与豫州协规同力，破操军必矣。操军破，必北还，如此则荆、吴之势强，鼎足之形成矣。成败之机，在于今日。"

注释<<<

①芟夷：铲除。

②苟：如果。

## 译文

到了夏口，诸葛亮对刘备说："事关重大，请派我去孙权那求援吧。"当时，孙权率军驻守柴桑，观望刘备和曹操的胜负。诸葛亮劝孙权："天下大乱，您起兵占据江东，刘豫州也在汉南招兵买马，与曹操争夺天下。眼下曹操已剿灭群雄，江北地区已经基本平定，又攻破荆州，名震四海。英雄无用武之地，所以刘豫州逃到这里。您应估量自己来应付眼前的局势：如果能依靠吴越兵马与中原对抗，不如趁早与曹操断绝关系；若抵挡不住，为什么不放下武器捆起盔甲，向曹操俯首称臣呢！眼下您表面服从曹操，而心里却犹豫不决，另有打算，事情紧急却不能决断，很快就要大祸临头了！”孙权说：“如果真如您所说，刘豫州为什么不向曹操称臣呢？”诸葛亮说：“田横，只是齐国的一个壮士，尚坚守节操而不屈辱投降，更何况刘豫州是王室之后，其才能举世无双，许多贤能之士都仰慕他，投靠他，像万河归海一样，如果大业不能成功，这是天意，又怎能做曹操的臣下呢！”孙权愤怒地说：“我不能将整个东吴的土地和十万将士的性命，让别人控制。我主意已决！除了刘豫州没有人可抵挡曹操了，但刘豫州刚刚被击败，怎能抗住这么强大的敌人？”诸葛亮说：“刘豫州的军队虽然在长坂战败，可归队的散兵与关羽的水军加在一起共有精兵万人，刘琦汇集江夏将士也不少于一万。曹军远道而来，疲惫不堪，听说追赶刘豫州的轻骑兵一天一夜要走三百多里，这就是所谓的‘强弩之末，势不能穿鲁缟’，为兵家之大忌，这样‘一定会损伤先头部队的主帅’。而且，北方人不习惯水战；并且荆州百姓归顺曹操，只不过是迫于武力罢了，绝非心甘情愿。现在您如果能够派出猛将统率数万大军，与刘备齐心协力，一定能击溃曹军。曹军失败必将撤回北方，这样一来，荆州和东吴的势力必将强大，鼎足而立，三分天下的局面形成。成败与否，就在今日。”

◎诸葛亮雕塑◎

权大悦，即遣周瑜、程普、鲁肃等水军三万，随亮诣先主，并力拒曹公。曹公败于赤壁，引军归邺。先主遂收江南，以亮为军师中郎将，使督零陵、桂阳、长沙三郡，调其赋税，以充军实。

## 译文

孙权非常高兴，立刻派大将周瑜、程普、鲁肃等人率水军三万，随诸葛亮与刘备会合，共同抵抗曹操。赤壁一战，曹操大败，率军返回邺城。刘备收复了长江南岸地区，任命诸葛亮为军师中郎将，由他统领零陵、桂阳、长沙三郡，征调三郡赋税，来充实军用。

建安十六年，益州牧刘璋遣法正迎先主，使击张鲁。亮与关羽镇荆州。先主自葭萌还攻璋，亮与张飞、赵云等率众溯江，分定郡县，与先主共围成都。成都平，以亮为军师将军，署左将军府事。先主外出，亮常镇守成都，足食足兵。

先主于是即帝位，策亮为丞相曰："朕遭家不造，奉承大统，兢兢业业，不敢康宁，思靖百姓，惧未能绥。於戏！丞相亮其悉朕意，无怠辅朕之阙，助宣重光，以照明天下，君其勖哉！"亮以丞相录尚书事，假节。张飞卒后，领司隶校尉。

## 译文

建安十六年，益州牧刘璋派法正迎接先主刘备，让他进攻张鲁。诸葛亮与关羽留守在荆州。刘备由葭萌回兵转攻刘璋，诸葛亮、张飞、赵云等人领军沿长江逆流而上，分别平定了沿江各郡县，与刘备合围成都。平定成都后，先主刘备任命诸葛亮为军师将军，代理左将军府的事务。先主外出时，诸葛亮来镇守成都，这使得蜀军的粮食和兵员都很充足。

先主刘备即位，任命诸葛亮为丞相，说："我遇到了家国之不幸，现在恭敬地即位，一定会兢兢业业，更不敢贪图安逸，一心想让百姓安居乐业，担心他们不能得到安抚。啊！丞相希望你能明白我的心思，毫不懈怠地助我补救疏忽和漏洞，协助我宣扬汉室功德，让光辉普照天下，您也一定要努力！"诸葛亮以丞相的身份总管尚书事务，并赏赐符节。张飞去世后，诸葛亮又兼任司隶校尉一职。

章武三年春，先主于永安病笃，召亮于成都，属以后事，谓亮曰："君才十倍曹丕，必能安国，终定大事。若嗣子可辅[1]，辅之；如其不才，君可自取。"亮涕泣曰："臣敢竭股肱之力，效忠贞之节，继之以死！"先主又为诏敕后主曰："汝与丞相从事[2]，事之如父。"

建兴元年，封亮武乡侯，开府治事。顷之，又领益州牧。政事无巨细，咸决于亮。南中诸郡，并皆叛乱，亮以新遭大丧，故未便加兵，且遣使聘吴，因结和亲，遂为与国[3]。

注释 <<<

①嗣子：指刘禅。

②从事：追随。

③与国：盟国。

◎绿釉羊仓◎

## 译文

章武三年春，先主在永安病危，将丞相诸葛亮从成都召回来，托付后事。先主对诸葛亮说："您的才智比曹丕强上十倍，一定能够使国家安定下来，最终完成统一大业。如果刘禅可以辅佐，您就辅佐他；如果他没有什么才能的话，您可以取而代之。"诸葛亮流着泪说："我会尽全力辅佐他，献出我的忠贞节操，一直到死！"先主命人写下诏书，告诫后主刘禅："你与丞相一起处理国事，要像对待自己的父亲一样对待他。"

建兴元年，后主刘禅追封丞相诸葛亮为武乡侯，成立丞相府，处理朝中各种事务。不久，丞相又兼任益州牧。各种政事无论大小，都由诸葛亮来决断。南中各郡发生叛乱，丞相认为刚刚遭遇国丧，不便立刻出兵镇压，暂派使者访问吴国，趁机与他们缔结友好、亲善关系，成为盟国。

三年春，亮率众南征，其秋悉平。军资所出，国以富饶，乃治戎讲武，以俟大举①。五年，率诸军北驻汉中，临发，上疏曰：

先帝创业未半而中道崩殂②，今天下三分，益州疲弊，此诚危急存亡之秋也。然侍卫之臣不懈于内，忠志之士忘身于外者，盖追先帝之殊遇，欲报之于陛下也。诚宜开张圣听，以光先帝遗德，恢弘志士之气，不宜妄自菲薄，引喻失义，以塞忠谏之路也。宫中府中俱为一体，陟罚臧否，不宜异同。若有作奸犯科及为忠善者，宜付有司论其刑赏，以昭陛下平明之理，不宜偏私，使内外异法也。侍中、侍郎郭攸之、费祎、董允等，此皆良实，志虑忠纯，是以先帝简拔以遗陛下。愚以为宫中之事，事无大小，悉以咨之，然后施行，必能裨补阙漏，有所广益。将军向宠，性行淑均，晓畅军事，试用于昔日，先帝称之曰能，是以众议举宠为督。愚以为营中之事，悉以咨之，必能使行阵和睦，优劣得所。亲贤臣，远小人，此先汉所以兴隆也；亲小人，远贤臣，此后汉所以倾颓也。先帝在时，每与臣论此事，未尝不叹息痛恨于桓、灵也。侍中、尚书、长史、参军，此悉贞良死节之臣，愿陛下亲之信之，则汉室之隆，可计日而待也。

注释 <<<

①俟：等候。

②崩殂：古代皇帝死称崩。

## 译文

◎诸葛亮茅庐◎

建兴三年春，诸葛亮领军南征。同年秋天，平定所有叛乱。军需物资都出自这些新平定的郡县，没有动用国库，国家因此更加富足。于是操练军队，等待时机发动大规模的军事行动。建兴五年，诸葛亮率各路军马北上，进驻汉中。即将动身的时候，丞相上表后主说：

先帝开创帝业，没有完成一半就中途辞世了，眼下天下三分，魏、蜀、吴三国鼎足而立，而蜀国人力困乏，这的确是关系到生死存亡。侍奉保卫皇帝的朝中大臣丝毫不敢懈怠，赤胆忠心的将士在朝外奋不顾身，这都是在追念先帝所赐予他们的厚恩，想报答陛下。陛下应该广泛听取群臣的意见，将先帝遗留的美德发扬光大，振奋他们的精神，不该过分地看轻自己，自暴自弃，说话不得当，会阻塞群臣进谏的言路。皇宫与丞相府本来就是一体，奖惩赏罚，不该有差别。如有作恶犯法者或行忠善之事者，应交由主管官员来对他们的是非功过做出评定，以彰显陛下您的公正严明，不偏袒任何一方，使宫中、府中的赏罚制度相同。侍中、侍郎郭攸之、费祎、董允等人，都非常的善良诚实，他们赤胆忠心，思想纯正，因此先帝选拔重用他们，留给陛下。我认为宫中的各种事务，无论大小都应该与他们商量，然后再去施行，必定能弥补疏漏失误，从而得到更大的好处。将军向宠，性情和善，品德高尚，善良公正，精通军事，过去试用过，先帝非常赏识他，因此大家商议举荐他任中部督。我认为军中之事，都要与他商量，一定能使军队内部和谐融洽，才能让不同的各尽其能。亲近贤臣，疏远小人，这是先汉兴盛的原因；亲近小人，疏远贤臣，这是后汉衰微的原因。先帝在世时，常与我谈论此事，没有一次不扼腕叹息，为桓灵二帝感到痛心和遗憾。侍中郭攸之、费祎，尚书陈震，长史张裔，参军蒋琬，这些人都是忠贞可靠、能够以身殉国的贤臣，希望陛下亲近信任他们，汉室的兴隆指日可待。

臣本布衣，躬耕于南阳，苟全性命于乱世，不求闻达于诸侯。先帝不以臣卑鄙[1]，猥自枉屈，三顾臣于草庐之中，谘臣以当世之事，由是感激，遂许先帝以驱驰。后值倾覆，受任于败军之际，奉命于危难之间，尔来二十有一年矣[2]。先帝知臣谨慎，故临崩寄臣以大事也。受命以来，夙夜忧叹，恐托付不效，以伤先帝之明，故五月渡泸，深入不毛。今南方已定，兵甲已足，当奖率三军，北定中原，庶竭驽钝，攘除奸凶，兴复汉室，还于旧都。此臣所以报先帝，而忠陛下之职分也。

至于斟酌损益，进尽忠言，则攸之、祎、允之任也。愿陛下托臣以讨贼兴复之效；不效，则治臣之罪，以告先帝之灵。若无兴德之言，则责攸之、祎、允等之慢，以彰其咎。陛下亦宜自谋，以谘诹善道，察纳雅言，深追先帝遗诏。臣不胜受恩感激，今当远离，临表涕零，不知所言。遂行，屯于沔阳。

注释 <<<

①卑鄙：卑微。

②有：同“又”。

## 译文

我本来是一介平民，在南阳耕田谋生，本想在动乱的年代苟且保全性命，没打算在割据的诸侯中做官扬名。先帝不因为我身份低贱而看轻我，屈尊探访，先后三次到草舍来找我，问我当今大事，我十分感动，就答应为先帝奔走效劳。后来遇到军事上的挫折，我临危受命，在危急关头承担重任，已经有二十一个年头了。先帝清楚我处理事严谨慎重，在临终前将汉室复兴的大事托付给我。接受遗命以来，我从早到晚忧愁叹息，惟恐先帝托付给我的大事没有成效，以损先帝知人之明，因此我在五月渡过泸水，深入到荒凉的不毛之地。眼下南方叛乱已平，军需充足，应激励并率领全军，北上平定中原，或许用尽我平庸愚钝的才智，能够铲除奸恶之人，复兴汉室，将国都迁回到

故都洛阳。这是我报答先帝、效忠陛下应尽的职责。

至于权衡事情的轻重得失，向陛下进言一类的事情，归郭攸之、费祎、董允等人负责了。希望陛下将讨伐奸贼、复兴汉室的任务托付给我；如果不见成效，就治我的罪，来告慰先帝英灵。如果听不到劝勉陛下发扬圣德的忠言，就责备郭攸之、费祎、董允等人的怠慢，明确指出他们的过失。陛下自己也应考虑谋划，征询治理国家的好办法，明辨采纳好的建议，深切追念先帝遗诏。我接受恩德，不胜感激，马上就要远征而去。在写着奏折的时候，我泪如雨下，不知道自己都说了些什么。

随后诸葛亮率军出征，在沔阳驻军。

六年春，扬声由斜谷道取郿①，使赵云、邓芝为疑军，据箕谷，魏大将军曹真举众拒之。亮身率诸军攻祁山，戎陈整齐，赏罚肃而号令明，南安、天水、安定三郡叛魏应亮，关中响震。魏明帝西镇长安，命张郃拒亮，亮使马谡督诸军在前，与郃战于街亭。谡违亮节度，举动失宜，大为郃所破。亮拔西县千余家，还于汉中，戮谡以谢众。上疏曰："臣以弱才，叨窃非据，亲秉旄钺以厉三军②，不能训章明法，临事而惧，至有街亭违命之阙，箕谷不戒之失，咎皆在臣授任无方。臣明不知人，恤事多暗，《春秋》责帅，臣职是当。请自贬三等，以督厥咎③。"于是以亮为右将军，行丞相事，所总统如前。

注释 <<<

①扬声：故意对外宣扬。

②旄钺：即节钺。

③厥：其。

## 译文

建兴六年春，诸葛亮扬言取道斜谷，攻取郿县，派大将赵云、邓芝作为疑兵，以此迷惑对方，占据箕谷，魏国大将曹真率军队前来抵抗。丞相亲率各路大军攻打祁山，蜀军队伍齐整，赏罚严格，号令严明，南安、天水、安定三郡叛离魏国，响应丞相，震动了整个关中地区、魏明帝亲自西行，镇守长安，命大将张郃抗击丞相诸葛亮，丞相派马谡统率各军作为前锋，在街亭与张郃交战。马谡擅自违背了丞相的作战部署，在行动中犯了错误，被张郃击败。

丞相迁徙西县一千多户百姓，退守汉中，杀了马谡来向大家承认失误。丞相上奏后主："我才能低劣，担任了不能胜任的重要职务，亲自执掌令旗，领兵出征，来激励三军将士，没能训示法规，严明军纪，遇到大事不能谨慎考虑，导致出现在街亭违背军令的错误，在箕谷戒备不严的过失，都是因为我用人不当，我该承担全部责任。我不能知人善用，处理事情又有许多失误；根据《春秋》之义，战败要责罚主帅，我应该受到责罚。请允许我降职三级，来惩罚我的过失。"因此将诸葛亮降职为右将军，代理丞相，所总管事务与先前相同。

◎诸葛连弩局部◎

九年，亮复出祁山，以木牛运[1]，粮尽退军，与魏将张郃交战，射杀郃。十二年春，亮悉大众由斜谷出，以流马运[2]，据武功五丈原，与司马宣王对于渭南。亮每患粮不继，使己志不申，是以分兵屯田，为久驻之基。耕者杂于渭滨居民之间，而百姓安堵[3]，军无私焉。相持百余日。其年八月，亮疾病，卒于军，时年五十四。及军退，宣王案行其营垒处所，曰："天下奇才也！"

亮遗命葬汉中定军山，因山为坟，冢足容棺，敛以时服，不须器物。

**注释**

①木牛：诸葛亮的一项发明，用于运输的工具。

②流马：诸葛亮的一项发明，用于运输的工具。

③安堵：安居。

## 译文

建兴九年，诸葛亮再次出兵，兵发祁山，用早先发明的木牛运输军需物资，军中粮草用尽不得不撤军，这次同魏军交战，射杀了魏国大将张郃。

建兴十二年春，诸葛亮再次率军出征，从斜谷发兵，用流马运输军用物资，占据了武功县的五丈原，与魏国宣王司马懿在渭水的南面对峙。诸葛亮担心军粮供应不足，导致自己统一大业不能实现，因此分派部分士兵在驻地周围开荒种田，要建立一个长期的驻军基地。种地的士兵与渭水沿岸的居民混杂在一起，百姓安居乐业，从来没有受到骚扰，屯田的士兵也从来没有从百姓那里谋取私利。两军对垒一百多天。同年八月，诸葛亮身染重病，死在军中，时年五十四岁。等蜀军撤走，司马宣王巡视蜀军营垒，惊叹道：“诸葛亮果真是天下奇才！”

诸葛亮临终前留下遗言要把自己葬在汉中的定军山下，依山掘墓，墓穴能容下棺材便可，入殓时要给自己换上普通的衣服，不需要陪葬。

◎诸葛亮木牛流马◎

亮性长于巧思，损益连弩[1]，木牛流马，皆出其意；推演兵法，作八陈图，咸得其要云。亮言教书奏多可观，别为一集。

景耀六年春，诏为亮立庙于沔阳。秋，魏镇西将军钟会征蜀，至汉川，祭亮之庙，令军士不得于亮墓所左右刍牧樵采[2]。

注释 <<<

①连弩：可以连续发射多支箭的兵器。

②刍牧：割草放牧。

## 译文

诸葛亮擅长巧妙构思，能改造连弩，制造用于运输的木牛流马，都出自他的构想；推广演练用兵作战的策略，设计出八阵图，都深得要领。诸葛亮的言论、教令、书信、奏章都很值得一看，另外编集成书。

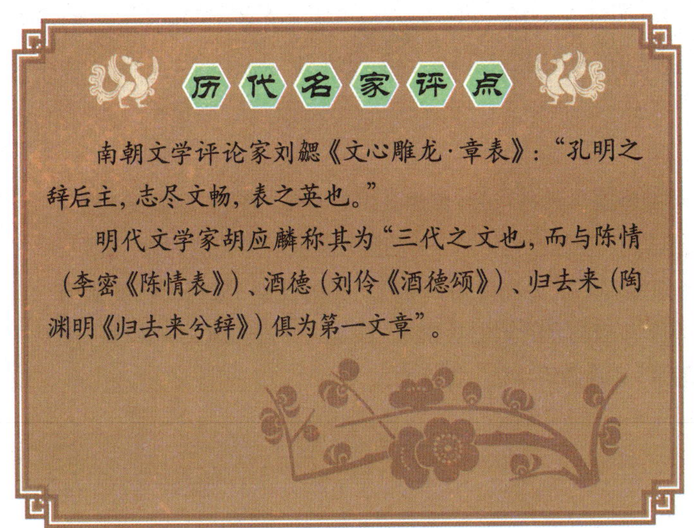

◎三棱箭头◎

景耀六年春，后主刘禅下诏在沔阳为诸葛亮修建祠庙。同年秋，魏国镇西将军钟会讨伐蜀国，到了汉川，祭祀诸葛亮的祠庙，下令将士不得在诸葛亮墓附近放牧牲畜，更不得伐木采摘。

## 历代名家评点

南朝文学评论家刘勰《文心雕龙·章表》：“孔明之辞后主，志尽文畅，表之英也。”

明代文学家胡应麟称其为“三代之文也，而与陈情（李密《陈情表》）、酒德（刘伶《酒德颂》）、归去来（陶渊明《归去来兮辞》）俱为第一文章”。

# 蜀书

## 关张马黄赵传第六·关羽

关羽，东汉末年刘备麾下著名将领，曾爵至汉寿亭侯。据《三国演义》描写关羽身长九尺，《三国志》中却没有记载。关羽历来是民间崇祀的对象，在《三国演义》中被描述为蜀汉五虎上将之首，死后受民间推崇，又经历代朝廷褒封，被奉为“关圣帝君”，被后来的统治者崇为“武圣”。《三国演义》中，有“千里走单骑”“单刀赴宴”“温酒斩华雄”等佳话。

关羽字云长，本字长生，河东解人也。亡命[①]奔涿郡。先主于乡里合徒众，而羽与张飞为之御侮[②]。先主为平原相，以羽、飞为别部司马，分统部曲。先主与二人寝则同床，恩若兄弟。而稠人广坐，侍立终日，随先主周旋，不避艰险。先主之袭杀徐州刺史车胄，使羽守下邳城，行太守事，而身还小沛。

**注释 <<<**

①亡命：逃亡。

②御侮：抵御外来欺侮。

## 译文

关羽，字云长，本来字长生，河东郡解人。逃亡涿郡。刘备在乡间招兵买马，关羽和张飞为他担任护卫。刘备担任平原相以后，任用关羽、张飞为别部司马，分别统率兵马。刘备同他俩睡在一起，亲如兄弟。大庭广众之下，他们整天侍立在刘备左右，追随刘备驰骋疆场，不畏艰难险阻。先主攻破徐州，斩杀刺史车胄，让关羽留守下邳，代行太守权力，自己回到小沛。

建安五年，曹公东征，先主奔袁绍。曹公禽羽以归，拜为偏将军，礼之甚厚。绍遣大将颜良攻东郡太守刘延于白马，曹公使张辽及羽为先锋击之。羽望见良麾盖，策马刺良于万众之中，斩其首还，绍诸将莫能当者，遂解白马围。曹公即表封羽为汉寿亭侯。初，曹公壮羽为人，而察其心神无久留之意，谓张辽曰："卿试以情问之。"既而辽以问羽，羽叹曰："吾极知曹公待我厚，然吾受刘将军[①]厚恩，誓以共死，不可背之。吾终不留，吾要当[②]立效以报曹公乃去。"辽以羽言报曹公，曹公义之。及羽杀颜良，曹公知其必去，重加赏赐。羽尽封其所赐，拜书告辞，而奔先主于袁军。左右欲追之，曹公曰："彼各为其主，勿追也。"

**注释 <<<**

①刘将军：指刘备。

②要当：应当。

## 译文

建安五年，曹操领军东征，先主投靠了袁绍。曹操活捉关羽而归，任命关羽为偏将军，用很高的礼仪对待他。袁绍派大将颜良在白马进攻东郡太守刘延，曹操派大将张辽和关羽为先锋，进攻颜良。关羽望见颜良的旗帜和车盖，便催马上前，在千军万马之中刺杀颜良，并砍下首级返回，袁绍手下的那些将领无人能挡，白马之围解除。曹操立刻上奏朝廷，请求封关羽为汉寿亭侯。开始，曹操非常器重关羽的人品，但发现他没有长久留下的想法，就私下对张辽说："凭着您和关羽的交情，你试着去问问他。"不久，张辽去问关羽，关羽感叹道："我知道曹公对我非常好，可是我受刘将军的恩惠更深，曾经发誓要同生共死，我绝对不能背叛他。我最终是不能留在这里的，等我立下战功，报答了曹公的大恩，我就会离去。"张辽将关羽的话告诉了曹操，曹操认为他很讲义气。关羽杀了颜良，曹操知道他一定要走，就给了他很重的赏赐。关羽将曹操的赏赐全部封存起来，留了一封信，就去袁绍那里找刘备，曹操的手下想去追回关羽。曹操说："各为其主，不要追了。"

◎关帝庙◎

从先主就刘表。表卒，曹公定荆州，先主自樊将南渡江，别遣羽乘船数百艘会江陵。曹公追至当阳长坂，先主斜趣汉津，适与羽船相值，共至夏口。孙权遣兵佐先主拒曹公，曹公引军退归。先主收江南诸郡，乃封拜元勋，以羽为襄阳太守、荡寇将军，驻江北。先主西定益州，拜羽董督荆州事。羽闻马超来降，旧非故人，羽书与诸葛亮，问超人才可谁比类。亮知羽护前[1]，乃答之曰："孟起[2]兼资文武，雄烈过人，一世之杰，黥、彭之徒，当与益德[3]并驱争先，犹未及髯之绝伦逸群也。"羽美须髯，故亮谓之髯。羽省书大悦，以示宾客。

注释 <<<

①护前：不喜欢别人比自己强。

②孟起：指马超。

③益德：指张飞。

## 译文

关羽跟随先主去荆州投靠了刘表。刘表去世后，曹操扫平荆州，先主准备从樊城南渡长江，就另派关羽率几百艘战船从水路出发，到江陵会合。曹操追到当阳的长坂坡，先主抄近路奔赴汉津，恰巧与关羽的船队相遇，一起到夏口。孙权派兵与先主共同抗曹，曹操撤军。先主收复长江南岸各郡，就给立大功的部下封官授爵，任命关羽为襄阳太守、荡寇将军，驻扎在江北一带。先主西征，平定益州，委任关羽兼管荆州事务。关羽听说马超前来投降，而他们过去并不相熟，就写信给诸葛亮，询问马超的人品、才能可以与谁相比。诸葛亮深知关羽争强好胜，就回答："马超文武兼备，勇猛过人，是杰出人才，是黥布、彭越一类的人物，能与张飞并驾齐驱、争高下，但还是不能与超群绝伦的美髯公您相提并论。"关羽的胡须飘逸，故诸葛亮称其为美髯公。看过信之后，关羽非常高兴，将它拿来给宾客们传看。

羽尝为流矢所中，贯其左臂，后创虽愈，每至阴雨，骨常疼痛，医曰："矢镞有毒[①]，毒入于骨，当破臂作创，刮骨去毒，然后此患乃除耳。"羽便伸臂令医劈之。时羽适请诸将饮食相对，臂血流离，盈于盘器，而羽割炙引酒[②]，言笑自若。

注释 <<<

①镞：箭头。

②炙：烤。

## 译文

关羽曾被流箭击中，毒箭穿透了左臂，后来虽然伤口愈合，但一到阴天下雨骨头就疼，医生说："箭头上涂了毒，毒已渗入骨中，应该切开伤口，刮掉骨头上的毒，疼痛才会消失。"关羽立刻伸出左臂，让医生把伤口割开。当时，关羽正在与一些将领聚餐，手臂鲜血直流，流满了接血的盘子，而关羽仍然喝酒吃肉，跟平常一样。

二十四年，先主为汉中王，拜羽为前将军，假节钺。是岁，羽率众攻曹仁于樊。曹公遣于禁助仁。秋，大霖雨[1]，汉水泛溢，禁所督七军皆没。禁降羽，羽又斩将军庞德。梁、郏、陆浑群盗或遥受羽印号，为之支党，羽威震华夏[2]。曹公议徙许都以避其锐，司马宣王、蒋济以为关羽得志，孙权必不愿也。可遣人劝权蹑其后，许割江南以封权，则樊围自解。曹公从之。先是，权遣使为子索羽女，羽骂辱其使，不许婚，权大怒。又南郡太守麋芳在江陵，将军士仁屯公安，素皆嫌羽轻己。自羽之出军，芳、仁供给军资，不悉相救。羽言“还当治之”，芳、仁咸怀惧不安。于是权阴诱芳、仁，芳、仁使人迎权。而曹公遣徐晃救曹仁，羽不能克，引军退还。权已据江陵，尽虏羽士众妻子，羽军遂散。权遣将逆击羽，斩羽及子平于临沮。

注释 <<<

①霖雨：连绵不断的大雨。

②华夏：中原。

## 译文

建安二十四年，刘备当上了汉中王，任命关羽为前将军，并赏赐给他符节和斧钺。同年，关羽率军在樊城与魏国大将曹仁对峙。曹操派大将于禁援助曹仁。秋天，大雨连绵，汉水泛滥，于禁所率曹军全部被淹。于禁投降，关羽斩杀了将军庞德。梁、郏、陆浑各地反抗曹操的地方势力在远处领受了关羽的官印和封号，成为他手下的部队，关羽名震中原。曹操提议迁离许都来躲避关羽的锋芒，司马懿、蒋济认为关羽得势，孙权一定不会高兴。可派人说服孙权偷袭关羽的后方，并承诺事成之后将江南地区分封给孙权，樊城之围自然解除。曹操听从了他们的意见。此前，孙权曾派使者为其子向关羽的女儿求婚，关羽辱骂使者，并且拒绝了这门婚事，孙权很生气。另外，南郡太守麋芳镇守江陵，将军士仁在公

◎三国城内太湖游船◎

安驻军，两人一直都怨恨关羽看不起自己，自关羽出兵以后，麋芳、士仁为其提供了不少的军需物资，却没有尽全力去援救。关羽声称“回去以后一定好好惩罚他们”，麋芳、士仁感到惶恐不安。因此，孙权私下引诱麋芳、士仁，麋芳、士仁派人迎接孙权。曹操派大将徐晃驰援曹仁，关羽不能取得胜利，率军回撤。孙权已占据江陵，将关羽及其将士的妻儿全部俘虏，关羽的军队就溃散了。孙权派人截击关羽，在临沮将关羽及其儿子关平杀死。

追谥羽曰壮缪侯。子兴嗣。兴字安国，少有令问[1]，丞相诸葛亮深器异之。弱冠为侍中、中监军，数岁卒。子统嗣，尚公主[2]，官至虎贲中郎将。卒，无子，以兴庶子彝续封。

注释 <<<

①令问：好名声。问：通“闻”，声誉。

②尚：娶公主为妻称尚。

## 译文

朝廷追谥关羽为壮缪侯。关羽的儿子关兴继承爵位。关兴字安国，从小就有不错的名声，诸葛亮非常器重他。关兴二十岁时出任侍中、中监军，几年以后去世。他的儿子关统继承爵位，娶公主为妻，官至虎贲中郎将。关统去世，没有儿子，朝廷以关兴的庶子关彝接续爵位。

# 蜀书

## 关张马黄赵传第六·张飞

按照《三国演义》的说法，张飞是个燕颔虎须，豹头环眼的彪形大汉，戏曲中更是给了他以黑脸的形象。但从四川一带出土的文物看，张飞很可能是个面如美玉，神采飞扬的美男子，而绝不是那个猛张飞的形象。历史上的张飞在河北一带不但小有名望，还有很高的文化……

张飞字益德，涿郡人也，少与关羽俱事先主。羽年长数岁，飞兄事之。先主从曹公破吕布，随还许，曹公拜飞为中郎将。先主背曹公依袁绍、刘表。表卒，曹公入荆州，先主奔江南。曹公追之，一日一夜，及于当阳之长坂。先主闻曹公卒至，弃妻子走，使飞将二十骑拒后。飞据水断桥，瞋目横矛曰："身[①]是张益德也，可来共决死！"敌皆无敢近者，故遂得免。先主既定江南，以飞为宜都[②]太守、征虏将军，封新亭侯，后转在南郡。

注释 <<<

①身：我。

②宜都：今湖北枝城。

## 译文 

张飞字益德，涿郡人，年轻时与关羽一起追随先主刘备。关羽比他年长几岁，张飞待他像兄长一般。刘备随曹操击败吕布，跟着曹操回到了许都，曹操任命张飞为中郎将。刘备离开曹操，投奔袁绍、刘表。刘表去世后，曹操攻破荆州，刘备逃往江南。曹操追击刘备，追了一天一夜，终于在当阳的长坂追上。刘备听说曹操突然追来，便抛下妻儿逃命去了，让张飞率二十名精锐骑兵断后。张飞占据河岸，拆毁桥梁，怒目圆睁，手中横握长矛，喝道："我是张益德，你们可以过来与我决生死！"曹军将领没有一个敢靠近，所以刘备等人才得以逃脱。刘备平定江南后，委任张飞为宜都太守、征虏将军，加封新亭侯，后来将其调任到南郡。

◎张飞像◎

先主入益州，还攻刘璋，飞与诸葛亮等溯流而上，分定郡县。至江州，破璋将巴郡太守严颜，生获颜。飞呵颜曰："大军至，何以不降而敢拒战？"颜答曰："卿等无状[①]，侵夺我州，我州但有断头将军，无有降将军也。"飞怒，令左右牵去斫头，颜色不变，曰："斫头便斫头，何为怒邪！"飞壮而释之，引为宾客。飞所过战克，与先主会于成都。益州既平，赐诸葛亮、法正、飞及关羽金各五百斤，银千斤，钱五千万，锦千匹，其余颁赐各有差，以飞领巴西太守。

注释 <<<

①无状：无礼。

## 译文

刘备进入益州，返回攻打刘璋，张飞、诸葛亮等人沿长江逆流而上，平定了沿江各地。到了江州，张飞击败了巴郡太守严颜(刘璋的部将)，将他活捉。张飞责问道：“我率大军到此，你为什么不投降还敢抵抗?”严颜回答道：“你们不讲道理，侵占我们的州郡，这里只有断头将军，没有投降将军。”张飞大怒，命左右将他拉下去砍头，严颜面无惧色，坦然地说：“砍头就砍头，发什么火!”张飞非常钦佩他的勇气和忠诚，就放了他，并引荐他做了宾客。张飞所到之处都取得了胜利，在成都与刘备会合。平定益州后，刘备赏给诸葛亮、法正、张飞和关羽等人每人五百斤黄金、一千斤白银、五千万铜钱、一千匹锦缎，其他将士也得到了数量不等的赏赐，委任张飞兼任巴西(中国古代地名)太守。

曹公破张鲁，留夏侯渊、张郃守汉川。郃别督诸军下巴西，欲徙其民于汉中，进军宕渠、蒙头、荡石，与飞相拒五十余日。飞率精卒万余人，从他道邀郃军交战，山道迮狭[①]，前后不得相救，飞遂破郃。郃弃马缘山，独与麾下十余人从间道退[②]，引军还南郑，巴土获安。先主为汉中王，拜飞为右将军，假节。章武元年，迁车骑将军，领司隶校尉，进封西乡侯。

注释<<<

①迮：狭窄。

②间道：小道。

## 译文

曹操击败张鲁以后，命大将夏侯渊、张郃留守汉中。张郃另率各路人马南下巴西，想将那里的百姓迁往汉中，张郃的军队进攻到宕渠、蒙头、荡石等地，与张飞的军队对垒五十多天。张飞率精兵一万多人，从另外一条路截击张郃的军队，并其交战，在狭窄的山路上，张郃的军队前后不能相互救援，张飞打败了张郃。张郃不得不丢掉战马，攀援高山，率部下十几人从偏僻的小路上逃走，张郃率部撤回南郑，巴西一带得以安宁。刘备当上汉中王后，任命张飞为右将军、并赏赐给他符节。章武元年，张飞升任车骑将军，兼任司隶校尉，并加封为西乡侯。

初，飞雄壮威猛，亚于关羽①，魏谋臣程昱等咸称羽、飞万人之敌也。羽善待卒伍而骄于士大夫，飞爱敬君子而不恤小人②。先主常戒之曰："卿刑杀既过差，又日鞭挝健儿③，而令在左右，此取祸之道也。"飞犹不悛。先主伐吴，飞当率兵万人，自阆中会江州。临发，其帐下将张达、范彊杀飞，持其首，顺流而奔孙权。飞营都督表报先主，先主闻飞都督之有表也，曰："噫！飞死矣。"追谥飞曰桓侯。

注释

①亚：相当。

②小人：地位低下的将士。

③挝：打。

## 译文

开始的时候，张飞的雄壮威猛，仅次于关羽，魏国谋士程昱等人都称赞关羽、张飞可抵万人。关羽对待自己的士兵很好，而对待士大夫们却很傲慢；而张飞则尊敬、爱戴有名望、有地位的人，却不爱护自己士兵，更不会体恤百姓。刘备曾经告诫他："你行刑杀人已经够多的了，又经常鞭打士卒，却还得让他们侍奉在你的左右，这是会招来祸患的。"张飞不思悔改。先主征讨东吴，张飞准备率一万人，由阆中出发到江州与先主会合。部队出发前，张飞的帐前将领张达、范强杀了张飞，拿着他的人头，顺江而下投靠孙权。张飞军营中的都督将此事上奏先主，先主听说张飞的都督有奏表传来，就哀叹道："唉！张飞死了。"追封张飞谥号桓侯。

### 历代名家评点

清乾隆皇帝下江南御笔亲题："雄赳赳吓碎老曹肝胆，眼睁睁看定汉室江山。"

# 蜀书

## 关张马黄赵传第六·马超

狮盔银铠玉面郎。目如星，体赛狼。跋扈飞扬，报仇反西凉。六战渭水逼潼关，麾铁骑，捻金枪。

白虎星君转世将。才高俊，命悲殇。养晦韬光，遁隐皇叔帐。一定成都逞声威，戍阳平，慑西羌。

《江城子》可以算是对马超戎马一生的概括与总结，生动的描绘出了马超的形象。

马超字孟起，扶风茂陵人也。父腾，灵帝末与边章、韩遂等俱起事于西州。初平三年，遂、腾率众诣长安。汉朝以遂为镇西将军，遣还金城，腾为征西将军，遣屯郿。后腾袭长安，败走，退还凉州。司隶校尉钟繇镇关中，移书遂、腾，为陈祸福。腾遣超随繇讨郭援、高幹于平阳，超将庞德亲斩援首。后腾与韩遂不和，求还京畿。于是征为卫尉，以超为偏将军，封都亭侯，领腾部曲。

## 译文

马超字孟起，扶风茂陵人。父亲马腾在汉灵帝末年和边章、韩遂等人一起在西州起事。初平三年，韩遂、马腾等带人到长安救援。汉朝任命韩遂为镇西将军，派他返回金城；任命马腾为征西将军，派他驻扎在郿县。后来马腾袭击长安，失败后逃走，退守到凉州。司隶校尉钟繇镇守关中，给韩遂、马腾写信，为他们分析利害关系。马腾就派马超跟随钟繇到平阳讨伐郭援、高幹。马超的将领庞德砍下郭援的首级。后来马腾同韩遂产生矛盾，请求调回京城。于是朝廷就征召马腾为卫尉，任命马超为偏将军，封为都亭侯，带领马腾属下的部将。

超既统众，遂与韩遂合从，及杨秋、李堪、成宜等相结，进军至潼关。曹公与遂、超单马会语，超负其多力，阴欲突前捉曹公，曹公左右将许褚瞋目眄之，超乃不敢动。曹公用贾诩谋，离间超、遂，更相猜疑，军以大败。超走保诸戎，曹公追至安定，会北方有事，引军东还。杨阜说曹公曰："超有信、布之勇，甚得羌、胡心。若大军还，不严为其备，陇上诸郡非国家之有也。"超果率诸戎以击陇上郡县，陇上郡县皆应之，杀凉州刺史韦康，据冀城，有其众。超自称征西将军，领并州牧，督凉州军事。康故吏民杨阜、姜叙、梁宽、赵衢等，合谋击超。阜、叙起于卤城，超出攻之，不能下；宽、衢闭冀城门，超不得入。进退狼狈，乃奔汉中依张鲁。鲁不足与计事，内怀于邑，闻先主围刘璋于成都，密书请降。

## 译文

马超统领军队后，就和韩遂南北呼应，并同杨秋、李堪、成宜等人联合起来，一起进军抵达潼关。曹操同韩遂、马超单人会面。马超仗着自己气力大，想暗中冲上前去捉住曹操。曹操身边的将领许褚怒目而视，马超才没敢轻举妄动。曹操采纳贾诩的计谋，在马超、韩遂二人中挑拨，两人相互猜疑，军队大败。马超逃到戎族的部落防守，曹操追到安定，正赶上魏国北方发生战事，于是只好率军向东去。杨阜劝曹操："马超有韩信、英布的勇武，又深得羌族和胡人的心。如果大军东归，而不对他加以防范，那么陇上各郡县就将不再归我们国家所有了。"后来，马超果然率领各戎族部落去攻打陇上郡县。陇上郡县都积极响应他，他们杀死了凉州刺史韦康，占领了冀城，控制了那里的兵马和百姓。马超称自己为征西将军，兼任并州牧，总管凉州军务。韦康原有的官吏和百姓杨阜、姜叙、梁宣和赵衢等人，密谋合力攻打马超。杨阜、姜叙在卤城起兵，马超冲出冀城去攻打他们，没能打败；梁宽、赵衢又在内关闭了冀城的城门，马超不能退回城中。进退两难之时，马超于是跑到汉中归顺了张鲁。张鲁不足以图谋大事，马超心中忧郁愤懑，听说刘备在成都围困了刘璋，就写密信给刘备请求归降。

◎青花三国人物大笔海◎

先主遣人迎超，超将兵径到城下。城中震怖，璋即稽首，以超为平西将军，督临沮，因为前都亭侯。先主为汉中王，拜超为左将军，假节。章武元年，迁骠骑将军，领凉州牧，进封斄乡侯，策曰："朕以不德，获继至尊，奉承宗庙。曹操父子，世载其罪，朕用惨怛，疢如疾首。海内怨愤，归正反本，暨于氐、羌率服，獯鬻慕义。以君信著北土，威武并昭，是以委任授君，抗飏虓虎，兼董万里，求民之瘼。其明宣朝化，怀保远迩，肃慎赏罚，以笃汉祜，以对于天下。"

二年卒，时年四十七。临没上疏曰："臣门宗二百余口，为孟德所诛略尽，惟有从弟岱，当为微宗血食之继，深托陛下，余无复言。"追谥超曰威侯，子承嗣。岱位至平北将军，进爵陈仓侯。超女配安平王理。

## 译文

刘备派人去迎接马超，马超带领部将一直开到成都城下。城中官兵非常害怕，刘璋于是跪地投降。刘备任命马超为平西将军，督率临沮，仍旧沿袭从前曹操所封的都亭侯。刘备当上了汉中王，任马超为左将军，并授予他符节。章武元年，马超升任为骠骑将军，兼任凉州牧，爵位提升为斄乡侯。刘备颁布策命说："我凭借无德之身，得以继承皇位，奉上天之命延续汉王室的皇统。曹操父子，他们的罪恶充塞天地，我因此忧伤不已，痛心疾首。四海之内人民都很怨愤，渴望恢复汉朝正统，乃至使氐族、羌族全部顺服，獯鬻部族也倾慕正义。由于你的信义在北方广为流传，威望和勇武都很昭显，因此我将重任交付于你。让你克制强敌，兼管万里，体察百姓，关心民生疾苦。希望你大力宣扬朝廷的仁义教化，招抚、安置远近各方，严肃审慎地施行赏罚举措，以增广汉朝的福运，从而无愧于天下民众。"

章武二年，马超去世，年仅四十七岁。

临终前他上书说："臣家宗族二百多口人，被曹孟德杀戮殆尽，只剩下堂弟马岱。他是我们马氏这个微弱家族的血脉，应该成为我们家接续香火的人，我恳切地把他托付给陛下，其他没有什么要说的了。"追封马超为威侯，他的儿子马丞继承了爵位。马岱官至平北将军，进爵为陈仓侯。马超的女儿嫁给了安平王刘理。

# 蜀书

## 关张马黄赵传第六·黄忠

黄忠原为刘表手下，和刘磐一同镇守长沙。刘表死后，黄忠先归曹操、后随刘备。在夺取西川的战斗中奋勇杀敌，屡建奇功。黄忠定军山战役中，率众斩杀夏侯渊，一举夺取汉中。黄忠因功被升为后将军，与关羽、张飞、马超齐名。

黄忠字汉升，南阳人也。荆州牧刘表以为中郎将，与表从子磐共守长沙攸县。及曹公克荆州，假行裨将军，仍就故任，统属长沙守韩玄。先主南定诸郡，忠遂委质，随从入蜀。自葭萌受任，还攻刘璋，忠常先登陷陈，勇毅冠三军。益州既定，拜为讨虏将军。

建安二十四年，于汉中定军山击夏侯渊。渊众甚精，忠推锋必进，劝率士卒，金鼓振天，欢声动谷，一战斩渊，渊军大败。迁征西将军。是岁，先主为汉中王，欲用忠为后将军，诸葛亮说先主曰："忠之名望，素非关、马之伦也。而今便令同列。马、张在近，亲见其功，尚可喻指；关遥闻之，恐必不悦，得无不可乎！"先主曰："吾自当解之。"遂与羽等齐位，赐爵关内侯。明年卒，追谥刚侯。子叙，早没，无后。

## 译文

黄忠，字汉升，河南南阳人。荆州牧刘表任命他为中郎将，和刘表的侄子刘磐一起防守长沙攸县。等到曹操攻下荆州时，黄忠代理裨将军，仍沿袭以前的职务，由长沙太守韩玄统管。刘备在长江南岸平定各州郡，黄忠归顺了刘备，并随他进入蜀地。黄忠在接受了刘备的委派后，从葭萌县回军攻打刘璋。他上阵杀敌，常常身先士卒，其勇猛果敢名列全军之首。益州平定后，刘备任命黄盖为讨虏将军。

建安二十四年，黄忠在汉中定军山攻打夏侯渊。夏侯渊武器精良，人马锋锐。黄忠指挥杀敌，每次都冲锋在前，激励士兵，全军战鼓震天，喊杀声震动山谷，只一个回合就杀死了夏侯渊，夏侯渊的军队大败。刘备升任黄忠为征西将军。同年，刘备被立为汉中王，他打算任用黄忠为后将军。诸葛亮劝刘备："黄忠的名望，向来就比不上关羽、马超，而现在就让他们平起平坐，马超、张飞都在近前，亲眼看到他的功劳，还可以理解您的做法。关羽在远方听到加封的消息，恐怕会不高兴，您这样做似乎不太合适。"刘备说："我会向关羽亲自解释这件事。"于是黄忠便与关羽等人齐位，并赐他爵位为关内侯。第二年，黄忠去世，刘备追谥他为刚侯。黄忠的儿子黄叙，早年亡故，没有留下后代。

## 历代名家评点

蜀军五虎将：关羽、张飞、马超、赵云、黄忠是《三国演义》中虚构的，史实中并无记载。杨戏的《季汉辅臣赞》中赞："将军敦壮，摧峰登难，立功立事，于时之干。"

# 蜀书

## 关张马黄赵传第六·赵云

赵云戎马一生，骁勇善战，胆略过人，刘备称其一身是胆，军士呼其虎威将军。他见识卓远，为人刚毅谨细。平定桂阳后，赵云任桂阳太守，原太守赵范之寡嫂有天资之色，范想将寡嫂许配给赵云，遭到婉拒。巴蜀初定时，刘备要将田宅分赐诸将，赵云劝阻刘备，认为应归还百姓。赵云为国，不被天姿国色所迷；为民，不为良田豪宅所动，时人与后人皆敬其德。

赵云字子龙，常山真定人也。本属公孙瓒，瓒遣先主为田楷拒袁绍，云遂随从，为先主主骑。及先主为曹公所追于当阳长坂，弃妻子南走，云身抱弱子，即后主也，保护甘夫人，即后主母也，皆得免难。迁为牙门将军。先主入蜀，云留荆州。

## 译文

赵云字子龙，常山郡真定县人，原是公孙瓒的部下。公孙瓒派刘备援助田楷去抵御袁绍的时候，赵云就跟随刘备，成为刘备主要的骑从。当刘备被曹操追到当阳长坂，抛下妻儿南逃时，赵云抱着刘备年幼的儿子，即后主刘禅，并保护着甘夫人，也就是刘禅的母亲，他们才能免于死难。后来赵云升任为牙门将军。刘备进入蜀地时，赵云在荆州驻守。

先主自葭萌还攻刘璋，召诸葛亮。亮率云与张飞等俱溯江西上，平定郡县。至江州，分遣云从外水上江阳，与亮会于成都。成都既定，以云为翊军将军。建兴元年，为中护军、征南将军，封永昌亭侯，迁镇东将军。五年，随诸葛亮驻汉中。明年，亮出军，扬声由斜谷道，曹真遣大众当之。亮令云与邓芝往拒，而身攻祁山。云、芝兵弱敌强，失利于箕谷，然敛众固守，不至大败。军退，贬为镇军将军。

七年卒，追谥顺平侯。

## 译文

刘备从葭萌县返回攻打刘璋，征召诸葛亮前往。诸葛亮率赵云和张飞等人一起沿长江逆流西上，一路上平定了各郡县。到江州后，刘备分派赵云沿岷江上到江阳，与丞相会合于成都。平定成都后，赵云被任命为翊军将军。建兴元年，赵云官至中护军、征南将军，被封为永昌亭侯，后来升任为镇东将军。建兴五年，赵云随诸葛亮在汉中驻守防御。第二年，诸葛亮出兵攻打魏，扬言要从斜谷道进军，曹真派大部队在此抵御。诸葛亮命令赵云和邓芝前去迎战曹真，而自己则率兵进攻祁山。赵云、邓芝兵力较少，呈敌众我寡之势，他们在箕谷失利，但他们聚集部众坚守阵地，才不至于大败。大军败退回朝后，赵云被降职为镇军将军。

建兴七年，赵云去世，后主刘禅追封他为顺平侯。

> 初，先主时，惟法正见谥；后主时，诸葛亮功德盖世，蒋琬、费祎荷国之重，亦见谥；陈祗宠待，特加殊奖，夏侯霸远来归国，故复得谥；于是关羽、张飞、马超、庞统、黄忠及云乃追谥，时论以为荣。云子统嗣，官至虎贲中郎，督行领军。次子广，牙门将，随姜维沓中，临陈战死。

## 译文

当初，刘备在世时，只有法正死后被加封谥号。后主刘禅在位时，诸葛亮因为功盖当世，蒋琬、费祎担负国家重任，也给予了谥号；陈祗深受宠爱，给予特殊的奖励，夏侯霸自远方前来归顺，所以也得到了谥号；这样关羽、张飞、马超、庞统、黄忠和赵云也都追加了谥号，当时人们议论认为这是很光荣的事。赵云的儿子赵统继承了他父亲的爵位，官至虎贲中郎，指挥统领军队。赵云的次子赵广，官至牙门将，随姜维出征沓中，战死在疆场。

# 蜀书

## 庞统法正传第七·庞统

庞统，刘备帐下谋士，才智与诸葛亮齐名，号“凤雏”。在进围雒县时，统率众攻城，不幸被流矢击中去世，时年三十六岁。追赐为关内侯，谥曰“靖侯”。庞统死后，葬于落凤坡。

庞统字士元，襄阳人也。少时朴钝，未有识者。颍川司马澂清雅有知人鉴[1]，统弱冠往见澂，澂采桑于树上，坐统在树下，共语自昼至夜。澂甚异之，称统当为南州士之冠冕，由是渐显。后郡命为功曹。性好人伦，勤于长养[2]。每所称述，多过其才，时人怪而问之，统答曰："当今天下大乱，雅道陵迟[3]，善人少而恶人多。方欲兴风俗，长道业，不美其谭即声名不足慕企，不足慕企而为善者少矣。今拔十失五，犹得其半，而可以崇迈世教，使有志者自励，不亦可乎？"

注释

①鉴：镜子，此处指鉴别的能力。
②长养：培养。
③雅道：正道。

## 译文

庞统字士元，襄阳人。年少时为人朴实，没有人了解他的才能。颍川郡的司马徽清高儒雅，善于鉴别人才。庞统二十来岁时去拜访司马徽，司马徽正在树上采桑叶。他让庞统在桑树下坐下，两人一起交谈，从白天一直谈到深夜。司马徽对庞统的才能感到惊讶，说他应该是江南各州读书人中首屈一指的人了，由是庞统逐渐声名显赫。后来他被郡府任命为功曹。他生性喜好品评人物，乐于培养人才。他每次称赞别人，往往言过其实，当时的人感到很奇怪，究其原由，庞统回答说："今天下大乱，正道衰微，善人少而恶人多。想要重兴好的风俗，增强人们的道德观念，如果不将值得称赞的人说得更完美，那他们的名声就不能被人仰慕，不能被人仰慕，那样行善的人就更少了。现在我褒扬十个人，即使有五个不够资格，那还有一半是有用之人，以此来增进道德教化，使有志于行善的人自我勉励，这不也是值得的吗？"

◎荆州◎

吴将周瑜助先主取荆州，因领南郡太守。瑜卒，统送丧至吴，吴人多闻其名。及当西还，并会昌门，陆绩、顾劭、全琮皆往。统曰：“陆子可谓驽马有逸足之力[1]，顾子可谓驽牛能负重致远也。”谓全琮曰：“卿好施慕名，有似汝南樊子昭。虽智力不多，亦一时之佳也。”绩、劭谓统曰：“使天下太平，当与卿共料四海之士[2]。”深与统相结而还。

先主领荆州，统以从事守耒阳令，在县不治，免官。吴将鲁肃遗先主书曰：“庞士元非百里才也，使处治中、别驾之任，始当展其骥足耳。”诸葛亮亦言之于先主，先主见与善谭，大器之，以为治中从事。亲待亚于诸葛亮，遂与亮并为军师中郎将。亮留镇荆州。统随从入蜀。

注释 <<<

①驽：劣马。

②料：估量。

## 译文

吴国将领周瑜帮助刘备夺取了荆州，因而兼任南郡太守。周瑜去世，庞统护送周瑜的灵柩到吴国。吴国人久闻庞统大名。等到他要西回时，都聚到昌门为他送行，陆绩、顾劭、全琮都来了。庞统说：“陆先生您可以说看起来像是驽马而实际上有飞奔的能力，顾先生您可以说是看起来像驽牛而实际上能担负重荷行走远方。”又对全琮说：“您乐善好施，仰慕美名，有点像汝南的樊子昭。虽然才智能力并不突出，也是当今的人才。”陆绩、顾劭对庞统说：“假如天下太平了，应当和您一起品评天下之士。”他们与庞统诚心结交，而后庞统返回蜀国。

刘备统领荆州，庞统以荆州从事的身份代理耒阳县县令。他在耒阳任职期间县务治理不佳，被罢了官。吴国将领鲁肃给刘备写信说：“庞士元不是治理百里之地之人，让他担任治中别驾之类的职务，才可以施展他的才能。”丞相也向刘备如此进言。刘备于是接见庞统，交谈甚深。刘备非常器重他，任命他为治中从事。刘备对他亲信程度仅次于诸葛亮，于是他就和诸葛亮一起任军师中郎将。诸葛亮留守荆州，庞统跟随刘备进入蜀地。

益州牧刘璋与先主会涪，统进策曰："今因此会，便可执之，则将军无用兵之劳而坐定一州也。"先主曰："初入他国，恩信未著，此不可也。"璋既还成都，先主当为璋北征汉中，统复说曰："阴选精兵，昼夜兼道，径袭成都；璋既不武[①]，又素无预备，大军卒至，一举便定，此上计也。杨怀、高沛，璋之名将，各仗强兵，据守关头，闻数有笺谏璋，使发遣将军还荆州。将军未至，遣与相闻，说荆州有急，欲还救之，并使装束，外作归形；此二子既服将军英名，又喜将军之去，计必乘轻骑来见，将军因此执之，进取其兵，乃向成都，此中计也。退还白帝，连引荆州，徐还图之，此下计也。若沉吟不去，将致大困，不可久矣。"先主然其中计，即斩怀、沛，还向成都，所过辄克。于涪大会，置酒作乐，谓统曰："今日之会，可谓乐矣。"统曰："伐人之国而以为欢，非仁者之兵也。"先主醉，怒曰："武王伐纣，前歌后舞，非仁者邪？卿言不当，宜速起出！"于是统逡巡引退[②]。先主寻悔，请还。统复故位，初不顾谢，饮食自若。先主谓曰："向者之论，阿谁为失？"统对曰："君臣俱失。"先主大笑，宴乐如初。

注释 <<<

①不武：缺乏勇武之气。

②逡巡：徘徊不前，犹豫的样子。

## 译文

益州牧刘璋和刘备在涪地相见，庞统献计："今天趁这次机会，立马俘获刘璋，那么将军您就不用兴师动众而能平定一个州了。"刘备说："我们刚进入别国境内，恩德信义还没有树立，这样不行。"刘璋返回成都，这时刘备正在为刘璋北上讨伐汉中做准备，庞统又建议："暗中挑选精兵，昼夜兼程，直接袭击成都；刘璋本来没有将帅的才能，又向来毫无防备，大军突然到达，一举就可以平定益州，这是上策。杨怀、高沛，都是刘璋的名将，各自倚仗强大的兵力，据守要塞，听说他们多次进谏规劝刘璋，让刘璋打发将军您返回荆州。将军您在到达他们驻地之前，可派人向他们通报，说荆州突发变故，您想回师援救，并命令大家整理行装，做出回荆州的样子。这两人既钦佩将军的英名，又高兴将军您的离去，估计他们一定会轻装简从前来拜见。将军您趁此机会抓住他们，前去收编他们的军队，然后再转攻成都，这是中策。您撤军返回白帝城，与荆州大军会合，再慢慢等待时机攻取益州，这是下策。如果犹豫不决不离开涪地，将会身陷困境，不能拖延太久。”刘备同意了他的中策，随即杀掉了杨怀、高沛，回军向成都进攻，所到之处都顺利攻克。刘备在涪聚集将士，摆酒奏乐欢庆胜利，他对庞统说：“今天的盛会，可以说是无比高兴。”庞统说：“攻打别人的领地而认为欢乐，这不是仁义的军队。”刘备喝醉了，生气地说：“周武王征伐商纣王时，百姓前后歌舞迎送，难道那不是仁义之师吗?您胡言乱语，应该马上离去！”于是庞统徘徊不决地退了出去。刘备随即后悔，派人请庞统回来。庞统回到原来的座位上，也不看刘备，也不向他道歉，吃喝如常。刘备对他说：“刚才的争论，到底是谁错了?”庞统回答说：“君臣都有错。”刘备大笑，宴席又恢复到原有的热闹气氛。

◎庞统三计取益州◎

进围雒县，统率众攻城，为流矢所中，卒，时年三十六。先主痛惜，言则流涕。拜统父议郎，迁谏议大夫，诸葛亮亲为之拜。追赐统爵关内侯，谥曰靖侯。

## 译文 

后来进军包围雒县时，庞统率众将攻城，被流箭射中而死，当时才三十六岁。刘备十分悲恸惋惜，说着说着他便流下泪来。刘备任命庞统的父亲为议郎，又升任谏议大夫。由诸葛亮亲自前去主持拜授仪式。追封庞统关内侯的爵位，谥号靖侯。

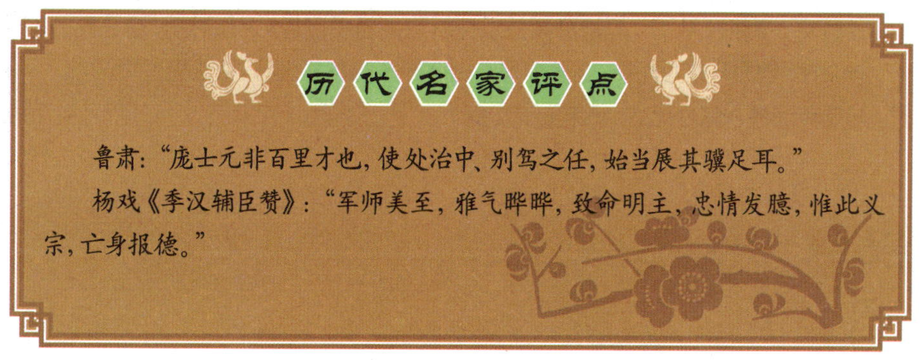

## 历代名家评点

鲁肃：“庞士元非百里才也，使处治中、别驾之任，始当展其骥足耳。”

杨戏《季汉辅臣赞》：“军师美至，雅气晔晔，致命明主，忠情发臆，惟此义宗，亡身报德。”

# 蜀书

## 董刘马陈董吕传第九·马谡

马谡很有才气，深得诸葛亮的赏识。刘备临终前曾嘱咐诸葛亮："马谡'言过其实，不可大用'"，但诸葛亮并没有听取刘备的忠告。北伐时期，诸葛亮力排众议，任命马谡为先锋，结果蜀军在街亭惨败给魏将张郃，诸葛亮退军汉中，马谡被治罪入狱后死亡，终年三十九岁。

先主称尊号，以良为侍中。及东征吴，遣良入武陵招纳五溪蛮夷，蛮夷渠帅皆受印号，咸如意指。会先主败绩于夷陵，良亦遇害。先主拜良子秉为骑都尉。

## 译文

刘备称帝后，委任马良为侍中。等到刘备东进征讨吴国时，刘备派马良到武陵一带去招降五溪地区的少数民族。各民族的首领都接受了蜀国的官印和封号，全都暗合刘备的心愿。恰巧赶上刘备在夷陵打了败仗，马良也被杀害。刘备拜请马良的儿子马秉为骑都尉。

良弟谡，字幼常，以荆州从事随先主入蜀，除绵竹成都令、越嶲太守。才器过人，好论军计，丞相诸葛亮深加器异。先主临薨谓亮曰："马谡言过其实，不可大用，君其察之！"亮犹谓不然，以谡为参军，每引见谈论，自昼达夜。

## 译文

马良的弟弟马谡，字幼常，曾经以荆州从事的身份随先主刘备进入蜀地，受任绵竹、成都令、越嶲太守。马谡才能超凡出众，喜欢谈论军事谋略，丞相诸葛亮十分器重他，待他比别人更好。刘备临终前告诫诸葛亮："马谡言过其实，不能够将重任交托于他，您一定要认清他的能力！"诸葛亮还是认为事实并非如此，他任命马谡为参军，经常招他过来谈论事情，有时从白天一直谈到深夜。

建兴六年，亮出军向祁山，时有宿将魏延、吴壹等，论者皆言以为宜令为先锋，而亮违众拔谡，统大众在前，与魏将张郃战于街亭，为郃所破，士卒离散。亮进无所据，退军还汉中。谡下狱物故，亮为之流涕。良死时年三十六，谡年三十九。

## 译文

建兴六年，诸葛亮发兵祁山，当时熟悉作战、经验丰富的有老将魏延、吴壹等人，谋臣们都认为应该派他们做先锋。但是诸葛亮违背了众人的意见，提拔马谡做先锋。马谡率军在前方征战，与魏国将领张郃激战于街亭，被张郃打败，士兵都四散溃逃。诸葛亮失去了继续前进的力量，将军队撤回汉中。马谡被治罪，关入了监狱，在狱中病死。诸葛亮为他痛哭流涕。马良死时才三十六岁，马谡死时年仅三十九岁。

◎三国城◎

# 蜀书

## 刘彭廖李刘魏杨传第十·魏延

魏延是蜀国名将，被刘备委以重任。诸葛亮北伐时期，魏延作为诸葛亮的左膀右臂，为蜀汉立下汗马功劳。魏延为人孤高，善养兵卒，勇猛过人，但是与重臣杨仪不和。诸葛亮死后，将兵权交于杨仪，魏延因持功心有不甘而率军欲杀杨仪，反被杨仪派马岱杀死。后来魏延一门被夷灭三族。

魏延字文长，义阳人也。以部曲随先主入蜀，数有战功，迁牙门将军。先主为汉中王，迁治成都，当得重将以镇汉川，众论以为必在张飞，飞亦以心自许。先主乃拔延为督汉中镇远将军，领汉中太守，一军尽惊。先主大会群臣，问延曰："今委卿以重任，卿居之欲云何？"延对曰："若曹操举天下而来，请为大王拒之；偏将十万之众至，请为大王吞之。"先主称善，众咸壮其言。先主践尊号，进拜镇北将军。建兴元年，封都亭侯。五年，诸葛亮驻汉中，更以延为督前部，领丞相司马、凉州刺史，八年，使延西入羌中，魏后将军费瑶、雍州刺史郭淮与延战于阳谿，延大破淮等，迁为前军师征西大将军，假节，进封南郑侯。

## 译文

魏延字文长，义阳人。他以部属的身份跟随刘备进入蜀地，屡立战功，被提拔为牙门将军。刘备自立为汉中王，将都城迁到成都，需要一名很有威望的将领来镇守汉中。大家都认为应选中张飞镇守，张飞也自认为非他莫属。但是刘备竟然提拔魏延做镇远将军，兼任汉中太守，掌管汉中地区的事务。全军上下对这一决定都感到吃惊。刘备召集群臣，询问魏延："现在对你委以重任，您如何打算?"魏延回答："如果曹操率领全国之军来犯，我将为大王抵挡他；如果是他派部将率十万人到来，我将为大王消灭他们。"刘备大为赞赏，众人也都佩服他的豪迈。刘备称帝后，将魏延升为镇北将军。建兴元年，后主封魏延为都亭侯。建兴五年，诸葛亮在汉中驻守，又委派魏延兼丞相府司马和凉州刺史，让他带领前锋部队。建兴八年，诸葛亮派魏延西进，入羌中地区。魏国后将军费瑶、雍州刺史郭淮同魏延在阳谿交战，魏延将郭淮等人打得一败涂地。于是被升为前军师、征西大将军，并被授予符节，进封为南郑侯。

延每随亮出，辄欲请兵万人，与亮异道会于潼关，如韩信故事，亮制而不许。延常谓亮为怯，叹恨己才用之不尽。延既善养士卒，勇猛过人，又性矜高，当时皆避下之。唯杨仪不假借延，延以为至忿，有如水火。十二年，亮出北谷口，延为前锋。出亮营十里，延梦头上生角，以问占梦赵直，直诈延曰："夫麒麟有角而不用，此不战而贼欲自破之象也。"退而告人曰："角之为字，刀下用也；头上用刀，其凶甚矣。"

## 译文

魏延每次随诸葛亮出征时，总要求领兵一万，像从前韩信所做的那样，和诸葛亮分道进兵，在潼关会合。诸葛亮都坚决不肯听从。所以魏延经常认为诸葛亮胆子太小，叹息不能充分发挥自己的才能。魏延对士兵非常爱护，勇猛过人，性情又十分高傲，所以当时的人都不去冒犯他，而对他礼让有加。只有杨仪对他毫不宽容。魏延因而十分憎恨杨仪，两人势不两立。

建兴十二年，丞相北伐，自北谷口出发。魏延担任前锋，率军驻扎在距诸葛亮大营十里的地方。魏延梦见自己头上长角，去向占测圆梦的官员赵直询问。赵直哄骗魏延说："麒麟生有角却不使用，这是不战而敌人自行溃败的先兆。"等赵直退出后，对别人说："角这个字，是刀字底下一个用字；头上用刀，那是非常凶险的事情。"

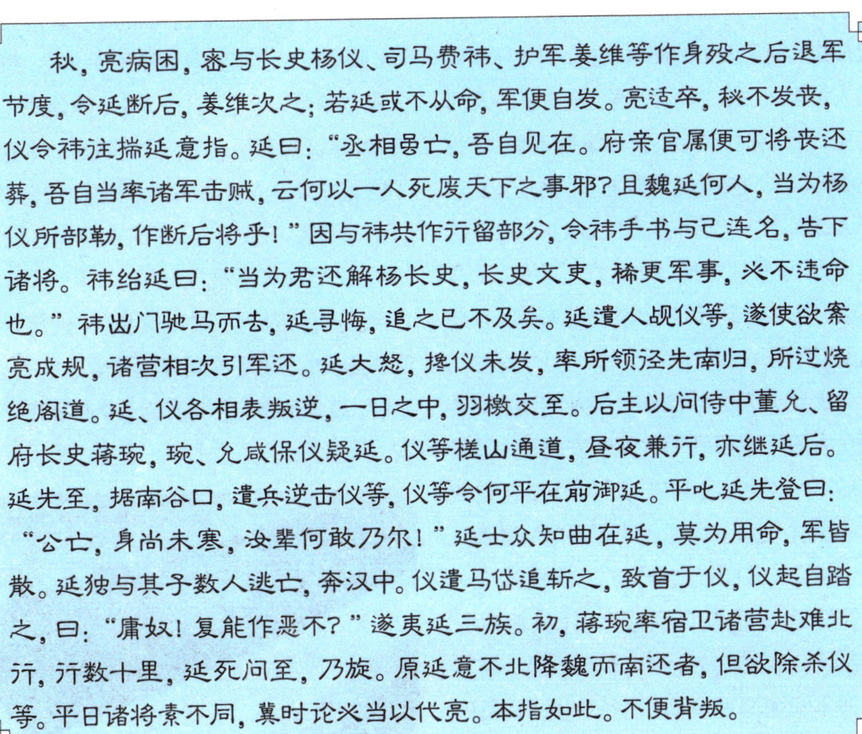

秋，亮病困，密与长史杨仪、司马费祎、护军姜维等作身殁之后退军节度，令延断后，姜维次之；若延或不从命，军便自发。亮适卒，秘不发丧，仪令祎往揣延意指。延曰："丞相虽亡，吾自见在。府亲官属便可将丧还葬，吾自当率诸军击贼，云何以一人死废天下之事邪？且魏延何人，当为杨仪所部勒，作断后将乎！"因与祎共作行留部分，令祎手书与己连名，告下诸将。祎绐延曰："当为君还解杨长史，长史文吏，稀更军事，必不违命也。"祎出门驰马而去，延寻悔，追之已不及矣。延遣人觇仪等，遂使欲案亮成规，诸营相次引军还。延大怒，搀仪未发，率所领径先南归，所过烧绝阁道。延、仪各相表叛逆，一日之中，羽檄交至。后主以问侍中董允、留府长史蒋琬，琬、允咸保仪疑延。仪等槎山通道，昼夜兼行，亦继延后。延先至，据南谷口，遣兵逆击仪等，仪等令何平在前御延。平叱延先登曰："公亡，身尚未寒，汝辈何敢乃尔！"延士众知曲在延，莫为用命，军皆散。延独与其子数人逃亡，奔汉中。仪遣马岱追斩之，致首于仪，仪起自踏之，曰："庸奴！复能作恶不？"遂夷延三族。初，蒋琬率宿卫诸营赴难北行，行数十里，延死问至，乃旋。原延意不北降魏而南还者，但欲除杀仪等。平日诸将素不同，冀时论必当以代亮。本指如此。不便背叛。

## 译文

这一年的秋天，诸葛亮病重生命垂危，秘密同长史杨仪、司马费祎、护军姜维等人交待后事，安排自己死后撤军的部署。让魏延率领部众断后，姜维在魏延之前；如果魏延不服从命令，大军就即刻自行启程，退回汉中，对魏延不予理睬。

诸葛亮去世后，身边的将领对此保密，不对外宣布他的死讯。杨仪命费祎前去魏延军中，打探魏延的用意。魏延说："丞相虽然去世了，可我魏延还在。丞相府中的亲信随从可以把丞相的灵柩护送回朝，妥善安葬。我自当率领军队前去攻打贼寇。怎能因为一个人的去世而荒废了征讨贼寇的大业呢?而我魏延是何等人物，怎能听任杨仪的部署，去作断后的将领!"魏延于是和费祎共同商定人员的部署安排，何人回朝，何人留下，让费祎亲笔书写，并签署两人的名字，传告诸位将领。费祎骗魏延说："我应为您回去向杨长史解释此事，他是文官，不大懂军事，一定不会违抗您的命令。"魏延应允了。费祎出营门后就挥马驱策，飞奔而去。魏延随即后悔了，想去追费祎，但是已经赶不上了。

魏延派人去打探杨仪等人的动静，得知众人即将遵照丞相生前的安排，各营依次撤军，陆续返回汉中。魏延大怒，赶在杨仪启程前，抢先率领自己的部下向南退走，沿途烧毁并截断依山修筑的木质栈道。

魏延、杨仪均向朝廷上奏，指控对方是叛徒，告急文书纷纷交送到朝廷。后主刘禅不知该如何决断，向侍中董允、留府长史蒋琬询问此事，蒋琬、董允都出来袒护杨仪，而对魏延表示怀疑。杨仪等人劈山凿路，昼夜兼行，也紧随在魏延军后。魏延先到，据守褒谷口，派兵迎击杨仪等人。杨仪等命何平在前面抵抗魏延军队。何平斥责魏延抢先撤退之事，说："丞相刚刚去世，尸骨未寒，你们这些人胆敢如此!"魏延的部下也知道是魏延理屈，没有人拼力死战，反而全部逃散。魏延只得与儿子和几名亲信逃跑，向汉中奔去。杨仪派马岱追上魏延，将他杀死了。马岱把魏延的人头交给杨仪，杨仪站起身来，用脚踩着魏延的头颅，骂道："这个庸劣的奴才!如今你还能作恶么?"于是杀死了魏延的三族亲属。

起初，蒋琬得知魏延带领军队抢先撤退，就率留守成都的各营禁卫军北上，想赶去阻截魏延。行进了几十里后，魏延的死讯传来，才又撤回了成都。推测魏延的本意，不向北方行进去投降魏国，而是向南返回，只是想杀死杨仪等人。平时众位将领的看法就不一致，矛盾极深，魏延本来认为应当由自己接替诸葛亮，去继续征伐，没想到要听从杨仪的安排。所以魏延气愤难捺，铤而走险。魏延的本意不过如此，并非要背叛蜀国。

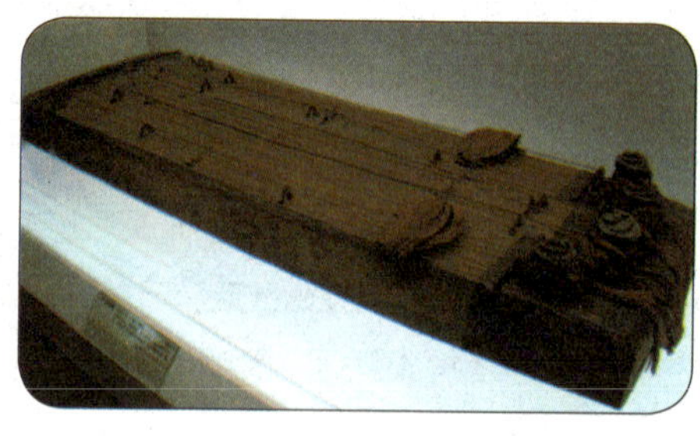

# 蜀书

## 蒋琬费祎姜维传第十四·姜维

姜维，蜀国大将军，第五代执政大臣。诸葛亮北伐事业的继承者。姜维是一个历史上是非功过争议颇多的人物。姜维归蜀之际就受到诸葛亮垂青并赋予重任，“敏于军事，既有胆义，深解兵意”。“好学不倦，清素节约”，表明他是一个韬略过人，操守可风的俊杰。

姜维字伯约，天水冀人也[①]。少孤，与母居。好郑氏学。仕郡上计掾，州辟为从事。以父冏昔为郡功曹，值羌、戎叛乱，身卫郡将，没于战场，赐维官中郎，参本郡军事。建兴六年，丞相诸葛亮军向祁山，时天水太守适出案行，维及功曹梁绪、主簿尹赏、主记梁虔等从行。太守闻蜀军垂至，而诸县响应，疑维等皆有异心，于是夜亡保上邽[②]。维等觉太守去，追迟，至城门，城门已闭，不纳。维等相率还冀，冀亦不入维。维等乃俱诣诸葛亮。会马谡败于街亭，亮拔将西县千余家及维等还，故维遂与母相失。

注释 <<<

①冀：今甘肃甘谷东。

②上邽：今甘肃天水。

## 译文

姜维字伯约，甘肃天水冀县人，幼年丧父，和母亲生活在一起。姜维喜欢郑玄的经学。在郡中担任上计掾，州府举荐他为从事。他的父亲姜冏从前任郡中功曹。当时正值羌族、戎族叛乱，姜冏亲自保卫郡太守，战死在疆场。所以朝廷赐给姜维中郎这一官职，参与本郡军备事务的管理。

建兴六年，诸葛亮进军祁山，当时天水太守正好在外巡视，姜维和功曹梁绪、主簿尹赏、主记梁虔等人一同随行。太守听说蜀军即将到来，并且各县都响应蜀军，怀疑姜维等人也有反叛之心，于是连夜逃跑，到上邦守护。姜维等人发觉太守逃跑，追赶迟了，到上邦城下时，城门已经关闭，不让他们进去。姜维等人一同回到冀，冀也不让他们进去。姜维等人于是一同去投奔诸葛亮。当时正赶上马谡街亭失守，诸葛亮带领西县一千多户人家和姜维等人返回蜀国，因此姜维与母亲失散。

亮辟维为仓曹掾，加奉义将军，封当阳亭侯，时年二十七。亮与留府[1]长史张裔、参军蒋琬书曰："姜伯约忠勤时事，思虑精密，考其所有，永南、季常诸人不如也。其人，凉州上士也。"又曰："须先教中虎步兵五六千人[2]。姜伯约甚敏于军事，既有胆义，深解兵意。此人心存汉室，而才兼于人，毕教军事，当遣诣宫，觐见主上。"后迁中监军、征西将军。

十二年，亮卒，维还成都，为右监军、辅汉将军，统诸军，进封平襄侯。延熙元年[3]，随大将军蒋琬住汉中。琬既迁大司马，以维为司马，数率偏军西入。六年，迁镇西大将军，领凉州刺史。十年，迁卫将军，与大将军费祎共录尚书事。是岁，汶山平康夷反，维率众讨定之。又出陇西、南安、金城界，与魏大将军郭淮、夏侯霸等战于洮西。胡王治无戴等举部落降，维将还安处之。十二年，假维节，复出西平，不克而还。维自以练西方风俗[4]，兼负其才武，欲诱诸羌、胡以为羽翼，谓自陇以西可断而有也。每欲兴军大举，费祎常裁制不从，与其兵不过万人。

注释 <<<

①留府：留守在京师的丞相府。

②中虎步兵：中军虎步监所统辖的精锐部队。

③延熙：蜀汉后主年号（公元238年—公元257年）。

④练：熟悉。

◎三国 青瓷灶台◎

## 译文

诸葛亮推举姜维为仓曹掾，授任奉义将军，封为当阳亭侯，这一年姜维二十七岁。诸葛亮给留府长史张裔、参军蒋琬写信："姜伯约忠于职守勤于政事，思索精准细密，考察才能，永南、季常这些人都比不上他。这个人，是凉州的高明之士。"又说："必须让他先训练中军虎步兵五六千人，姜伯约极具军事才能，既有胆量义气，又熟知兵法韬略。这个人心系汉室，而才能又超出常人，等他完成了练兵的任务，应派他到宫中，朝见天子。"后来姜维升任中监军、征西将军。

建兴十二年，诸葛亮去世，姜维返回成都，担任右监军、辅汉将军，统率各军，又被加封为平襄侯。

延熙元年，姜维随大将军蒋琬在汉中驻守。蒋琬升任大司马后，任命姜维为司马。姜维多次率领军队部分兵力进入西部地区。

延熙六年，姜维升为镇西大将军，并兼任凉州刺史。

延熙十年，升为卫将军，与大将军费祎一同担任录尚书事。同年，汶山平康县羌族反叛，姜维领兵讨伐，平定叛乱。又出兵陇西、南安、金城地区，和魏国大将军郭淮、夏侯霸等在洮河以西交战。胡王治无戴等人带领其部落投降，姜维率领他们返回并安置他们定居下来。

延熙十二年，刘禅授给姜维符节。姜维又出兵西平，没有攻克，撤军回朝。姜维认为熟悉西部地区的风土人情，又对自己的才能武力颇为自负，于是想要诱降各羌、胡部族作为辅佐，认为自陇山以西的地区绝对可以为蜀所有。他每次想要大举出兵，费祎常不听他的建议，对他加以控制，每次拨给他的军队不超过一万人。

二十年，魏征东大将军诸葛诞反于淮南，分关中兵东下。维欲乘虚向秦川，复率数万人出骆谷[①]，径至沈岭。时长城积谷甚多而守兵乃少，闻维方到，众皆惶惧。魏大将军司马望拒之，邓艾亦自陇右，皆军于长城。维前住芒水[②]，皆倚山为营。望、艾傍渭坚围，维数下挑战，望、艾不应。景耀元年，维闻诞破败，乃还成都。复拜大将军。

注释 <<<

①骆谷：今陕西周至西南，关中与汉中的交通要道。

②芒水：渭水支流，今陕西周至东南。

译文 

延熙二十年，魏国征东大将军诸葛诞在淮南反叛，带领部分关中军队东下而行。姜维想趁关中空虚之际进军秦川，所以率领数万人从骆谷出发，径直去往沈岭。当时长城镇粮多兵少，听到姜维即将到来，众人都惊惧不已。魏国大将军司马望拼死抵抗姜维的进犯，邓艾也从陇右赶来，都驻扎在长城。姜维向前进发，驻扎在芒水，全军依山安居。司马望、邓艾则靠近渭水修筑坚固的营垒。姜维多次下战书，司马望、邓艾都拒不应战。景耀元年，姜维听说诸葛诞兵败，便返回成都，被再次任命为大将军。

五年，维率众出汉、侯和[①]，为邓艾所破，还住沓中。维本羁旅托国，累年攻战，功绩不立，而宦官黄皓等弄权于内，右大将军阎宇与皓协比，而皓阴欲废维树宇。维亦疑之，故自危惧，不复还成都。六年，维表后主："闻钟会治兵关中，欲规进取，宜并遣张翼、廖化督诸军分护阳安关口、阴平桥头以防未然。"皓征信鬼巫[②]，谓敌终不自致，启后主寝其事[③]，而群臣不

注释 <<<

①侯和：今甘肃卓泥东北。

②征信：相信。

③寝：平息。

④惟：想。

知。及钟会将向骆谷，邓艾将入沓中，然后乃遣右车骑廖化诣沓中为维援，左车骑张翼、辅国大将军董厥等诣阳安关口以为诸围外助。比至阴平，闻魏将诸葛绪向建威，故住待之。月余，维为邓艾所摧，还住阴平。钟会攻围汉、乐二城，遣别将进攻关口，蒋舒开城出降，傅佥格斗而死。会攻乐城，不能克，闻关口已下，长驱而前。翼、厥甫至汉寿，维、化亦舍阴平而退，适与翼、厥合，皆退保剑阁以拒会。会与维书曰："公侯以文武之德，怀迈世之略，功济巴、汉，声畅华夏，远近莫不归名。每惟畴昔④，尝同大化，吴札、郑乔，能喻斯好。"维不答书，列营守险。会不能克，粮运县远，将议还归。

## 译文

景耀五年，姜维率领兵士从汉城、侯和出发，被邓艾打败，退兵驻守在沓中。姜维本来长年客居别国他乡，连年征战，功业还未建立，而宦官黄皓之流在朝廷玩弄权术，右大将军阎宇又与黄皓串通一气。黄皓暗地里想要废除姜维而扶植阎宇。姜维对他们也心存疑虑。所以非常担忧，不再返回成都。

景耀六年，姜维向后主上表："听说钟会在关中整顿军备，打算对我们发起攻击。主上应该派张翼、廖化统领各路兵马到阳安关口和阴平桥头守护，防患于未然。"黄皓坚信鬼巫之说，认为敌人始终不会到来，于是禀告刘禅不用派兵防守。而朝中大臣都不知道姜维与黄皓的这件事。等到钟会即将进入骆谷，邓艾将要步入沓中时，刘禅方才派右车骑将军廖化前往沓中救援姜维，派左车骑将军张翼、辅国大将军董厥等人前往阳安关口作为各城的外援。部队到了阴平，听说魏国将领诸葛绪已向建威进攻，于是停下来。一个多月后，姜维被邓艾打败，退守到阴平。钟会围攻汉、乐两座城池，又派将领进攻阳安关口。蒋舒打开城门投降，傅命拼力死守，后战死。钟会没有打下乐城，听说阳安关口已被攻破，便长驱而入。张翼、董厥刚到汉寿，姜维、廖化也从阴平撤回，恰好会合，于是一起退到剑阁抵御钟会。钟会写信给姜维："公侯您拥有文德武功，身怀盖世谋略，在巴蜀、汉中建立了功业，名声在华夏传扬，远近都慕名归附。每当想起往昔，我们曾经一起感受魏朝的文治教化，像吴国季札和郑国子产那样了解时势。您反蜀投魏才是正道。"姜维没有回信，仍然列兵驻守险要。钟会攻打不下，军粮运送的路途又很遥远，将领们都商议要撤军。

而邓艾自阴平由景谷道傍入，遂破诸葛瞻于绵竹。后主请降于艾，艾前据成都。维等初闻瞻破，或闻后主欲固守成都，或闻欲东入吴，或闻欲南入建宁，于是引军由广汉、郪道①以审虚实。寻被后主敕令，乃投戈放甲，诣会于涪军前，将士咸怒，拔刀斫石。

会厚待维等，皆权还其印号节盖。会与维出则同舆，坐则同席，谓长史杜预曰："以伯约比中土名士，公休、太初不能胜也。"会既构邓艾，艾槛车征，因将维等诣成都，自称益州牧以叛。欲授维兵五万人，使为前驱。魏将士愤怒，杀会及维，维妻子皆伏诛。

注释<<<

①郪：县名。今四川射洪西南。

## 译文

然而邓艾此时从阴平经景谷道旁边的路进入蜀地，在绵竹打败了诸葛瞻。后主刘禅向邓艾投降，邓艾出兵占了成都。姜维等人起初只是听说诸葛瞻战败，有人说刘禅想坚守成都，有人说刘禅想东去投奔吴国，有人说刘禅想南下进入建宁。于是姜维带领军队经过广汉、郪道县去打探虚实。不久接到刘禅的诏命，于是放下兵器，到涪县军营向钟会投降。将士们对此非常愤怒，拔出刀剑在石头上乱砍一气。

钟会优待姜维等人，交还他们印玺、令号、符节、车盖。钟会外出时与姜维同乘一辆车，坐下时共用一张席。钟会对长史杜预说："如果拿伯约和中原的名士相比，即便是诸葛公休、夏侯太初也没法与他相比。"钟会编织罪状陷害邓艾，邓艾被关押回京，钟会就带领姜维等人来到成都，自称益州牧而反叛。钟会想给姜维五万名士兵，让他做先锋。魏军将士愤怒至极，杀死钟会和姜维。姜维的妻子儿女也都被杀。

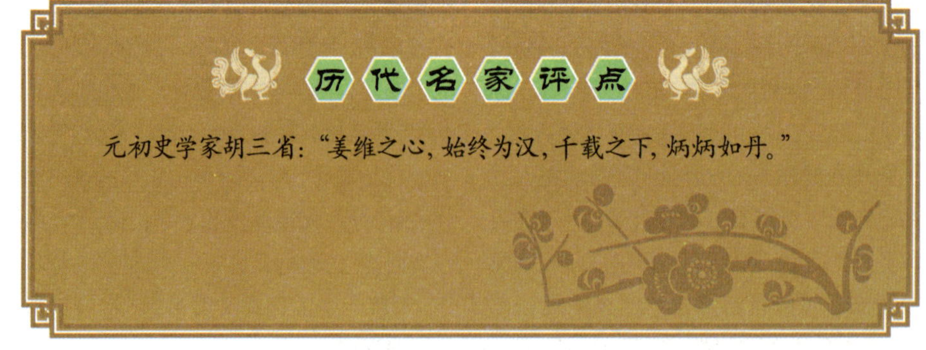

### 历代名家评点

元初史学家胡三省："姜维之心，始终为汉，千载之下，炳炳如丹。"

# 吴书

## 吴主传第二·孙权

孙权，三国时期吴国的开国皇帝，卓越的政治家。传说是中国兵法家孙武后裔。长沙太守孙坚次子，幼年跟随兄长孙策平定江东，公元200年孙策早逝，孙权继位为江东之主。

孙权字仲谋。兄策既定诸郡[1]，时权年十五，以为阳羡长。郡察孝廉，州举茂才，行奉义校尉。汉以策远修职贡，遣使者刘琬加锡命。琬语人曰："吾观孙氏兄弟虽各才秀明达，然皆禄祚不终，惟中弟孝廉[2]，形貌奇伟，骨体不恒，有大贵之表，年又最寿，尔试识之。"

建安四年，从策征庐江太守刘勋。勋破，进讨黄祖于沙羡。

注释 <<<

①策：指孙权的哥哥孙策。

②中弟：排行第二的弟弟。

## 译文

孙权，字仲谋。他的兄长孙策平定江东各郡时，孙权十五岁，就被任命为阳羡县长。郡守举荐他为孝廉，州牧推荐他做茂才，代理奉义校尉。朝廷因孙策虽地处偏远，却仍能尽臣子的责任进献赋税贡奉，就派使者刘琬去颁发赐给他爵位和官服。刘琬回来后对别人说："我看孙氏兄弟虽然个个才能出众、通达事理，但是寿命都不会长，只有老二孙权，形体魁伟，相貌奇特，骨架不凡，有大贵的仪相，寿命又最长，你们可记着验证我的话吧。"

◎吴国 大泉五百◎

建安四年，孙权随孙策征伐庐江太守刘勋。打败刘勋后，他又随军到沙羡讨伐黄祖。

五年，策薨，以事授权，权哭未及息。策长史张昭谓权曰："孝廉，此宁哭时邪[1]？且周公立法而伯禽不师，非欲违父，时不得行也。况今奸宄竞逐，豺狼满道，乃欲哀亲戚[2]，顾礼制，是犹开门而揖盗，未可以为仁也。"乃改易权服，扶令上马，使出巡军。是时惟有会稽、吴郡、丹杨、豫章、庐陵，然深险之地犹未尽从，而天下英豪布在州郡，宾旅寄寓之士以安危去就为意，未有君臣之固。张昭、周瑜等谓权可与共成大业，故委心而服事焉。曹公表权为讨虏将军，领会

注释 <<<

①宁：难道。

②亲戚：古时父子兄弟也可以称为亲戚，这里指孙策。

③师傅：太子太师、太子太傅的简称。

稽太守，屯吴，使丞之郡行文书事。待张昭以师傅之礼[3]，而周瑜、程普、吕范等为将率。招延俊秀，聘求名士，鲁肃、诸葛瑾等始为宾客。分部诸将，镇抚山越，讨不从命。

译文 

建安五年，孙策去世时，将军政大事交给孙权，孙权悲哭不止。孙策的长史张昭对孙权说："孝廉，难道现在是痛哭的时候吗？况且从前周公立的丧礼，连他的儿子伯禽也没有遵从，并不是他想违背父亲的训导，而是当时情势所迫让他不能遵从礼法行事。何况如今朝廷内外违法作乱的人竞相争逐，豺狼一般的坏人比比皆是。这时你却想哀痛兄长，顾念着丧制礼仪，这就好像是打开家门迎请盗贼，算不得仁德。"于是改换了孙权的丧服，扶他上马，让他巡视军队。这时孙权只拥有会稽、吴郡、丹杨、豫章、庐陵五郡，而且这些郡的偏远险要地区还没有完全顺服，而天下的英雄豪杰散布在各州郡，以宾客身份寄居的士人都按个人安危利益作去留的考虑，还没有建立起来君臣之间互相信赖的稳固关系。张昭、周瑜等人认为可以与孙权一起成就一番大业，所以倾心辅佐他。曹操上表奏请任命孙权为讨虏将军，兼任会稽太守，并派郡承到会稽郡处理日常公文。孙权以师长太傅的礼节对待张昭，又让周瑜、程普、吕范等人担任将帅。他广招贤能，各处寻求有名望的士人，鲁肃、诸葛瑾等人在这时成为了他的座上宾。孙权根据每个人的特点分派部署将领，派人镇守安抚山越部族，讨伐不服从命令的部族。

◎东汉年间，孙权在原址石头山上顺势筑城，故称石头城◎

荆州牧刘表死，鲁肃乞奉命吊表二子[1]，且以观变。肃未到，而曹公已临其境，表子琮举众以降。刘备欲南济江，肃与相见，因传权旨，为陈成败。备进住夏口，使诸葛亮诣权，权遣周瑜、程普等行。是时曹公新得表众，形势甚盛，诸议者皆望风畏惧，多劝权迎之。惟瑜、肃执拒之议，意与权同。瑜、普为左右督，各领万人，与备俱进，遇于赤壁，大破曹公军。公烧其余船引退，士卒饥疫，死者大半。备、瑜等复追至南郡，曹公遂北还，留曹仁、徐晃于江陵，使乐进守襄阳。时甘宁在夷陵，为仁党所围，用吕蒙计，留凌统以拒仁，以其半救宁，军以胜反。权自率众围合肥，使张昭攻九江之当涂[2]。昭兵不利，权攻城逾月不能下。曹公自荆州还，遣张喜将骑赴合肥。未至，权退。

注释 <<<

①乞：请求。

②当涂：今安徽怀远东南。

## 译文

荆州牧刘表死后，鲁肃请求前去吊唁并慰问刘表的两个儿子，趁机观察荆州的形势。但鲁肃还没有到达荆州，曹操已经率军逼近那里，刘表的儿子刘琮率全体部众投降。刘备要南渡长江，鲁肃同他相见，传达了孙权意思，并向他陈述了成败的道理。刘备进军驻守夏口，派诸葛亮拜见孙权，孙权派周瑜、程普等人向曹操进军。此时的曹操刚刚得到了刘表的部众，气势很强，孙权的谋士对曹操感到惧怕，很多人劝孙权迎接并投降曹操。只有周瑜、鲁肃坚持抵抗曹操，这种想法和孙权相同。周瑜、程普任左右都督，各领兵一万，与刘备一起攻打曹操，在赤壁与曹军相遇，大败曹军。曹操将剩余的船只烧毁，率军撤退，士兵因饥饿疫病，死伤大半。刘备、周瑜等人又追击到南郡，曹操于是撤回北方，只留曹仁、徐晃驻守江陵，派乐进守卫襄阳。当时甘宁在夷陵被曹仁的手下包围，孙权采用吕蒙的计谋，留下凌统抵御曹仁，用他一半的兵力援救甘宁，吴军因此得胜而归。孙权自己率军马围攻合肥，派张昭进攻九江郡的当涂县。张昭出师不利，孙权攻城一个多月仍旧未能攻下。曹操从荆州回来，派张喜率领骑兵开赴合肥。张喜援军未到，孙权就撤退了。

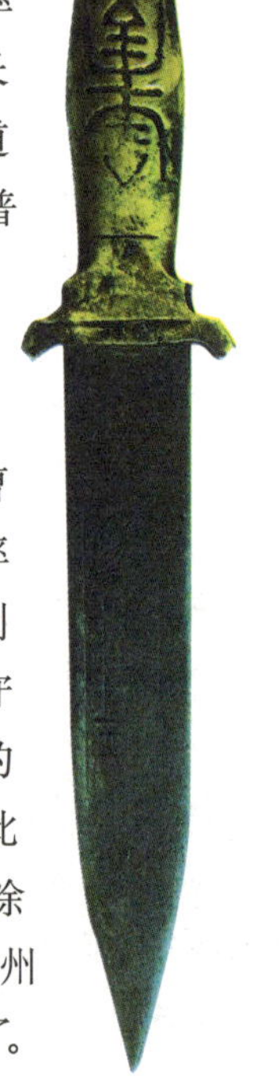

十六年，权迁治秣陵。明年，城石头，改秣陵为建业。闻曹公将来侵，作濡须坞①。

十八年正月，曹公攻濡须，权与相拒月余。曹公望权军，叹其齐肃，乃退。初，曹公恐江滨郡县为权所略，征令内移。民转相惊，自庐江、九江、蕲春、广陵户十余万皆东渡江，江西遂虚，合肥②以南惟有皖城。

是岁刘备定蜀。权以备已得益州，令诸葛瑾从求荆州诸郡。备不许，曰："吾方图凉州，凉州定，乃尽以荆州与吴耳。"权曰："此假而不反，而欲以虚辞引岁。"遂置南三郡长吏，关羽尽逐之。权大怒，乃遣吕蒙督鲜于丹、徐忠、孙规等兵二万取长沙、零陵、桂阳三郡，使鲁肃以万人屯巴丘以御关羽。权住陆口，为诸军节度。蒙到，二郡皆服，惟零陵太守郝普未下。会备到公安，使关羽将三万兵至益阳，权乃召蒙等使还助肃。蒙使人诱普，普降，尽得三郡将守，因引军还，与孙皎、潘璋并鲁肃兵并进，拒羽于益阳。未战，会曹公入汉中，备惧失益州，使使求和。权令诸葛瑾报，更寻盟好，遂分荆州长沙、江夏、桂阳以东属权，南郡、零陵、武陵以西属备。备归，而曹公已还。权反自陆口，遂征合肥，合肥未下，彻军还。兵皆就路，权与凌统、甘宁等在津北为魏将张辽所袭，统等以死捍权，权乘骏马越津桥得去。

注释 <<<

①濡须坞：为吴军的军事重镇。

②合肥：今安徽合肥。

## 译文

建安十六年，孙权把官署迁到秣陵。第二年，他命人修筑石头城，改秣陵为建业。听说曹操将要来攻，他又叫人修建了濡须坞。

建安十八年正月，曹操进攻濡须坞，孙权与他相持了一个多月。曹操远望孙权的军队，赞叹他们军容整严，随后撤军。当初，曹操担心长江沿岸的各郡县要被孙权夺取，下令让当地居民向中原内地迁移。民众反而自相惊扰，庐江、九江、蕲春、广陵的十多万户人家全部东渡长江，所以长江西岸空虚无人，合肥以南只有皖城仍归曹操所有。

这一年刘备平定蜀地。孙权因刘备已得益州，于是命令诸葛瑾向刘备讨回荆州各郡。刘备没有答应，说：“我正在谋取凉州，凉州平定，就把荆州归还给吴国。”孙权说：“这是借而不还，却想要拿空话拖延时间。”于是孙权设了荆南三郡的太守，结果都被关羽赶走了。孙权大怒，就派吕蒙督率鲜于丹、徐忠、孙规等人的军队二万人攻取长沙、零陵、桂阳三郡，并派鲁肃率一万人驻扎在巴丘，以防御关羽。孙权进驻陆口，对各路人马进行总体的调度。吕蒙兵到，长沙、桂阳二郡全都降服。只有零陵太守郝普不投降。这时，刘备来到公安，派关羽率三万人马到益阳，孙权就召回吕蒙等人让他们援助鲁肃。吕蒙派人诱降郝普，郝普投降。吕蒙全获三郡太守，率军返回，和孙皎、潘璋以及鲁肃的军队一同，在益阳抗击关羽。还没有交战，便赶上曹操进兵汉中，刘备害怕失掉益州，派使者去同孙权讲和。孙权派诸葛瑾回复，重新结为同盟。于是就分荆州的长沙、江夏、桂阳三郡以东地区归孙权所有，南郡、零陵、武陵三郡以西归刘备管辖。刘备返回后，曹操已经撤兵了。孙权从陆口返回，就攻打合肥，但没有攻下，于是撤军返回。士兵全踏上了归途，孙权和凌统、甘宁等人在逍遥津北面被魏将张辽袭击，凌统等人拼死保护孙权，孙权骑着骏马跨过逍遥津桥才得以逃脱。

◎孙权故里◎

二十五年春正月，曹公薨，太子丕代为丞相魏王，改年为延康。秋，魏将梅敷使张俭求见抚纳。南阳阴、酂、筑阳、山都①、中庐五县民五千家来附。冬，魏嗣王称尊号，改元为黄初。二年四月，刘备称帝于蜀。权自公安都鄂，改名武昌，以武昌、下雉、寻阳、阳新、柴桑、沙羡六县为武昌郡。

注释 <<<

①山都：县名。今湖北襄樊西北。

## 译文

建安二十五年正月，曹操去世，太子曹丕接任丞相、魏王，将年号改为延康。秋天，魏将梅敷派张俭拜见孙权，请求归附。南阳郡的阴、酂、筑阳、山都、中庐五个县的五千多家百姓也前来归顺。冬季，魏王曹丕称帝，改年号为黄初。黄初二年四月，刘备在蜀称帝。孙权从公安迁都鄂县，并改鄂县为武昌，以武昌、下雉、寻阳、阳新、柴桑、沙羡六县设置为武昌郡。

黄武[1]元年春正月，陆逊部将军宋谦等攻蜀五屯，皆破之，斩其将。三月，鄱阳言黄龙见。蜀军分据险地，前后五十余营，逊随轻重以兵应拒，自正月至闰月，大破之，临陈所斩及投兵降首数万人。刘备奔走，仅以身免。

注释 <<<

①黄武：孙权年号（公元222年—公元229年）。

## 译文

黄武元年春季正月，陆逊的部将宋谦等人攻打蜀国五个兵屯，全部攻破，斩杀了军营守将。三月，鄱阳称有黄龙出现。蜀军东进分别占领了险要关口、连营五十多座。陆逊按敌军势力强弱派兵应对，战争从正月一直持续到闰六月，大败蜀军，被杀死和投降的士兵共有几万人。刘备跑得快，才得以幸免。

初，权外托事魏，而诚心不款[1]。魏欲遣侍中辛毗、尚书桓阶往与盟誓，并征任子，权辞让不受。秋九月，魏乃命曹休、张辽、臧霸出洞口，曹仁出濡须，曹真、夏侯尚、张郃、徐晃围南郡。权遣吕范等督五军，以舟军拒休等，诸葛瑾、潘璋、杨粲救南郡，朱桓以濡须督拒仁。时扬、越蛮夷多未平集，内难未弭[2]，故权卑辞上书，求自改厉：“若罪在难除，必不见置，当奉还土地民人，乞寄命交州，以终余年。”

注释 <<<

①款：真诚。

②弭：停止。

## 译文

起初，孙权表面上臣服魏国，却并非发自真心。魏国想要准备派侍中辛毗、尚书桓阶前去和孙权结盟，并要他的儿子去做人质，孙权没有接受。九月，魏国就派曹休、张辽、臧霸出兵洞口，曹仁出兵濡须坞，曹真、夏侯尚、张郃、徐晃率军包围南郡。孙权派吕范等人统率五路军队，用水军迎击曹休等人，又令诸葛瑾、潘璋、杨粲领兵援救南郡，同时派朱桓任濡须督抵抗曹仁。当时扬、越的蛮夷部族大多还没平定归顺，内部的祸乱还没有平息，因此孙权便用恭敬谦卑的言辞向魏文帝呈上文书，请求自己改正错误，说："倘若我的罪恶难除，不被陛下赦免，我将奉还土地和人民，并恳请寄身交州，了此余生。"

权遂改年[1]，临江拒守。冬十一月，大风，范等兵溺死者数千，余军还江南。曹休使臧霸以轻船五百、敢死万人袭攻徐陵，烧攻城车，杀略数千人。将军全琮、徐盛追斩魏将尹卢，杀获数百。十二月，权使太中大夫郑泉聘刘备于白帝，始复通也。然犹与魏文帝相往来，至后年乃绝。是岁改夷陵为西陵。

**注释**

①改年：改年号为黄武。

## 译文

孙权于是换了年号，沿长江防御。冬季十一月，刮起大风，吕范手下的士兵淹死了几千人，其余的军队返回长江南岸。曹休派臧霸用五百艘轻船、敢死士兵一万人攻袭徐陵，烧毁攻城的战车，杀死、俘虏几千人。将军全琮、徐盛追击杀死魏将尹卢，杀死俘获几百人。十二月，孙权派太中大夫郑泉到白帝城与刘备重新合好，两国又开始友好往来。但是孙权同魏文帝仍然相互往来，到第二年才绝交。同年，孙权改夷陵名为西陵。

黄龙元年春，公卿百司皆劝权正尊号。夏四月，夏口、武昌并言黄龙、凤凰见。丙申，南郊即皇帝位，是日大赦，改年。追尊父破虏将军坚为武烈皇帝，母吴氏为武烈皇后，兄讨逆将军策为长沙桓王。吴王太子登为皇太子。将吏皆进爵加赏。初，兴平中，吴中童谣曰："黄金车[①]，班兰耳[②]，闿昌门，出天子。"五月，使校尉张刚、管笃之辽东。六月，蜀遣卫尉陈震庆权践位。权乃参分天下：豫、青、徐、幽属吴，兖、冀、并、凉属蜀。其司州之土，以函谷关为界，造为盟曰：

"天降丧乱，皇纲失叙，逆臣乘衅，劫夺国柄，始于董卓，终于曹操，穷凶极恶，以覆四海，至令九州幅裂，普天无统，民神痛怨，靡所戾止。及操子丕，桀逆遗丑，荐作奸回，偷取天位，而睿么麽，寻丕凶迹，阻兵盗土，未伏厥诛。昔共工乱象而高辛行师，三苗干度而虞舜征焉。今日灭睿，禽其徒党，非汉与吴，将复谁任？夫讨恶翦暴，必声其罪，宜先分制，夺其土地，使士民之心，各知所归。是以春秋晋侯伐卫，先分其田以畀宋人，斯其义也。且古建大事，必先盟誓，故周礼有司盟之官，尚书有告誓之文，汉之与吴，虽信由中，然分土裂境，宜有盟约。诸葛丞相德威远著，翼戴本国，典戎在外，信感阴阳，诚动天地，重复结盟，广诚约誓，使东西士民咸共闻知。故立坛杀牲，昭告神明，再歃加书，副之天府。天高听下，灵威棐谌，司慎司盟，群神群祀，莫不临之。自今日汉、吴既盟之后，戮力一心，同讨魏贼，救危恤患，分灾共庆，好恶齐之，无或携贰。若有害汉，则吴伐之；若有害吴，则汉伐之。各守分土，无相侵犯。传之后叶，克终若始。凡百之约，皆如载书。信言不艳，实居于好。有渝此盟，创祸先乱，违贰不协，慆慢天命，明神上帝是讨是督，山川百神是纠是殛，俾坠其师，无克祚国。于尔大神，其明鉴之！"

秋九月，权迁都建业[③]，因故府不改馆，征上大将军陆逊辅太子登，掌武昌留事。

注释 <<<

①黄金车：用黄金装饰的车，这里指皇帝专用的车。

②班兰：即"斑斓"。

③建业：今江苏南京。

## 译文 

黄龙元年春，文武百官劝孙权称帝。四月，夏口、武昌都称有黄龙、凤凰出现。四月十三日，孙权在南郊正式即位，这天全国大赦，更换了年号。孙权追尊父亲破虏将军孙坚为武烈皇帝，母亲吴氏为武烈皇后，兄长讨逆将军孙策为长沙桓王。吴王太子孙登为皇太子。文武百官全都晋升爵位、加以赏赐。从前，汉献帝兴平年间，吴郡中有童谣唱道："黄金车，斑斓耳，闿昌门，出天子。"五月，孙权派校尉张刚、管笃到辽东。六月，蜀国派卫尉陈震来庆贺孙权登上帝位。孙权就与吴国使者参酌以分天下，豫、青、徐、幽四州属吴国，兖、冀、并、凉四州属蜀国。司州的土地，以函谷关为边界。有盟书说：

天降灾祸，皇统纲纪失去秩序，叛逆贼臣乘机夺取国家政权，这种情况从董卓开始直至曹操，他们穷凶极恶，为害天下，致使中国分裂，普天下失去纲纪，百姓神灵的痛苦怨愤没有止尽。到曹操的儿子曹丕，是暴虐逆贼留下的败类，作恶多端，窃取了帝位。而曹叡这个小丑，遵蹈曹丕恶迹，倚仗武力盗取国土，却没有受到应有的惩罚。从前共工扰乱天下而帝尧派军征伐，三苗违犯法度而虞舜兴师问罪。今日要消灭曹叡，捉拿他的帮凶同伙，除了蜀汉和吴国，还有谁能承担这样的重任？讨伐恶贼，除灭暴徒，一定要宣布他的罪行，应该先分裂他的领土，夺取他的土地，使百姓和士人的心各自有所归依。所以《春秋》记载晋侯讨伐卫国，首先把它的田地分给宋国，就是这个道理。古代建立伟业，必定要先结盟立誓，因此《周礼》中有主管盟誓礼仪的官员，《尚书》中有诰、誓一类的文章，蜀汉和吴国，虽然相互诚实信任出于本心，但是分割土地的大事也应当立有盟约。诸葛丞相的声名德行远近皆知，尽心辅佐自己国家的君主，主持军国大事，忠诚信义感动天地。吴蜀两国又重新缔结盟约，重申诚意，立下誓言，使东、西两国的士人百姓全都知晓。因此设坛杀牲，明确告诉神灵，再歃血立誓写下盟书，把副本交给天府收藏。上天居高而知下情，神灵的威力会保佑诚信的人，掌管盟约的神、掌管盟仪的神，诸天地神灵，无不光临。今日蜀汉、吴国结为同盟之后，将齐心协力，共同讨伐魏贼，救扶危难，抚慰祸患，分担灾祸，共享喜庆，好恶一致，永无贰心。假如有人要危害蜀汉，那吴国就讨伐他；如果有人危害吴国，那蜀汉就征讨他。蜀吴两国将各自保守自己的领土，决不互相侵犯。盟约传给后代，希望能够始终如一。凡是各项盟约，全都像盟书记载的一样办理。诚实的话语并不华丽，不过是出自两国的诚心。如果有人违背盟约，制造祸端，首先兴乱，怀有贰心，不再协力，这就是怠慢天命，神明上帝就会讨伐他、督责他，名山大川的众位神祇就要纠正他、诛杀他，使他失掉民心，国运不能长久昌盛。伟大的神灵啊，敬请明察吧！

秋季九月，孙权迁都建业，就住在原来的府第不再修建宫舍，征召上大将军陆逊辅佐太子孙登，掌管武昌的留守事宜。

四年夏，遣吕岱讨桓等。秋七月，有雹。魏使以马求易珠玑、翡翠、玳瑁[①]，权曰："此皆孤所不用，而可得马，何苦而不听其交易？"

五年春，铸大钱，一当五百。诏使吏民输铜，计铜畀直[②]。设盗铸之科。二月，武昌言甘露降于礼宾殿。辅吴将军张昭卒。中郎将吾粲获李桓，将军唐咨获罗厉等。自十月不雨，至于夏。冬十月，彗星见于东方。鄱阳贼彭旦等为乱。

六年春正月，诏曰："夫三年之丧，天下之达制，人情之极痛也；贤者割哀以从礼，不肖者勉而致之。世治道泰，上下无事，君子不夺人情，故三年不逮孝子之门。至于有事，则杀礼以从宜，要绖而处事。故圣人制法，有礼无时则不行。遭丧不奔非古也，盖随时之宜，以义断恩也。前故设科，长吏在官，当须交代，而故犯之，虽随纠坐，犹已废旷。方事之殷，国家多难，凡在官司，宜各尽节，先公后私，而不恭承，甚非谓也。中外群僚，其更平议，务令得中，详为节度。"顾谭议，以为"奔丧立科，轻则不足以禁孝子之情，重则本非应死之罪，虽严刑益设，违夺必少。若偶有犯者，加其刑则恩所不忍，有减则法废不行。愚以为长吏在远，苟不告语，势不得知。比选代之间，若有传者，必加大辟，则长吏无废职之负，孝子无犯重之刑。"将军胡综议，以为"丧纪之礼，虽有典制，苟无其时，所不得行。方今戎事军国异容，而长吏遭丧，知有科禁，公敢干突，苟念闻忧不奔之耻，不计为臣犯禁之罪，此由科防本轻所致。忠节在国，孝道立家，出身为臣，焉得兼之？故为忠臣不得为孝子。宜定科文，示以大辟，若故违犯，有罪无赦。以杀止杀，行之一人，其后必绝。"丞相雍奏从大辟。其后吴令孟宗丧母奔赴，已而自拘于武昌以听刑。陆逊陈其素行，因为之请，权乃减宗一等，后不得以为比，因此遂绝。二月，陆逊讨彭旦等，其年，皆破之。冬十月，遣卫将军全琮袭六安，不克。诸葛恪平山越事毕，北屯庐江。

注释 <<<

①玳瑁：一种似龟的爬行动物，甲壳可作装饰品，可入药。

②畀：给予。

## 译文

嘉禾四年夏，孙权派吕岱讨伐李桓等人。七月，天降冰雹。魏国派使者用马匹交换珠玑、翡翠、玳瑁，孙权说："这些都是我不用的东西，却能换得马匹，为什么不与他们交换呢？"

嘉禾五年春，孙权下令铸造大钱，一枚大钱抵五百小钱。他下诏让官员百姓交纳铜，按交铜的多少付钱。孙权还制定了对私人铸钱的惩治条例。二月，武昌上报说天降甘露于礼宾殿。辅吴将军张昭去世。中郎将吾粲俘获李桓，将军唐咨俘获罗厉等人。从去年十月没有下雨，一直持续到今年夏季。冬季十月，彗星出现在东方。鄱阳的贼人彭旦等人起兵作乱。

嘉禾六年春季正月，孙权下诏令："守丧要三年，这是天下通用的制度，表达了人们对逝者极度哀痛怀念的感情；贤明的人抑制自己的哀伤来遵循天下大礼，不孝的人也要努力做到守丧三年。时世清明，天下太平，国家无事时，君子不会强迫别人停止服丧，因此三年中不到守丧孝子的家门。至于国家多事之时，那就要减省丧葬礼仪来顺从时宜，穿着丧服来办理公事。因此，圣人制定礼法，但有礼仪而不因时变通就会行不通。遇到丧事却不赶回去服丧是不遵守古礼，但顺从时情合理变通，就是以公事大义来舍去个人私情。从前特地制定法令条文，规定高官任职期间如遇有丧事，必须要办理交接，如明知故犯，即使纠察其罪予以惩治，公事还是被耽误荒废了。现在正是国家多难多事的时候，所有任职官员，应当尽忠守节，先公后私，如不认真对待职事，就是非常不对的事。朝廷内外的众位大臣，要重新商议研讨此事，力求使法令适当，有详尽明确的管理条文。"顾谭发表意见，认为"为奔丧立法，处罚轻了就不能阻止孝子奔丧的私情，重了而奔丧本来就不是应判死刑的罪过。就算是增设严厉的刑法，违背孝理不去奔丧的人还是很少。如偶尔有违犯了的，加重对他的惩处于情义上说是不忍心的，减轻惩处则法令就会废止而不能推行。我愚钝认为高级官员在远方任职的，如果不告诉他有丧事，他势必不会知道。在选择接替人的期间，如果有送信的，就处以死刑，这样高级官员就不会再有失职，孝子也不会再有犯重罪的惩处。"将军胡综认为"丧事的礼仪，虽然有典章制度，如果时情不适合，是不能实行的。如今军事国政不同寻常时候，如高级官员遇到丧事，知道有法律禁令，还公然触犯，假如只想到得知父母丧事不去奔丧的耻辱，不考虑做臣子违犯禁令的罪责，这就是法律禁令原本太轻造成的。尽忠守节是为国，恪守孝道为立家，做官为臣，忠孝怎能够兼顾呢？因此，做忠臣就不能够又做孝子。应该制定法令，以死刑来昭示孝子，如果故意违犯法令奔丧，犯了罪绝不赦免。用杀人来防止人们违犯被杀，依法处置一个人，那以后违法奔丧的事情就一定会绝迹。"丞相顾雍奏请同意违法奔丧处以死刑。后来，吴县县令孟宗母亲去世而去奔丧，办完丧事后，他自己拘禁在武昌听候惩罚。陆逊向孙权陈述他平时的行为，并为他求情。孙权才给孟宗减刑一等，并申明以后违反的人不能援引此例，由此违法奔丧的事就没有了。二月，陆逊征讨彭旦等人，当年，全都打败了他们。冬季十月，孙权派卫将军全琮攻袭六安，没有攻克。诸葛恪平定山越叛乱后北上将部队驻扎在庐江。

赤乌元年春，铸当千大钱。夏，吕岱讨庐陵贼，毕，还陆口。秋八月，武昌言麒麟见。有司奏言麒麟者太平之应，宜改年号。诏曰："间者赤乌集于殿前，朕所亲见，若神灵以为嘉祥者，改年宜以赤乌为元。"群臣奏曰："昔武王伐纣，有赤乌之祥，君臣观之，遂有天下，圣人书策载述最详者，以为近事既嘉，亲见又明也。"于是改年。步夫人卒，追赠皇后。初，权信任校事吕壹，壹性苛惨，用法深刻。太子登数谏，权不纳，大臣由是莫敢言。后壹奸罪发露伏诛，权引咎责躬，乃使中书郎袁礼告谢诸大将，因问时事所当损益。礼还，复有诏责数诸葛瑾、步骘、朱然、吕岱等曰："袁礼还，云与子瑜、子山、义封、定公相见，并以时事当有所先后，各自以不掌民事，不肯便有所陈，悉推之伯言、承明。伯言、承明见礼，泣涕恳恻，辞旨辛苦，至乃怀执危怖，有不自安之心。闻此怅然，深自刻怪。何者？夫惟圣人能无过行，明者能自见耳。人之举措，何能悉中，独当己有以伤拒众意，忽不自觉，故诸君有嫌难耳；不尔，何缘乃至于此乎？自孤兴军五十年，所役赋凡百皆出于民。天下未定，孽类犹存，士民勤苦，诚所贯知。然劳百姓，事不得已耳。与诸君从事，自少至长，发有二色，以谓表里足以明露，公私分计，足用相保。尽言直谏，所望诸君；拾遗补阙，孤亦望之。昔卫武公年过志壮，勤求辅弼，每独叹责。且布衣韦带，相与交结，分成好合，尚污垢不异。今日诸君与孤从事，虽君臣义存，犹谓骨肉不复是过。荣福喜戚，相与共之。忠不匿情，智无遗计，事统是非，诸君岂得从容而已哉！同船济水，将谁与易？齐桓诸侯之霸者耳，有善管子未尝不叹，有过未尝不谏，谏而不得，终谏不止。今孤自省无桓公之德，而诸君谏诤未出于口，仍执嫌难。以此言之，孤于齐桓良优，未知诸君于管子何如耳？久不相见，因事当笑。共定大业，整齐天下，当复有谁？凡百事要所当损益，乐闻异计，匡所不逮。"

## 译文

赤乌元年春季，孙权下令铸造面值相当于一千小钱的大钱。夏季，吕岱平定庐陵的叛乱，之后返回陆口。秋季八月，武昌传说有麒麟出现。主管官员上奏表说，麒麟是天下太平的征兆，应该改年号。孙权于是下诏："近来红色的乌鸦在殿前聚集，这是朕亲眼所见，如果神灵以此为祥瑞，那么朕就改年号为赤乌吧。"众位大臣上奏："过去武王讨纣，就有红色乌鸦的祥瑞，君臣们看到它，于是就得了天下，圣人在史书上对此记述得最为详尽；我们认为近日的事情已够吉祥，红色乌鸦又是君王亲眼看到的。"于是改了年号。这年，步夫人去世，孙权追赠她为皇后。当初，孙权信任校事吕壹，吕壹性情暴戾，执法严酷。太子孙登多次劝谏认为不该予以重用，孙权都不接受，大臣因此没人敢再说。后来吕壹的恶行被揭露并依法处死，孙权承认过错并自责，于是派中书郎袁礼向大将表示歉意，进而询问当时的政务哪些该改变。袁礼返回，孙权又下诏书责备诸葛瑾、步骘、朱然、吕岱等人："袁礼回来，说同子瑜、子山、义封、定公见面后，征询当前政事应当什么为先，什么为后。但各人都以不掌管民事为托辞，不肯当时表明意见，全都推到伯言、承明二人身上。伯言、承明见到袁礼，伤心流泪，言语辞意沉痛悲怆，甚至还怀着恐惧心理，有不安的表现。听知这些孤深感懊恨，深深责怪自己。为什么呢?想来圣人也不能没有过失，贤明的人不过是能够自己察觉到过错罢了。一个人办事哪能全都正确，往往是自己伤害众人而又不知道，因此诸位才产生了疑虑；要不，怎么竟会到了这种地步呢?我起兵五十年来，所需的各种劳役赋税全都出自百姓。天下没有平定，叛逆坏人还在，士卒百姓辛苦，这是大家都知道的。然而使百姓辛劳，这也是不得已罢了。同诸位共事，从青年到老年，头发都花白了，我自认为言行足以坦诚，从公私情分考虑，足以能够相互信任依靠。你们把意见讲透彻，直言劝谏，这是我希望诸位能做到的；弥补我的过失，指出不足，孤也寄希望于你们。从前卫武公年过九十，志气还很大了，还是勤恳地寻求辅佐的人才，每每自己感叹自责。就是普通百姓相互来往结交，以情谊志趣交友，尚能做到处于艰难困苦中仍不变心。如今诸位和我共事，尽管有君臣的名分之别，但还可以说骨肉之情也不再能超过。荣辱与共，欢喜忧伤，相互分享。忠诚就不应隐藏真情，有智谋就不该有所保留，事情关乎是非曲直，诸位难道能够安闲自在、随意应付而已吗?我们众人犹如同舟渡河，还能跟谁推诿责任呢?齐桓公是诸侯的霸主，有善行管仲没有不称赞的，有过错没有不规谏的。劝谏不听，就始终规谏不止。如今我自己反省没有齐桓公的德行，但诸位劝谏的话没有说出口就已心怀猜疑畏难情绪，由此说来，我同齐桓公相比要好多了，不知道诸位比管仲怎么样呀?很久没有见面了，趁此事作一次笑谈。我们共同建立大业，统一天下，还有谁来担此重任呢?凡是政事应当删减增改的，我很乐意听到不同意见，以纠正做得不够的地方。"

二年春三月，遣使者羊衜、郑胄、将军孙怡之辽东，击魏守将张持、高虑等，虏得男女。零陵言甘露降。夏五月，城沙羡。冬十月，将军蒋秘南讨夷贼。秘所领都督廖式杀临贺太守严纲等，自称平南将军，与弟潜共攻零陵、桂阳，及摇动交州、苍梧、郁林诸郡，众数万人。遣将军吕岱、唐咨讨之，岁余皆破。

三年春正月，诏曰："盖君非民不立，民非谷不生。顷者以来，民多征役，岁又水旱，年谷有损，而吏或不良，侵夺民时，以致饥困。自今以来，督军郡守，其谨察非法，当农桑时，以役事扰民者，举正以闻。"夏四月，大赦，诏诸郡县治城郭，起谯楼，穿堑发渠，以备盗贼。冬十一月，民饥，诏开仓廪以赈贫穷。

四年春正月，大雪，平地深三尺，鸟兽死者大半。夏四月，遣卫将军全琮略淮南，决芍陂，烧安城邸阁，收其人民。威北将军诸葛恪攻六安。琮与魏将王凌战于芍陂，中郎将秦晃等十余人战死。车骑将军朱然围樊，大将军诸葛瑾取柤中。五月，太子登卒。是月，魏太傅司马宣王救樊。六月，军还。闰月，大将军瑾卒。秋八月，陆逊城邾。

## 译文

赤乌二年春季三月，孙权派使者羊衜、郑胄、将军孙怡到辽东，攻打魏国守将张持、高虑等人，俘获许多男女人口。零陵传说天降甘露。夏季五月，孙权下令修筑沙羡城。冬季十月，将军蒋秘奉命向南讨伐夷族叛乱。蒋秘统率下的都督廖式杀死临贺太守严纲等人，自称平南将军，和弟其廖潜一同攻打零陵、桂阳，并动摇了交州、苍梧、郁林各郡，他们召集了几万人马。孙权派将军吕岱、唐咨讨伐他们，一年多全部击败他们。

赤乌三年春季正月，孙权下诏："国君没有人民就不能建立国家，人民没有粮食就不能生存。近来，百姓赋税劳役很重，又逢水灾旱灾，收获的粮食有所减少，而有的官员为官不正，侵占农时，以致百姓忍饥挨饿生活困苦。从今以后，督军和郡守应认真察处地方官员不法的行为，凡是在农耕蚕桑季节以劳役侵扰民众的，都要察举纠正上报。"夏季四月，孙权行大赦令，并下诏命令各郡县修筑城墙和外城，修建望楼，开挖护城河，开掘渠沟，以防盗贼入侵。冬季十一月，发生饥荒，孙权下诏开仓赈济苦穷的百姓。

赤乌四年春季正月，天降大雪，平地上的雪有三尺深，鸟兽冻死很多。夏季四月，孙权派卫将军全琮攻取淮南，决开芍陂，焚烧安城官府仓库，收容当地人民。威北将军诸葛恪奉命攻打六安。全琮同魏将王凌在芍陂交战，中郎将秦晃等十多人战死。车骑将军朱然包围樊城，大将军诸葛瑾攻克并占领了柤中。五月，太子孙登去世。当月，魏太傅司马宣王出兵援救樊城。六月，吴军撤回。这年闰月，大将军诸葛瑾去世。秋季八月，陆逊在邾县修建城池。

五年春正月，立子和为太子，大赦，改禾兴为嘉兴。百官奏立皇后及四王，诏曰："今天下未定，民物劳瘁，且有功者或未录，饥寒者尚未恤，猥割土壤以丰子弟，崇爵位以宠妃妾，孤甚不取。其释此议。"三月，海盐县言黄龙见。夏四月，禁进献御，减太官膳。秋七月，遣将军聂友、校尉陆凯以兵三万讨珠崖、儋耳。是岁大疫，有司又奏立后及诸王。八月，立子霸为鲁王。

六年春正月，新都言白虎见。诸葛恪征六安，破魏将谢顺营，收其民人。冬十一月，丞相顾雍卒。十二月，扶南王范旃遣使献乐人及方物。是岁，司马宣王率军入舒，诸葛恪自皖迁于柴桑。

七年春正月，以上大将军陆逊为丞相。秋，宛陵言嘉禾生。是岁，步骘、朱然等各上疏云："自蜀还者，咸言欲背盟与魏交通，多作舟船，缮治城郭。又蒋琬守汉中，闻司马懿南向，不出兵乘虚以掎角之，反委汉中，还近成都。事已彰灼，无所复疑，宜为之备。"权揆其不然，曰："吾待蜀不薄，聘享盟誓，无所负之，何以致此？又司马懿前来入舒，旬日便退，蜀在万里，何知缓急而便出兵乎？昔魏欲入汉川，此间始严，亦未举动，会闻魏还而止，蜀宁可复以此有疑邪？又人家治国，舟船城郭，何得不护？今此间治军，宁复欲以御蜀邪？人言苦不可信，朕为诸君破家保之。"蜀竟自无谋，如权所筹。

译文 

赤乌五年正月，孙权立儿子孙和为太子，大赦天下，改禾兴县为嘉兴县。百官奏请立皇后和立四位王子为王，孙权下诏："如今天下还没有安定，人民生活困苦，况且有功的人有的还没有全被录用，挨饿受冻的人还没有安抚，滥割土地来使自己的子弟富足，提高爵位来使自己的妃妾得到荣宠，我很不赞同。请放弃这一建议吧。"三月，海盐县传说有黄龙出现。夏季四月，孙权禁止进献御用物品，减少太官署供应饮食的数量。秋季七月，孙权派将军聂友、校尉陆凯领兵三万讨伐珠崖、儋耳。当年瘟疫流行，有的官员再次奏请立皇后和各王。八月，孙权立儿子孙霸为鲁王。

赤乌六年春季正月，新都称有白虎出现。诸葛恪奉命征讨六安，攻克了魏将谢顺的军营，收纳了当地民众。冬季十一月，丞相顾雍去世。十二月，扶南王范旃派使者进献歌伎和地方特产。当年，司马宣王领军进入舒县，诸葛恪从皖县移兵驻到柴桑。

赤乌七年春季正月，上大将军陆逊被任命为丞相。秋季，宛陵称有嘉禾长出。这年，步骘、朱然等人都上奏说："从蜀国回来的人，全都说蜀国想要背弃盟约与魏国结交，他们造了很多船只，修缮了城池。另外蜀将蒋琬守卫汉中，听到司马懿率兵南下，没有趁魏国后方空虚出兵配合夹击，反而丢弃汉中，将部队撤回成都附近。事情将如何发展已经十分明显了，再没有什么可怀疑的了，我们应该积极应对防备蜀国。"孙权揣度情况认为并非如此，他说："我们待蜀国不薄，聘送问候，馈赠礼物，结盟立誓，没有什么对不起他们的地方，怎么就会到这种地步？另外司马懿率兵进入舒县，只有十天就撤回了，蜀国远在万里，怎么会知道我们形势危急而马上出兵呢？当初魏国人想要攻打汉川，我们这里才戒严，还没有采取行动，正好听说魏国撤退就停止了出兵，蜀国难道可以因此而怀疑我们吗？况且别人治理国家，船只城郭怎么能够不修缮保护呢？如今我们这里整顿军队，难道也可以说是想来抗御蜀国的吗？这些传言很不可信，我敢为此自毁身家来向各位担保此事。"蜀国终究没有阴谋行动，正如孙权预料的那样。

太元元年夏五月①，立皇后潘氏，大赦，改年。初临海罗阳县有神，自称王表。周旋民间，语言饮食，与人无异，然不见其形。又有一婢，名纺绩。是月，遣中书郎李崇赍辅国将军罗阳王印绶迎表。表随崇俱出，与崇及所在郡守令长谈论，崇等无以易。所历山川，辄遣婢与其神相闻。秋七月，崇与表至，权于苍龙门外为立第舍，数使近臣赍酒食往。表说水旱小事，往往有验。秋八月朔，大风，江海涌溢，平地深八尺，吴高陵松柏斯拔②，郡城南门飞落。冬十一月，大赦。权祭南郊还，寝疾。十二月，驿征大将军恪，拜为太子太傅。诏省徭役，减征赋，除民所患苦。

二年春正月，立故太子和为南阳王，居长沙；子奋为齐王，居武昌；子休为琅邪王，居虎林。二月，大赦，改元为神凤。皇后潘氏薨。诸将吏数诣王表请福，表亡去。夏四月，权薨，时年七十一，谥曰大皇帝。秋七月，葬蒋陵。

注释 <<<

①太元：孙权年号（公元251年－公元252年）。

②高陵：孙坚的陵墓。

## 译文

太元元年五月，孙权立潘氏为皇后，大赦天下，改年号为太元。当初临海郡罗阳县有个神人，自称王表。他在民间四处活动，言谈举止与常人没有什么不同，只是看不到他的形体。他还有一名婢女，名叫纺绩。这时，孙权派中书郎李崇携带辅国将军罗阳王的印绶去迎王表。王表随李崇一同出来，与李崇以及他们所到的郡守、县令、县长交谈讨论，李崇等人都不能驳倒他的观点。经过山川，王表往往派婢女纺绩去向当地神灵报告。七月，李崇和王表来到，孙权令人在苍龙门外为王表修造府第馆舍，多次派亲近的大臣给他送去酒食。王表预测的降雨天旱等小事，常常应验。八月初一，狂风大作，江海暴涨溢流，平地水深八尺，吴郡高陵的松柏都被连根拔起，大风把郡城的南城门吹掉落；十一月，大赦天下。孙权到南郊祭祀回来后卧病不起。十二月，孙权急召大将军诸葛恪，让他担任太子太傅。本月，孙权下诏免除徭役，减少赋税，废除百姓所苦的法令条文。

太元二年正月，孙权立原来的太子孙和为南阳王，留居长沙；儿子孙奋为齐王，居于武昌；儿子孙休为琅邪王，居住在虎林。二月，行大赦令，改年号为神凤。当月，皇后潘氏去世。众将军、官员多次拜访王表请求福佑，王表逃走。四月，孙权去世，当时七十一岁，谥号为大皇帝。七月，孙权被安葬在蒋陵。

# 吴书

## 周瑜鲁肃吕蒙传第九·周瑜

周瑜，人称“美周郎”。东汉末年吴国将领，三国名将，军事家。美姿容，精音律，长壮有姿貌，民间流传名句：曲有误，周郎顾。24岁娶小乔为妻，且终身只有一妻。周瑜多谋善断，心胸宽广，忠君爱国。建安十三年（公元208年）在赤壁之战中大败曹军，奠定了三分天下的基础。后图进中原，不幸因病于建安十五年（公元210年）病逝，年仅三十六岁。

周瑜字公瑾，庐江舒人也。从祖父景，景子忠，皆为汉太尉。父异，洛阳令。

瑜长壮有姿貌。初，孙坚兴义兵讨董卓，徙家于舒。坚子策与瑜同年，独相友善，瑜推道南大宅以舍策，升堂拜母，有无通共。瑜从父尚为丹杨太守[1]，瑜往省之[2]。会策将东渡，到历阳，驰书报瑜，瑜将兵迎策。策大喜曰："吾得卿，谐也。"遂从攻横江、当利，皆拔之。乃渡击秣陵，破笮融、薛礼，转下湖孰、江乘，进入曲阿，刘繇奔走，而策之众已数万矣。因谓瑜曰："吾以此众取吴会平山越已足。卿还镇丹杨。"瑜还。

注释

①从父：父亲的兄弟。

②省：看望，问候。

## 译文

周瑜字公瑾，是庐江郡舒县人。他的堂祖父周景，周景的儿子周忠，都担任过汉朝太尉。他的父亲周异，曾做过洛阳令。

周瑜身材健壮高大，容貌俊美。当初，孙坚组织义军讨伐董卓，将家迁到舒县。孙坚的儿子孙策与周瑜同岁，两人十分要好，周瑜把路南的一座大的宅院让给孙策居住，还登堂拜见他的母亲。生活中，两家互通有无、相互帮助。周瑜的叔父周尚是当时的丹杨太守，周瑜前去探望。这时，孙策准备东渡，到达历阳，他让人快马给周瑜送信，周瑜带人迎接孙策。孙策十分高兴："我得到您，就一切顺利了。"周瑜随孙策进攻横江、当利，全部攻取。孙坚接着渡江攻打秣陵，打败笮融、薛礼，转而攻下湖孰、江乘，进入曲阿境内，刘繇逃走。此时，孙策的军队已达几万人。他就对周瑜说："这些人马攻取吴会、平定山越已足够了。你回去镇守丹杨吧。"周瑜返回丹杨。

◎周瑜雕像◎

顷之，袁术遣从弟胤代尚为太守，而瑜与尚俱还寿春。术欲以瑜为将，瑜观术终无所成，故求为居巢长，欲假涂东归[①]，术听之。遂自居巢还吴。是岁，建安三年也。策亲自迎瑜，授建威中郎将，即与兵二千人，骑五十匹。瑜时年二十四，吴中皆呼为周郎。以瑜恩信著于庐江，出备牛渚，后领春谷长。顷之，策欲取荆州，以瑜为中护军，领江夏太守，从攻皖，拔之。时得桥公两女，皆国色也[②]。策自纳大桥，瑜纳小桥。复进寻阳，破刘勋，讨江夏，还定豫章、庐陵，留镇巴丘。

注释 <<<

①假涂：借道。

②国色：比喻容貌极美的女子。

## 译文

不久，袁术派堂弟袁胤接替周尚任太守，周瑜和周尚一同回到寿春。袁术想提拔周瑜做将领，周瑜看袁术终究成不了什么大事，因而就请求任居巢县长，想借路回到江东，袁术答应了他。周瑜于是从居巢回到了吴郡。这一年是建安三年。孙策亲自迎接周瑜，任命他为建威中郎将，并马上拨给他士兵二千人，战马五十匹。周瑜当时才二十四岁，吴郡的人都称他为周郎。因周瑜在庐江很有威信和声望，孙策就派他去驻守牛渚，后来兼任春谷县长。不久，孙策想夺取荆州，就让周瑜做了中护军，兼任江夏太守。他随孙策去攻下了皖县。这时，得到了桥公的两个女儿，都长得容貌超凡。孙策自己娶了大桥，周瑜娶了小桥。接着孙策又攻打寻阳，大败刘勋，讨伐江夏，随后又返回夺取了豫章、庐陵，周瑜留守巴丘。

其年九月，曹公入荆州，刘琮举众降，曹公得其水军，船步兵数十万，将士闻之皆恐。权延见群下，问以计策。议者咸曰："曹公豺虎也，然托名汉相，挟天子以征四方，动以朝廷为辞，今日拒之，事更不顺。且将军大势，可以拒操者，长江也。今操得荆州，奄有其地，刘表治水军，蒙冲、斗舰，乃以千数，操悉浮以沿江，兼有步兵，水陆俱下，此为长江之险，已与我共之矣。而势力众寡，又不可论。愚谓大计不如迎之。"瑜曰："不然。操虽托名汉相，其实汉贼也。将军以神武雄才，兼仗父兄之烈[1]，割据江东，地方数千里，兵精足用，英雄乐业，尚当横行天下，为汉家除残去秽。况操自送死，而可迎之邪？请为将军筹之：今使北土已安，操无内忧，能旷日持久，来争疆场[2]，又能与我校胜负于船楫间乎[3]？今北土既未平安，加马超、韩遂尚在关西，为操后患。且舍鞍马，仗舟楫，与吴越争衡，本非中国所长。又今盛寒，马无稿草。驱中国士众远涉江湖之间，不习水土，必生疾病。此数四者，用兵之患也，而操皆冒行之。将军禽操，宜在今日。瑜请得精兵三万人，进住夏口，保为将军破之。"权曰："老贼欲废汉自立久矣，徒忌二袁、吕布、刘表与孤耳。今数雄已灭，惟孤尚存，孤与老贼，势不两立。君言当击，甚与孤合，此天以君授孤也。"

注释 <<<

①烈：功业。

②疆场：疆界。

③船楫：楫，船桨。这里指水军。

## 译文

这年九月，曹操大军进入荆州，刘琮率众将投降，曹操得到了他的水军，水兵、步兵共有几十万，吴军将士听后都十分恐惧。孙权召集属下，商讨计策。议论的人都说："曹操是豺虎一样的人，而且他还借汉朝丞相名义，挟持天子，征讨四方，经常就以朝廷为借口，如果抵抗他，形势对我们不利。况且将军您的优势，可以用来和曹操抗衡的是长江。现在曹操进入荆州，占领了这块地方，刘表操练的水军，有几千只蒙冲、斗舰，曹操把他们全部沿江摆开，再加上大量步兵，水陆齐下，如今的长江天险，他已经和我们共有了。而敌

◎矛头铜狼牙棒◎

我实力，又相差甚远，我们认为还是投降曹操为好。”周瑜说：“不对。曹操虽然假借汉朝丞相的名义，其实不过是汉朝的奸贼。将军您怀有雄才大略，又有父兄的基业，割据江东，土地方圆几千里。如今江东军队精良，物资充足，天下英雄乐意为我们效力，您正应当纵横天下，为汉朝除去奸贼。更何况曹操自己来送死，怎能去投降他呢?请让我为将军您分析一下形势：现在假使北方已经平定，曹操没有后顾之忧，就能持久和我们争夺地盘，但他是否能够同我们在船舰上较量胜负吗?现在北方并不安定，再加上马超、韩遂还在潼关以西，是曹操的后患。况且舍弃鞍马，依仗舟船，与吴越人决一雌雄，这并不是中原人的优势。再加上，现在天气又十分严寒，战马没有草料，中原的士兵长途跋涉于江南之地，不服水土，必定生出疾病。这四种情况，都是用兵的禁忌，而曹操却冒险行动。将军您活捉曹操，应该就在今天。周瑜我请求带精兵三万人，进驻夏口，保证为将军您打败曹操。”孙权说：“老贼想废掉汉室自立皇帝已经很久了，只是顾及着二袁、吕布、刘表和我罢了。如今其他几位豪杰已灭除，只有我还在，我与老贼，势不两立。您说理当抗击，正与我的心意相合，这是上天把您赐予我啊。”

时刘备为曹公所破，欲引南渡江，与鲁肃遇于当阳，遂共图计，因进住夏口，遣诸葛亮诣权，权遂遣瑜及程普等与备并力逆曹公，遇于赤壁。时曹公军众已有疾病，初一交战，公军败退，引次江北。瑜等在南岸。瑜部将黄盖曰：“今寇众我寡，难与持久。然观操军船舰首尾相接，可烧而走也。”乃取蒙冲、斗舰数十艘，实以薪草，膏油灌其中，裹以帷幕，上建牙旗，先书报曹公，欺以欲降。又豫备走舸[1]，各系大船后，因引次俱前。曹公军吏士皆延颈观望，指言盖降。盖放诸船，同时发火。时风盛猛，悉延烧岸上营落。顷之，烟炎张天[2]，人马烧溺死者甚众，军遂败退，还保南郡。备与瑜等复共追。曹公留曹仁等守江陵城，径自北归。

**注释 <<<**

①走舸：古战船。

②张：布满。

## 译文

◎吴国 大泉二千◎

这时，刘备被曹操打败，想率军南渡长江，正好与鲁肃在当阳相遇，于是就共同商量对策。刘备就领兵进驻夏口，派诸葛亮拜见孙权。孙权于是派周瑜、程普同刘备联合共同迎击曹操。军队在赤壁与曹军相遇。此时，曹操的军队士卒已有不少患病，刚一交战，曹军就败退，撤回到了长江北岸。周瑜等人在南岸。周瑜的部将黄盖说：“如今敌众我寡，不能与他们长时间相持。不过看曹操军队的船只首尾相连，可以用火攻打败他们。”于是周瑜就派人送来几十艘蒙冲、斗舰，装满柴草，中间灌注膏油，并用帷幕盖好，船上树起牙旗，先让黄盖写信给曹操，说要向他投降。周瑜又让人预备快艇，分别系在大船后面。准备好以后，周瑜下令船只依次向前开去。曹操军队的将士都伸长脖子观看，指画着说是黄盖来投降了。黄盖放开各条船只，同时点着火。当天风势很猛，大火蔓延烧着了岸上的营寨。顷刻间，烟火冲天，人马烧死淹死的不计其数。曹军于是败退，返回南郡。刘备和周瑜等人又并力追击。曹操只得留下曹仁驻守江陵，自己返回了北方。

权拜瑜偏将军，领南郡太守，以下隽、汉昌、刘阳、州陵为奉邑，屯据江陵。刘备以左将军领荆州牧，治公安。备诣京见权，瑜上疏曰：“刘备以枭雄之姿①，而有关羽、张飞熊虎之将，必非久屈为人用者。愚谓大计宜徙备置吴，盛为筑宫室，多其美女玩好，以娱其耳目，分此二人，各置一方，使如瑜者得挟与攻战，大事可定也。今猥割土地以资业之②，聚此三人，俱在疆埸，恐蛟龙得云雨，终非池中物也。”权以曹公在北方，当广揽英雄，又恐备难卒制，故不纳。

注释 <<<

①枭雄：骁勇豪杰。

②猥：苟且。

## 译文

孙权任命周瑜为偏将军，兼任南郡太守，还将下隽、汉昌、刘阳、州陵给他作奉邑，派他驻守江陵。刘备以左将军身份兼荆州牧，驻在公安县。刘备到京县拜见孙权，周瑜上奏："刘备勇武雄杰，又有关羽、张飞这样的虎将，他一定不会长久任人支配。我认为如今最好把刘备迁来安置在吴郡，给他广修宫室，多赏给他美女和珍奇，让他享受声色之娱，同时分开关羽、张飞二人，将他们各自安置，让像我这样的人指挥他们作战，大事便成了。如今轻率地拿出土地来资助他们，这三个人凑到一起，又都在边境战场上，恐怕他们就会如同蛟龙得云雨，终究不会是池中之物了。"孙权因曹操在北方，想广泛招揽天下豪杰，又害怕刘备一时难以臣服，因此没有采用周瑜的建议。

是时刘璋为益州牧，外有张鲁寇侵，瑜乃诣京见权曰："今曹操新折衄[1]，方忧在腹心，未能与将军连兵相事也。乞与奋威俱进取蜀，得蜀而并张鲁，因留奋威固守其地，好与马超结援。瑜还与将军据襄阳以蹙操，北方可图也。"权许之。

瑜还江陵，为行装，而道于巴丘病卒，时年三十六。权素服举哀，感动左右。丧当还吴，又迎之芜湖，众事费度，一为供给。后著令曰："故将军周瑜、程普，其有人客，皆不得问。"

注释<<<

①折衄：挫败。

## 译文 

这时刘璋任益州牧，外有张鲁入侵，周瑜便到京县拜见孙权说："如今曹操刚遭到挫败，正忧虑在心，不会轻易与将军交战。我恳请与奋威将军共同进攻蜀地，占领蜀地而吞并张鲁，留下奋威将军驻守那里，好与马超结盟援助。我回来和将军占据襄阳来进逼曹操，这样北方就能够谋取了。"孙权同意了他的说法。

周瑜返回江陵，准备行装，途中在巴丘病死，时年三十六岁。孙权穿丧服为他发丧，左右的人都十分感动。灵柩将回到吴县，孙权又到芜湖迎接，各项丧事费用，一概供给。后来孙权又专门颁布命令："已故将军周瑜、程普，他们家的佃客，都免征赋税徭役。"

### 念奴娇　赤壁怀古

苏　轼

大江东去，浪淘尽。千古风流人物。故垒西边，人道是，三国周郎赤壁。乱石穿空，惊涛拍岸，卷起千堆雪。江山如画，一时多少豪杰！

遥想公瑾当年，小乔初嫁了，雄姿英发，羽扇纶巾，谈笑间，樯橹灰飞烟灭。故国神游，多情应笑我，早生华发。人生如梦，一樽还酹江月。

# 吴书

## 周瑜鲁肃吕蒙传第九·鲁肃

鲁肃，三国时期东吴著名战略家、政治家、外交家。赤壁战前，鲁肃在联合刘备、劝说孙权抗曹等方面都起了极为重要的作用，并协助周瑜取得赤壁之战的胜利。赤壁战后，鲁肃从大局考虑，又劝说孙权将荆州借给刘备，继续巩固孙刘联盟。周瑜去世后，鲁肃接任他的位置，负责处理荆州事务。

鲁肃字子敬，临淮东城人也。生而失父，与祖母居。家富于财，性好施与。尔时天下已乱，肃不治家事，大散财货，摽卖田地[①]，以赈穷弊结士为务，甚得乡邑欢心。周瑜为居巢长，将数百人故过候肃，并求资粮。肃家有两囷米[②]，各三千斛，肃乃指一囷与周瑜，瑜益知其奇也，遂相亲结，定侨、札之分。袁术闻其名，就署东城长。肃见术无纲纪，不足与立事，乃携老弱将轻侠少年百余人，南到居巢就瑜。瑜之东渡，因与同行，留家曲阿。会祖母亡，还葬东城。

注释 <<<

①摽卖：标价出售。

②囷：圆形的粮仓。

## 译文

鲁肃，字子敬，临淮郡东城县人。他一出生父亲就去世了，和祖母共同生活。鲁肃家中富有，他本人也生性乐于施舍。当时天下大乱，鲁肃不像普通百姓那样治家理财，却大量地散发财物，标价出售田地，将赈济贫困、结交贤士作为最重要的事情，深得乡间民众拥戴。周瑜出任居巢县长，带领几百人专程拜访鲁肃，并请求资助粮食。鲁肃家中有两个盛米的圆仓，各有米三千斛。鲁肃当即手指一仓米送给周瑜，周瑜更加确信他是一名奇才。于是两人结为好友，有了公孙侨和季札那样的交情。袁术听说他的大名，派人前来任命他为东城县长。鲁肃看到袁术做事不守规矩，觉得不能和他共成大事，就扶老携幼带领轻捷侠义的一百多人，南行到居巢投奔周瑜。后来，周瑜东渡长江，鲁肃就与他同行，把家安在了曲阿县。正赶上祖母去世，鲁肃就返回东城安葬祖母。

◎吕蒙为鲁肃密划五策◎

权即见肃，与语甚悦之。众宾罢退，肃亦辞出，乃独引肃还，合榻对饮[①]。因密议曰："今汉室倾危，四方云扰，孤承父兄余业，思有桓、文之功。君既惠顾，何以佐之？"肃对曰："昔高帝区区欲尊事义帝而不获者，以项羽为害也。今之曹操，犹昔项羽，将军何由得为桓、文乎？肃窃料之，汉室不可复兴，曹操不可卒除。为将军计，惟有鼎足江东，以观天下之衅[②]。规模如此，亦自无嫌。何者？北方诚多务也。因其多务，剿除黄祖，进伐刘表，竟长江所极，据而有之，然后建号帝王以图天下，此高帝之业也。"权曰："今尽力一方，冀以辅汉耳，此言非所及也。"张昭非肃谦下不足，颇訾毁之，云肃年少粗疏，未可用。权不以介意，益贵重之，赐肃母衣服帏帐，居处杂物，富拟其旧。

注释 <<<

①合榻：并榻。

②衅：破绽。这里指有可乘之机。

## 译文

孙权立即约见鲁肃，和他谈论时局，非常赏识他的才能。众宾客结束谈话退出，鲁肃也告辞离去，孙权就单独叫鲁肃返回，与他同席对饮。孙权悄悄地说："现在汉室倾覆，天下纷乱，我继承父兄留下的功业，想要成就齐桓公、晋文公那样的功业。

您既肯屈尊，将怎样来辅佐我呢？"鲁肃回答说："过去汉高帝忠心诚恳想要尊奉义帝而没有成功，是因为项羽为祸害。如今的曹操，就如同从前的项羽，有这样的人在，将军您怎能成为齐桓公、晋文公呢？我私下推想，汉室不可能复兴，曹操也不可能很快被铲除。替将军您谋划，只有割据江东与群雄鼎立，静观其变，等待时机。您有这样的规模形势，也不会招来嫌疑。为什么呢？因为北方实在有很多变故。趁着北方多变之时，您剿灭黄祖，进攻刘

表，直到占据全部的长江流域，然后称帝王号来谋取天下，这就是汉高帝一样的事业。”孙权说：“如今尽力占据一方土地，是希望来辅佐汉室罢了，您所说的这些我还不敢奢望。”张昭认为鲁肃不够谦虚，诋毁他，说鲁肃年轻粗疏，不可任用。孙权并没有介意，反而更加敬重他，赐给鲁肃母亲衣服帏帐、日常用品，富有可比得上他家以前那样。

刘表死，肃进说曰：“夫荆楚与国邻接，水流顺北，外带江汉，内阻山陵，有金城之固，沃野万里，士民殷富，若据而有之，此帝王之资也。今表新亡，二子素不辑睦[①]，军中诸将，各有彼此。加刘备天下枭雄，与操有隙，寄寓于表，表恶其能而不能用也。若备与彼协心，上下齐同，则宜抚安，与结盟好；如有离违，宜别图之，以济大事。肃请得奉命吊表二子，并慰劳其军中用事者，及说备使抚表众，同心一意，共治曹操，备必喜而从命。如其克谐，天下可定也。今不速往，恐为操所先。”权即遣肃行。到夏口，闻曹公已向荆州，晨夜兼道。比至南郡，而表子琮已降曹公，备惶遽奔走，欲南渡江。肃径迎之，到当阳长坂，与备会，宣腾权旨[②]，及陈江东强固，劝备与权并力。备甚欢悦。时诸葛亮与备相随，肃谓亮曰：“我子瑜友也。”即共定交。备遂到夏口，遣亮使权，肃亦反命。

注释 <<<

①二子：指刘表的两个儿子。

②宣腾：传达。

## 译文 

刘表死后，鲁肃献计说："荆楚地区与我国相接，江水顺流向北，外以长江、汉水为边界，内有山陵的险阻，有坚固城池，沃野万里，百姓富足，如果占据这里，这就是帝王事业的基础。现在刘表刚死，他的两个儿子向来不和，军中将领分别支持一方。加上刘备是当世强悍的英雄，与曹操有怨隙，投依刘表处，刘表嫉妒他的才能而不能重用他。如果刘备现在和他们能同心协力，我们就应安抚，和他们订立友好盟约；假如他们离心离德，我们就应另外谋取，以成就大业。鲁肃我请求能奉命去向刘表的两个儿子吊丧致哀，并慰劳他们军中主事的人，同时劝说刘备让他笼络刘表的部众，齐心协力，共同对付曹操。刘备必定很高兴而听从我们的意见。如果这件事办得顺利，天下就能安定。现在如不快速前去，恐怕会被曹操抢了先。"孙权当即派鲁肃前往。鲁肃到达夏口，听说曹操已领兵进入荆州，就连夜兼程赶路。等他到了南郡时，刘表的儿子刘琮已经投降曹操，刘备仓皇逃跑，想要向南渡长江。鲁肃直接赶去迎接他，到了当阳县的长坂，与刘备相会，传达了孙权的旨意，并陈述江东实力强大地势坚固，劝说刘备和孙权合力。刘备十分高兴。当时诸葛亮追随刘备也在场，鲁肃对诸葛亮说"我是子瑜的朋友"，当即互相结成友好。刘备于是就到达夏口，派诸葛亮前去拜见孙权，鲁肃也回去复命。

◎吴国　青釉人物飞鸟陶罐◎

会权得曹公欲东之问[1]，与诸将议，皆劝权迎之，而肃独不言。权起更衣，肃追于宇下[2]，权知其意，执肃手曰："卿欲何言？"肃对曰："向察众人之议，专欲误将军，不足与图大事。今肃可迎操耳，如将军，不可也。何以言之？今肃迎操，操当以肃还付乡党[3]，品其名位，犹不失下曹从事，乘犊车，从吏卒，交游士林，累官故不失州郡也。将军迎操，欲安所归？愿早定大计，莫用众人之议也。"权叹息曰："此诸人持议，甚失孤望。今卿廓开大计，正与孤同，此天以卿赐我也。"

后备诣京见权，求都督荆州，惟肃劝权借之，共拒曹公。曹公闻权以土地业备，方作书，落笔于地。

注释 <<<

①问：消息。

②宇：屋檐。

③乡党：家乡。相传周以五百家为党，一万二千五百家为乡。

## 译文

恰巧孙权得到曹操要率兵东进的消息，和众将领商议对策。众人都劝孙权迎降曹操，而只有鲁肃不说话。孙权起身上厕所，鲁肃追到屋檐下，孙权知道他的心意，握住他的手说："您想说什么？"鲁肃回答说："刚才分析众人的意见，完全是要误害将军，不值得和他们谋议大事。如今鲁肃我可以迎降曹操，而将军您，就不行。为什么这样说呢？现在鲁肃我迎降曹操，曹操会把我送回乡里，给我加赏名位，还同样能做下曹从事，乘坐牛车，随带吏卒，与士人交游京城，一步步升迁还能做到州郡的长官。将军您迎接曹操，还会有什么安身立命之所呢？希望您早早谋定大计，不要听众人的意见。"孙权叹息说："这些人说的意见，使我十分失望；现在您阐明大计，正与我心意相合，这是上天把您赐给我啊。"

后来刘备到京城会见孙权，请求统管荆州，只有鲁肃劝孙权把南郡借给刘备，共同抵御曹操。曹操听说孙权把土地资助给刘备，他正在写信，惊得笔都掉到了地上。

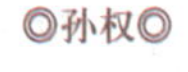

◎孙权◎

先是，益州牧刘璋纲维颓弛，周瑜、甘宁并劝权取蜀，权以咨备，备内欲自规，仍伪报曰："备与璋托为宗室，冀凭英灵，以匡汉朝。今璋得罪左右①，备独竦惧，非所敢闻，愿加宽贷。若不获请，备当放发归于山林②。"后备西图璋，留关羽守，权曰："猾虏乃敢挟诈！"及羽与肃邻界，数生狐疑，疆埸纷错，肃常以欢好抚之。备既定益州，权求长沙、零、桂，备不承旨，权遣吕蒙率众进取。备闻，自还公安，遣羽争三郡。肃住益阳，与羽相拒。肃邀羽相见，各驻兵马百步上，但诸将军单刀俱会。肃因责数羽曰："国家区区本以土地借卿家者，卿家军败远来，无以为资故也。今已得益州，既无奉还之意，但求三郡，又不从命。"语未究竟③，坐有一人曰："夫土地者，惟德所在耳，何常之有！"肃厉声呵之，辞色甚切。羽操刀起谓曰："此自国家事，是人何知！"目使之去。备遂割湘水为界，于是罢军。

注释 <<<

①左右：古人写信时为表示尊敬，不直呼对方的名字，称对方为左右。

②放发：放散头发。

③究竟：完毕。

## 译文

在这之前，益州牧刘璋法纪败坏，周瑜、甘宁都劝孙权攻取蜀地。孙权就此事征询刘备的意见。刘备心中早有盘算，就假意说："我和刘璋同为皇室宗亲的名分，本来想依仗先帝的英灵，来扶持汉室。如今刘璋得罪了您，刘备我内心很恐惧，对攻占蜀地我不敢说话，希望您给以宽大之心饶恕刘璋。假如您不答应这请求，我只得弃官归隐山林。"后来刘备向西吞并刘璋领地，留下关羽守备荆州，孙权说："狡猾的恶贼竟敢使用欺诈的手段！"等到关羽和鲁肃边界相邻，多次产生猜疑，疆界纷乱交错，争执时有发生。鲁肃总是以顾全盟友的姿态来安抚他。

刘备平定益州后，孙权索求长沙、零陵和桂阳三郡，刘备不给。孙权派吕蒙率兵前去攻取。刘备听说，亲自回到公安县，派关羽据守三郡。鲁肃驻扎在益阳，与关羽对峙。

鲁肃邀请关羽相见，各自将兵马停驻在百步外，只是双方将军带单刀相会。鲁肃就责难关羽："国君诚心地将土地借给你方，

◎立牛铜杯 根据表现饮乐场面的青铜造像反映，此类铜杯当是专供古滇王族饮酒的器具。◎

是因为你方兵败远道而来，没有依靠。现在你们已经取益州，也没有奉还我们全部土地的意思，我们只索求三郡，你们仍不同意。”话没有说完，有一个人说：“土地只归属于贤德之人，哪有永远属于一方的！”鲁肃当即呵斥他，言辞神色非常严厉。关羽持刀站起来说：“这本是国家大事，这个人懂得什么！”用眼睛示意让那人离去。刘备于是与东吴约定就湘水划分边界，至此双方罢兵。

肃年四十六，建安二十二年卒。权为举哀，又临其葬。诸葛亮亦为发哀。

译文 

鲁肃享年四十六岁，建安二十二年去世。孙权为他举行了隆重的葬礼，又亲自参加。诸葛亮也为他吊唁哀悼。

历代名家评点

白寿彝：鲁肃始终不渝地坚持孙刘联盟，是因为他看到了联盟的维持与巩固，关系到江东生死存亡的长远利益，这是他目光远大的过人之处。鲁肃一生的活动，证明了他是江东最杰出的政治家、军事家和外交活动家。

# 吴书

## 程黄韩蒋周陈董甘淩徐潘丁传第十·黄盖

黄盖，三国时期东吴名将，历仕孙坚、孙策、孙权三任君主。黄盖为人严肃，善于训练士卒，他的部队勇猛善战。建安十三年（公元208年），曹操发动赤壁之战，黄盖向周瑜献火攻之策，并亲往诈降，火烧战船，重创敌军，以功拜武锋中郎将。后武陵蛮夷反，攻打城邑，黄盖以五百人大破反军。

黄盖字公覆，零陵泉陵人也。初为郡吏，察孝廉，辟公府。孙坚举义兵，盖从之。坚南破山贼，北走董卓，拜盖别部司马。坚薨，盖随策及权，擐甲周旋，蹈刃屠城。

译文 

黄盖，字公覆，零陵郡泉陵县人。最初为郡吏，后被推举为孝廉，受到公府征召。孙坚发动组织义军，黄盖追随他。孙坚率兵南下打败山贼，向北驱退董卓，任命黄盖为别部司马。孙坚去世，黄盖追随孙策和孙权，身披铠甲，四处征战，出入沙场，攻取城池。

诸山越不宾，有寇难之县，辄用盖为守长。石城县吏，特难检御，盖乃署两掾，分主诸曹。教曰："令长不德，徒以武功为官，不以文吏为称。今贼寇未平，有军旅之务，一以文书委付两掾，当检摄诸曹，纠擿谬误。两掾所署，事入诺出，若有奸欺，终不加以鞭杖，宜各尽心，无为众先。"初皆布威，夙夜恭职；久之，吏以盖不视文书，渐容人事。盖亦嫌外懈怠，时有所省，各得两掾不奉法数事。乃悉请诸掾吏，赐酒食，因出事诘问。两掾辞屈，皆叩头谢罪。盖曰："前已相敕，终不以鞭杖相加，非相欺也。"遂杀之。县中震栗。后转春穀长，寻阳令。凡守九县，所在平定。迁丹杨都尉，抑强扶弱，山越怀附。

译文 

各山越部族不服，凡是有被侵害的县，孙权常常将黄盖派去做长官。石城县的官吏，特别难管，黄盖就设置两个掾吏，分别掌管各部门。教导他们："我作县长的德行不够，只凭武功做官，不以文吏的才能被称道。如今贼寇没有平定，还有军旅事务，我把文书都交付给你们两位掾吏，你们应当约束监管各个部门，揭发纠正他们的错误。两掾吏署理的工作，有事报入一定要给予答复，如果有奸邪欺诈，终究要进行鞭杖刑罚，应各自尽心，不要成为众人受处罚的带头者。”起初大家都很害怕，早晚恭敬尽职。时间久了，官员们因黄盖不查阅文书，逐渐有了徇私之事。黄盖也嫌其怠慢，有所觉察，后来查到两名掾吏不奉守法纪的几件事。就把大小官员全都请来，赏给他们酒食，趁此机会提出有关的事责问。两名掾吏理屈，叩头认罪。黄盖说：“先前已有戒令，终究不会只是鞭杖这样的惩罚，这不是欺骗你们。”于是就杀了两名掾吏。这件事使得县中上下深受震惊。后来黄盖调任春穀县长、寻阳县令。他总共管理九个县，凡是他任职的县都很安定。后来，他升任丹杨都尉，在当地制伏豪强、扶助贫弱，对山越部族采用怀柔策略使其归附。

◎三国 极品四围龙洗◎

盖姿貌严毅，善于养众，每所征讨，士卒皆争为先。建安中，随周瑜拒曹公于赤壁，建策火攻，语在瑜传。拜武锋中郎将。武陵蛮夷反乱，攻守城邑，乃以盖领太守。时郡兵才五百人，自以不敌，因开城门，贼半入，乃击之，斩首数百，余皆奔走，尽归邑落。诛讨魁帅，附从者赦之。自春讫夏，寇乱尽平，诸幽邃巴、醴、由、诞邑侯君长，皆改操易节，奉礼请见，郡境遂清。后长沙益阳县为山贼所攻，盖又平讨。加偏将军，病卒于官。

## 译文

黄盖外表庄严刚毅，善于用兵，每到打仗的时候，士卒都争着向前。建安年间，他跟随周瑜在赤壁迎击曹操，献火计，他的话记载在周瑜的传中。孙权任命他为武锋中郎将。武陵的蛮夷兴兵叛乱，攻占了城邑，孙权就任命黄盖兼任武陵太守。当时武陵郡仅有五百名士兵，黄盖自认为难以和敌人正面交锋，就打开城门，当贼寇进到一半，就攻打他们，杀死几百人，其余的仓皇逃跑，全部回到村落。黄盖惩治贼寇的首领，凡是追随依附的人予以赦免。从春天到夏天，祸乱都被平定，各偏远地区巴、醴、由、诞等地的首领，都改变操守气节，奉守礼节求见，武陵郡境内终于清明安定。后来长沙郡益阳县受到山贼攻击，黄盖又讨伐平定。后加任他为偏将军，病死在任职上。

# 吴书

## 陆逊传第十三·陆逊

陆逊是东吴继周瑜、鲁肃、吕蒙之后的又一个声望颇高、功绩卓著的将领。他智勇双全，武安邦，文治国。孙权把他比做伊尹和姜尚。

陆逊善于用兵。在讨伐山越暴乱时，他巧设疑兵，用很少的兵力平息了几万人的山越暴乱。

陆逊有治国安民的谋略。他建议孙权，轻徭薄赋，这样才能富国强兵，一统天下。这些说明陆逊是一个文武兼备的政治家、军事家。

陆逊字伯言，吴郡吴人也。本名议，世江东大族。逊少孤，随从祖庐江太守康在官[①]。袁术与康有隙，将攻康，康遣逊及亲戚还吴。逊年长于康子绩数岁，为之纲纪门户[②]。孙权为将军，逊年二十一，始仕幕府，历东西曹令史，出为海昌屯田都尉，并领县事。县连年亢旱，逊开仓谷以振贫民，劝督农桑，百姓蒙赖。

权以兄策女配逊，数访世务，逊建议曰："方今英雄棋跱，豺狼窥望，克敌宁乱，非众不济。而山寇旧恶，依阻深地。夫腹心未平，难以图远，可大部伍，取其精锐。"权纳其策，以为帐下右部督。

注释 <<<

①从祖：堂祖父。

②纲纪：治理，管理。

## 译文

陆逊，字伯言，吴郡吴县人。他原名叫议，世代都是江东的望族。陆逊小时候父亲就去世了，他跟随堂祖父庐江太守陆康在任所生活。袁术与陆康有仇怨，准备攻打陆康。陆康就送陆逊和亲戚回到吴郡。陆逊比陆康的儿子陆绩大几岁，就替陆康管理家务。孙权做将军时，陆逊二十一岁，就开始在孙权的幕府中任职，历任东西曹令史，又出外做了海昌县屯田都尉，同时兼管该县政务。海昌县接连几年大旱，陆逊打开粮仓赈济贫民，勉励督促百姓种田养蚕，百姓生活有了依赖。孙权把哥哥孙策的女儿许配给陆逊，多次向他征询对于当前时势的看法，陆逊建议说："如今天下英雄各据一方，像豺狼一样窥视观望，要战胜敌人平定祸乱，没有民众的拥护就不能成功。而山越贼寇依凭着险要偏远的地区，长期作恶。内部不安定，就难以图谋远方，现在我们应当扩充队伍，从中选取精锐的人手。"孙权采纳了他的建议，任命他为帐下右部督。

黄武元年，刘备率大众来向西界，权命逊为大都督、假节，督朱然、潘璋、宋谦、韩当、涂盛、鲜于丹、孙桓等五万人拒之。

译文 

黄武元年，刘备率大军前来进攻西部边境，孙权授任陆逊为大都督、授予符节，督率朱然、潘璋、宋谦、韩当、徐盛、鲜于丹、孙桓等五万人抗击刘备。

诸将并曰："攻备当在初，今乃令入五六百里，相衔持经七八月，其诸要害皆以固守，击之必无利矣。"逊曰："备是猾虏，更尝事多，其军始集，思虑精专，未可干也。今住已久，不得我便，兵疲意沮，计不复生，掎角此寇，正在今日。"乃先攻一营，不利。诸将皆曰："空杀兵耳。"逊曰："吾已晓破之之术。"乃敕各持一把茅，以火攻拔之。一尔势成，通率诸军同时俱攻，斩张南、冯习及胡王沙摩柯等首[1]，破其四十余营。备将杜路、刘宁等穷逼请降。备升马鞍山，陈兵自绕。逊督促诸军四面蹙之[2]，土崩瓦解，死者万数。备因夜遁，驿人自担烧铙铠断后，仅得入白帝城。其舟船器械，水步军资，一时略尽，尸骸漂流，塞江而下。备大惭恚，曰："吾乃为逊所折辱，岂非天邪！"

注释 <<<

①胡王：少数民族首领。

②蹙：逼近，踩踏。

译文 

众将领都说："攻打刘备应在开始时，现在竟让他深入五六百里，两方对峙的局面已经有七八个月了，如今他的各个要害关口都防守严密，攻打他一定对我们不利。"陆逊说："刘备是个狡猾的人，经历的事很多，他的军队刚驻扎时，他部署周密用心专一，不能进犯。如今他出兵很久，没有占到一点便宜，军队疲惫，士气颓废，没有什么新的招数了，首尾夹击此敌，正在今日。"于是先攻打一个营寨，不顺利。众将领都说："这是白白耗费兵力。"陆逊说："我已经知道攻破他们的计策。"于是命令士兵各自拿一把茅草，用火攻攻击敌军的营寨。顷刻间，形成熊熊的火势，陆逊率各路兵马一起进攻，斩杀张南、冯习和胡王沙摩柯等人，蜀军四十多个营寨被攻破。刘备的将领杜路、刘宁等走投无路，请求投降。刘备登上马鞍山，周围布置军队保卫自己。陆逊督促各军四面进逼，蜀军土崩瓦解，死了上万人。刘备趁黑夜逃走，驿站人员自动把士兵丢下的铙、铠甲挑到一起，放火焚烧，为他断后，他才得以逃入白帝城。刘备的船只器械，水军步兵的军需物资，一下子几乎损失殆尽，士兵尸骸到处漂流，塞满江面。刘备非常羞愧愤恨，说："我刘备竟然被陆逊这样的无名之辈挫败侮辱，难道不是天意吗！"

黄龙元年，拜上大将军、右都护。是岁，权东巡建业，留太子、皇子及尚书、九官，征逊辅太子，并掌荆州及豫章三郡事，董督军国。赤乌七年，代顾雍为丞相。

## 译文

黄龙元年，陆逊被任命为上大将军、右都护。同一年，孙权东巡建业，留下太子、皇子和尚书九卿，征召陆逊辅佐太子，并掌管荆州和豫章等三郡的政务，管理监督军政国事。赤乌七年，陆逊接替顾雍担任丞相。

先是，二宫并阙，中外职司[1]，多遣子弟给侍。全琮报逊，逊以为子弟苟有才，不忧不用，不宜私出以要荣利；若其不佳，终为取祸。且闻二宫势敌，必有彼此，此古人之厚忌也。琮子寄，果阿附鲁王，轻为交构。逊书与琮曰："卿不师日磾，而宿留阿寄，终为足下门户致祸矣。"琮既不纳，更以致隙。及太子有不安之议，逊上疏陈："太子正统，宜有盘石之固，鲁王藩臣，当使宠秩有差，彼此得所，上下获安。谨叩头流血以闻。"书三四上，及求诣都，欲口论適庶之分，以匡得失。既不听许，而逊外生顾谭、顾承、姚信，并以亲附太子，枉见流徙。太子太傅吾粲坐数与逊交书，下狱死。权累遣中使责让逊[2]，逊愤恚致卒，时年六十三，家无余财。

长子延早夭，次子抗袭爵。孙休时，追谥逊曰昭侯。

注释 <<<

①中外：朝廷内外。

②中使：宫中派出的使者。

## 译文

这之前，东宫太子孙和与鲁王宫的孙霸各自并立，朝廷内外的官职，大多派官宦子弟担任。全琮把这个情况反映给陆逊，陆逊认为子弟若是有才能，不愁不被任用，但不应徇私获取功名利禄；如果他们资质不佳。最后肯定会招来祸患。而且两宫势均力敌，必定会一分高下，这是古人特别忌讳的。全琮的儿子全寄，果然对鲁王阿谀奉承，轻率地互相陷害。陆逊写信给全琮说："您没有效法金日磾，而对阿寄有所庇护，最终您的家族会因此而有祸患啊。"全琮没有听取这意见，反而和陆逊结了怨。等到出现太子地位不保的议论，陆逊上奏："太子身为正统，其地位应如磐石般稳固，鲁王是藩臣，应把对他的恩宠和地位与太子区别开来，使双方各得其所，上下都得到安宁。谨叩头流血来禀告。"他屡次上奏，甚至请求到京城，准备亲口向孙权陈说嫡庶的分别，来匡正得失。陆逊的建议没有被采纳，而陆逊的外甥顾谭、顾承、姚信，都因亲近依附太子，被无辜流放。太子太傅吾粲因与陆逊通信频繁而获罪，被投入狱中死去。孙权屡次派宫中使者斥责陆逊，陆逊愤懑而死，时年六十三岁，其家穷徒四壁，没有多余的财物。

陆逊的长子陆延夭亡，次子陆抗继承爵位。孙休在位时，追赐给陆逊谥号，叫昭侯。

 **火烧连营** 

**蜀汉章武元年(公元221年)，刘备为报吴夺其荆州之耻、其弟关羽被杀之痛，挥军攻打吴国。吴将陆逊为避其锋芒，坚守不战，两军成对峙之势。蜀军由于长途跋涉，再加上补给困难，导致不能速战速决，入夏以后天气的炎热，致使锐气渐失，士气低落。刘备为舒缓军士酷热之苦，命蜀军在山林中安营扎寨以避暑热。陆逊看准时机，命士兵每人带一把茅草，到达蜀军营垒时边放火边猛攻。蜀军营寨的木栅和周围的林木为易燃之物，火势迅速在各营蔓延。蜀军大乱，被吴军连破四十余营，此役便称之为"火烧连营"。**